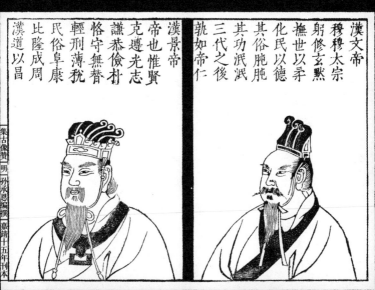

漢文帝

穆穆太宗
躬修玄默
撫世以柔
化民以德
其俗肶肶
其功泯泯
三代之後
孰如帝仁

漢景帝

帝也惟賢
克遵光志
謙恭儉朴
恪守無替
輕刑薄稅
民俗阜康
比隆成周
漢道以昌

集古像贊〔明〕孫承恩編撰 嘉靖十五年刊本

王立群 著

东方出版社

王立群 读 史 记

文景之治

序

一

稍稍熟悉一点中国历史的人，对下面这段文字记录一定不会陌生：

汉兴七十余年之间，国家无事，非遇水旱之灾，民则人给家足，都鄙廪庾皆满，而府库余货财。京师之钱累巨万，贯朽而不可校。太仓之粟陈陈相因，充溢露积于外，至腐败不可食。众庶街巷有马，阡陌之间成群，而乘字牝者傧而不得聚会。守闾阎者食粱肉，为吏者长子孙，居官者以为姓号。故人人自爱而重犯法，先行义而后绌耻辱焉。

《史记·平准书》

这段文字的大意是说，汉朝建国七十多年的时间里，国家没有什么大事，除非遇到水灾旱灾，百姓家家衣食充裕，人人生活富足。从城里到乡下，各地的粮仓都堆得满满的，除此之外，还有大量布帛等财物无处可存。京城积聚的钱币千千万万，以致穿钱的绳子烂断了，无法计数。京师粮仓中的谷物更是新粮压旧粮，陈陈相因，装不下的就露积在外，都腐烂不能吃了。普通街巷中的百姓也有车辆马匹，田野中的马匹更是成群，那个时候，要是出门乘母马拉的车辆，都不好意思跟人打招呼，也会遭到鄙视，会受到社会群体的排斥，甚至连参加聚会的资格都没了。住在里巷的普通百姓生活条件大幅提升，也吃得起膏粱肥肉，膳食精美，做官的直到死也不改任，有的干脆把官名作为姓氏名号。人人知道自爱，个个崇尚行义，把犯法看得很重，厌弃做可耻的事情。

司马迁的这段文字很有名，后来班固写作《汉书》的时候，几乎原封不动地把这段话抄进了《食货志》篇里，甚至现代的初中历史教材里，也直接引用这段文字，尽管中学生阅读起来有点困难。其实，这段文字之所以有名，关键还是因为它记录了一个令人艳羡的盛世时代。这到底是哪个时代呢？

司马迁说是"汉兴七十余年之间"。从汉高祖刘邦开国的公元前202年算起，下推七十年，刚好是汉武帝登基之初（汉武帝于公元前140年正式即位）。这七十多年的时间，是否都像司马迁所写的那么美好呢？显然不是。汉朝开国的时候，刚刚经历了秦末的战乱、四年的楚汉之争，整个社会凋敝，千疮百孔，国家真的是一穷二白。连贵为天子的刘邦都备不齐一辆四匹同样颜色马拉的车子，大将、丞相有的只能乘坐牛车，普通百姓家中更无颗粒余粮。尽管高祖刘邦及后来实际掌权的吕后，都希望并努力让国家走向安定富强，但百废待兴之际，仅凭二十余年的时间，是不可能出现大繁荣的。后来的汉武帝的确开创了盛世的局面，汉朝的国力也因此达到顶峰，但司马迁说的这段时间，他也不过刚刚登基没几年，在他即位之初，窦太后在朝中的权力还很大，他还没有机会放开手脚大干一场，所以，司马迁描述的显然也并非汉武帝执政之初的社会景象。

自天子不能具钧驷，而将相或乘牛车，齐民无藏盖。——《史记·平准书》

很明显，司马迁描绘的所谓"汉兴七十余年之间"的社会图景，其实应该剔除汉初二十余年，再剔除武帝登基之初的十年左右时间，也就四十年左右的时间。这段历史时期，执掌汉朝大政的有两位皇帝：汉文帝、汉景帝。后世把汉文帝、汉景帝在位约四十年的国家安定、社会繁荣、家给民足的时期，誉为"文景之治"。

可以肯定地说，司马迁的这段话，是对"文景之治"十分形象的描述。汉文帝、汉景帝究竟是怎样的皇帝，他们到底有怎样的才能，采取了哪些措施，最终成就了这一盛世呢？

二

汉文帝叫刘恒，是汉高祖刘邦的第四个儿子。当时有资格登上皇位的有刘邦的一个兄弟、两个儿子和三个孙子，可出人意料的是，看似最不可能的代王刘恒最终登上了皇位。刘恒凭什么把最不可能变成了现实呢？他不仅通过装傻装呆骗过吕后，在严峻的政治生态环境中得以活下来，而且正是他的装傻装呆、示弱谨慎，也让当时的朝廷重臣看走了眼，把这个他们认为弱势的、最容易控制的代王推上了皇位。

出乎意料的是，这位看似弱势的皇子，登基的第一天就让所有拥立他的人大吃一惊，他们意识到，这次他们的确看走了眼，"弱势"的皇子一夜之间就变得强势了。不管如何强势，登基的汉文帝面临着众多棘手的问题：皇族派会不会觊觎他的这个位子，功臣派对这个不能控制的皇帝会不会反悔，南面的赵佗想脱离西汉朝廷的掌控，北面的匈奴也气势汹汹，更要命的是，这个从地方藩王上位的皇帝，在朝廷里几乎没有自己的人。

以往的事实证明，西汉朝廷的拥立者们的确看走了眼；后来的历史证明，他们其实也并没有看走眼。因为，当上皇帝的刘恒，成功化解了功臣派与皇族派的围堵，从底层提拔了一批为其所用的能臣，在不动声色间，稳稳地巩固了自己的皇位。由于此前久居地方，颇知民情，所以即位之后，刘恒躬修节俭、思安百姓、勤政爱民，终至海内殷富、百姓守法，开创了一个繁荣的新时代。

不过，历史并没有继续垂青这位开创国泰民安盛世的明君，没有给他更多的时间让他作出更大的贡献。他二十三岁即位，在位二十三年，四十六岁去世。太子刘启即位成了皇帝，就是汉景帝。

其实，刘启当上皇帝也很幸运，因为他是文帝的"中子"，正常情况下很难轮到他继承皇位。不过，排在他前面的四个兄长，在他们的父亲刘恒成为皇帝后不久，先后病逝了，由此刘启顺理成章地被立为太子。文帝去世以后，太子刘启又顺理成章地成了西汉王朝的新任皇帝。

当上皇帝的刘启，面临着薄太后干涉婚姻、窦太后干涉政事的困境，更为严峻的是，他还面临着各地藩王气势汹汹的联合叛乱。当汉景帝为平定吴楚七国之乱焦虑、忙碌、头疼之时，他的后宫也没让他省心，一场争储大战正在激烈上演。汉景帝有能力、有实力摆平这些问题吗？

幸运的是，他的父亲汉文帝给他留下了一份好的家业，他只要沿着他父亲开创的道路，亦步亦趋，也能把国家治理好，况且在轻徭薄赋这些关注民生的重要问题上，他又往前迈了一大步，土地增加了、人口增加了——土地与人口，可是古代社会国家强盛的主要指标。刘启的这些作为史称"孝景遵业"。文、景两朝，遂成为中国历史上第一个有确切文献记载的盛世。

文、景二帝完全称得上是中国历史上的盛世明君，但同时他们也是两个凡夫俗子。文帝把曾经重视、重用的贾谊从长沙召回京城之后，却是"不问苍生问鬼神"。汉文帝宠幸的邓通，被相者预言最终会饿死，文帝就很任性地赐给邓通一座矿山，让他铸钱，结果邓通还是没有逃离不名一钱的结局。让邓通不名一钱的，正是汉景帝。他见邓通为父亲文帝吮吸脓疮把自己给比了下去，心里就记了仇。这么好记仇的人，怎么就不会想到别人也会记仇呢？他当太子时与吴王刘濞的太子刘贤下棋时冲动造成的恶果，不也正成为后来刘濞联合七国反叛中央的原因吗？所以说，即使是明君、仁君、贤君，一旦任性，也难免会犯下错误。

三

文景之治的核心可以概括为八个字：轻徭薄赋，与民生息。其实，汉初的统治者就已经初步确立了这样的治国方略。文、景二帝，只不过继续大力推行这样的政策，并以身作则，将其贯彻到了实处。真正落到实处，这很不容易。所以王夫之在《读通鉴论》卷二《文帝》中说："汉兴至文帝而天下大定。"

刘恒在位二十多年的时间，宫室苑囿没有新建，衣服车马也是久不更新。如果有让百姓不便的地方，就开放皇家苑囿，百姓可以从中渔猎获利。他曾经想建造一座露台，工匠预算金额，得知大概要花百金，他就慨然道："百金，相当于中等人家十户的家产，我继承了先帝的宫室，已经感到很羞愧了，还建造什么台子？"当即废弃了这个计划。他自己身上穿的都是黑色厚缯，不披锦绣，最宠爱的妃子慎夫人穿的衣服下摆也不够长，为的是节省布料。所使用的帷帐都很朴素，没有花纹，一心想成为天下人的表率。为自己建造的陵墓霸陵，里面的陪葬品全部用瓦器，不许用金银铜锡等贵重金属器物，而且完全依照山川来挖掘，不费力堆积泥土。作为一个时代的最高统治者，能够真正做到这一点，是令后人肃然起敬、无限崇仰的。据史书记载，西汉末年赤眉军起义的时候，把皇家陵园挖了个底朝天，唯独对汉文帝的陵墓霸陵及后来汉宣帝的陵墓没有损害一丝一毫。

所以，从一方面看，文景盛世的出现，汉初的统治者刘邦、吕后是有贡献的。从另一方面看，文景盛世出现在文、景二帝时期，也有其必然性。一个注重把百姓利益置于首位的人，一个严于律己、宽容百姓的人，是一定能把社会治理好的，也完全有资格得到后世的敬仰。

现在我们一谈到历史，往往就会说到汉唐盛世。的确，汉代和唐代在中华民族的历史中留下了许许多多令后人骄傲的地方：国家统一、文化昌明、武功强盛、国威远播等。而一说到汉代的盛世，往往只会想到汉武帝。的确，汉武帝时期，汉朝的文治武功都足称登峰造极。不过，再想一下，如果没有文、景二帝四十年的积累，没有这四十年的底子，汉武帝还能成就这一番伟业吗？对汉景帝而言，他有一个好爹，给他留下了一份好的家业；对汉武帝而言，他不光有一个好爹，还有一个好祖父。文、景二帝打下的"国富"的底子，最终成就了汉武帝的"兵强"。一个强大的汉帝国终于屹立在中华民族的历史长河之中。

三国时期的曹植写过两篇赞体文，是写文、景二帝的：

《汉文帝赞》：孝文即位，爱物俭身。骄吴抚越，匈奴和亲。纳谏赦罪，以德让民。殆至刑错，万国化淳。

《汉景帝赞》：景帝明德，继文之则。肃清王室，克灭七国。省役薄赋，百姓殷昌。风移俗易，齐美成康。

曹植的评述，是否符合真实的历史，还是留给读者判断吧。

1. 在现实社会中，不是人主宰社会，而是社会决定人。

2. 小心不是胆小。小心是处事慎重，胆小是不敢处事。

3. 一根火柴可以点燃一片树林，但是，一根火柴绝对不能点燃一块石头，能够被点燃的都是可燃物。

4. 权力是刚性的，影响力是柔性的；权力是硬实力，影响力是软实力；权力是实的，影响力是虚的。

5. 人，可以无知，可以办错事，但不可以无耻！做一个值得尊敬的人何其容易，却又何其艰难！

6. 任何一个人都不可能不受约束。特别是拥有权力之人，不受约束只能导致骄横任性，最终犯法。

7. 人生机遇本来不多，特别是能够改变个人命运的重大机遇更少。

8. 人们最容易看清楚的是真坏人，最不容易看清楚的是假好人！

9. 贪欲无止境，懂得舍弃，才算清醒。

10. 付出与所得如同一对双胞胎。

11. 人生最可怕的是误解，误解的可怕之处是永远无法消解。

目录

一 选出来的皇帝	选皇帝：无法避免的选择	001
	利益：一切行事的最高原则	002
	兄弟不能选，孙子不敢选	005
	儿子不得不选	012

二 "弱势"皇帝	装傻装呆装弱？	016
	峥嵘初显：他骗过了所有的人	019
	弱势印象从何来：表里不一 是硬道理	029

三 过河，必须拆桥	事，皆有缘	034
	人，怕惦记	039
	悲剧：不让你管事， 不等于不管你的事	044

四 皇孙之殇	老大早逝：气死了	055
	羊毛，出在羊身上	060
	不服，必死	063

五 皇弟走了	震惊：连绵不绝的隐情	070
	不可思议：荒唐的"谋反"	073
	宽容还是纵容：学问很大	081

六	破解困局	顶级说客	088
		一物降一物	094
		两手并重	097

| 七 | 要有自己的力量 | | |

	立太子：让变过来的再变过去	105
	用代臣：这是必须的	107
	重薄昭：谁都觉得舅舅亲	111
	擢吴公：培养新官僚	115

八	一位天才的沉浮	才子登台：一个信号	120
		倒贾汹汹：权力之争	122
		俊才陨落：花开早了	134

| 九 | 成也认真，败也认真 | | |

	讲对话很重要	138
	办事认真更重要	144
	大人不记小人过：错！	149

| 十 | 谁能解决问题，谁上 | 见识决定人生 | 153 |
| | | 措施决定人生 | 161 |

十一　一个小女子废了一部法

民女上书，皇帝废法：一个小女子的惊人之举　167
瓜熟蒂落，水到渠成：凡事皆有因　169
最是难得一仁心　174
未废宫刑：一个遗憾　180
实惠：判定法令优劣的唯一标准　182

十二　多面人生

忠言不逆耳：站在谁的立场很重要　186
人才：专制体制下的弱势群体　189
邓通：唯一的任性　194
新垣平：一朵奇葩　199
拒收千里马：明白人　200

十三　机遇，还是机遇

上苍的眷顾：薄太后　202
上苍的再一次眷顾：窦太后　205
有多少幸运就有多少麻烦：
薄太后干婚，窦太后干政　207

十四　麻烦来了

夺命棋局：麻烦之由　221
吴王结盟：风雨将至　226

十五　七国反了

胶西王疯了　237
吴王反了　238
反成的和未反成的　244

十六　不得已的选择

慌不择术　250
高手在民间　259

十七　收官之局

谁都可以牺牲　264
假如历史可以假设　267
原形毕露：胜者、败者都一样　272

十八　一场没有硝烟的暗战

第一位"被介入"的薄皇后　280
第二位"被介入"的栗姬　282
第一位主动介入的王美人　283
第二位主动介入的长公主刘嫖　287
第三位主动介入的窦太后　291

十九　该来的都来了

屠刀终于落下　294
可怜的智商，要命的情商　296
这个女人惹不起　304
这个男人更惹不起　306

二十　历史使命

谁反对，谁走人　309
啥最大？权最大　311
扶上马，送一程　314
成就文景之治　321

后　记

325

皇选出来的帝

公元前180年九月，汉高祖刘邦的第四个儿子、二十三岁的代王（代国国都在今山西太原市附近）刘恒意外地接到京城传来的一个喜讯：即刻进京继承皇帝大统。原来，发动诛吕政变的功臣派与皇族派共同选举代王刘恒为新帝。此时距吕后过世才两个月，距吕氏灭族才一个月，更重要的是吕后亲手安排的后少帝尚在位。为什么在皇帝尚在位的情况下还要选新皇帝呢？为什么会选中代王刘恒呢？

选皇帝：无法避免的选择

吕后下世仅仅两个月，汉朝宫廷就爆发了一场宫廷政变。以太尉周勃、丞相陈平、大将军灌婴为首的功臣派联合齐王刘襄、朱虚侯刘章为首的皇族派，诛灭了吕氏全族，结束了吕后控制汉朝中央政权十五年的局面。

吕氏全族被灭，被吕后立为皇帝的后少帝立即成了必须加以处置的皇帝。

后少帝是汉惠帝之子，名为刘弘，他不是惠帝与皇后张嫣的亲生儿子，而是惠帝和后宫宫女生的四个儿子之一。吕后杀死了这四个儿子的母亲，改由皇后张嫣抚养，对外谎称这四个儿子是皇后所生。第一个被吕后扶上傀儡皇帝之位的是前少帝。前少帝因为对吕后杀母不满，被吕后所废，吕后又立了后少帝。这位小皇帝虽然是个傀儡，但他是吕后扶持起来的，又是吕后的亲孙子。

发动这场军事政变的功臣们心里明白，他们这活儿做得太绝，后少帝一旦长大成人，能够独立行使皇权之时，肯定不会善罢甘休。到那时，自己恐怕连性命都保不住！为了确保万无一失，现在必须一不做二不休，斩草除根，拿掉这位小皇帝。要革命就得有牺牲，小皇帝虽然无辜，但是必须杀掉！

历史上某些人被杀，不是因为他有罪，而是政治需要他死！后少帝就是这种政治牺牲品！

今皆已夷灭诸吕，而置所立，即长用事，吾属无类矣。——《史记·吕太后本纪》

当然，杀皇帝也得有理由，这个理由不难找：后少帝和他的三位兄弟都不是汉惠帝真正的儿子。这个说法不公正，但这也是现实政治的需要。

后少帝是个小娃娃，杀死这么一位小皇帝自然不费力气，难的是杀了这位小皇帝之后谁来继承大统，这是功臣们最关心的事。

唯一的办法是在其他刘姓诸侯王中选一个贤明的人。

这样，中国帝国史上由功臣与刘姓皇族共同选皇帝的新鲜事儿出现了。

这就是后少帝尚在位，大臣们就要选新君的唯一原因。

利益：一切行事的最高原则

功臣派为什么会选中代王刘恒呢？

功臣派选皇帝不能随心所欲，候选人要具备两条标准：第一，血统纯正。第二，弱势皇族成员。

汉高祖刘邦打下天下当了皇帝，后继者必然应为刘邦的皇子、皇孙，这叫血统纯正。让功臣派说不出口而又心照不宣的另一个条件是，必须选一个弱势皇族成员。历史上无论谁掌握了立新皇帝的权力，都不愿立一个强势的人为帝。君臣关系决定了君强臣弱的现实，

少帝及梁、淮阳、常山王，皆非真孝惠子也。——《史记·吕太后本纪》

不如视诸王最贤者立之。——《史记·吕太后本纪》

如果再立一个强势的皇族成员，那么，臣子的利益将会受到更大的伤害，所以，选弱势的人称帝是大臣们心照不宣的秘诀。

既然在诛灭吕氏家族之后再选刘姓皇帝，必然有两个问题非常重要：

第一，谁参与了选择新君？

我们看看《史记》相关的五条记载：

第一条：《史记·绛侯周勃世家》载："勃与平谋，卒诛诸吕而立孝文皇帝。"

第二条：《史记·陈丞相世家》载："及吕太后崩，平与太尉勃合谋，卒诛诸吕，立孝文皇帝，陈平本谋也。"

第三条：《史记·樊郦滕灌列传》载："婴亦罢兵自荥阳归，与绛侯、陈平共立代王，为孝文皇帝。"

第四条：《史记·张丞相列传》载："苍与绛侯等尊立代王为孝文皇帝。"

第五条：《史记·荆燕世家》载："诸将相与琅邪王（刘泽）共立代王为天子。"

据上述五条记载，选举新皇帝的功臣派主要是周勃、陈平、灌婴、张苍，皇族派是刘泽。

周勃是太尉，他亲夺北军，并派朱虚侯刘章以武力阻止相国吕产入宫，在得知相国吕产被杀后，周勃亲自发兵灭掉吕氏全族。因此，周勃是这场宫廷政变的主要策划者和主要指挥者，自然是最有权力决定新皇帝人选的功臣派代表人物。

陈平是辅佐刘邦定天下最重要的谋士，屡建奇功。此时他身为右丞相，位居百官之首，是策划这场宫廷政变的核心人物之一，所以陈平完全有资格参与定夺新皇帝。

灌婴是刘邦手下的骑兵司令，当年率五千士兵追杀项羽的就是他。灌婴受相国吕产之命，以大将军的身份率重兵讨伐起兵反对诸吕的齐王刘襄，但灌婴走到荥阳却屯兵不前，并与举兵讨伐诸吕的齐王刘襄联手，导致京城中的吕氏集团措手不及，周勃、刘章才得以趁乱发动政变，最终促使吕氏集团彻底覆灭。而且，灌婴屯兵军事重镇荥阳，也阻止了齐王刘襄军队的西进。刘襄不得向西进入关中，功臣派在没有外来军事压力的情况下才能按照自己的意愿比较从容地选择新皇帝。因此，灌婴是诛灭诸吕的大功臣，当然有权参与选择新皇帝。

张苍属功臣派，此时官居御史大夫，御史大夫为副丞相，乃朝中重臣。

刘泽是被齐王刘襄放回京城的皇族派重臣。刘泽本人是刘邦的远亲，高祖三年 (前204)，他担任郎中；高祖十一年 (前196)，他率兵参加平定陈豨的叛乱，功封营陵侯。所以，刘泽是皇族派的元老，是当时在刘氏皇族派中年龄、辈分最高的人，他本人没有当皇帝的份儿，自然也不做当皇帝的梦。这样的一个人参与策立新君，既可以代表皇室的态度，又不会让功臣派感到威胁。

可见，以太尉周勃、丞相陈平、大将军灌婴、御史大夫张苍为首的功臣派和以刘泽为代表的皇族派共同决定了新皇帝的甄选。

第二，谁可以进入候选者名单？

谁是可能进入功臣派与皇族派眼中的刘姓诸侯王呢？三类刘姓

诸侯王。

一是刘邦的兄弟，二是刘邦的儿子，三是刘邦的孙子。

当然，天下诸侯之中还有刘邦的侄子，比如吴王刘濞，他是刘邦的二哥刘仲的儿子，刘邦的亲侄子。但是，刘邦有弟弟，有儿子，还有一群孙子，自然轮不到侄子。

这三类刘姓诸侯王该怎么选呢？功臣派与皇族派讨论的意见是：兄弟不能选，孙子不敢选，儿子不得不选。

兄弟不能选，孙子不敢选

刘邦的兄弟辈中，现存的仅有一个弟弟——楚王刘交。在世的刘姓诸侯王中，刘交年龄最长，政治经验自然也更为丰富。这么一位老诸侯王一旦即了位，岂是功臣派便于控制的？所以，刘交肯定不在被推举的新君之列。而且，刘交年龄太大，汉文帝刘恒即位的当年，楚王刘交就与世长辞了。

刘邦的孙子辈人数不少，但若说谁最有资格继承帝位，那一定是刘襄。第一，刘襄是刘邦的皇长孙，且贵为齐王，继位称帝，顺理成章。第二，在平定诸吕的事件中，刘襄立了大功，充分显示出他的才华、眼光、魄力、勇气。同时，让功臣派放心的是，齐王刘襄与吕后及吕氏家族结有世仇。

为什么讲他们两家结有世仇呢？

刘邦当了皇帝之后，吸取了秦始皇赵政 (秦始皇是嬴姓，赵氏，先秦女子称姓，男子称氏) 全面推行郡县制，导致天下大乱时，没有一个嬴姓子孙有能力收拾乱局而很快灭亡的教训，最终实行郡县和封国并存的制度。推行郡县制，是为了方便中央对地方的直接管辖。保存封国制，是为了万一天下大乱，刘姓子孙可以依靠强大的封国力量，挽回刘姓的江山。

刘邦分封的第一个刘姓诸侯王为什么是刘肥呢？最直接的原因，当然是刘肥在刘邦的儿子辈中，年龄最长，最有能力掌握和行使权力。尽管刘肥这个人在政治上毫无可圈可点之处，但作为刘姓第一个封国的诸侯王，担当着保障刘姓江山安危的重任，刘邦分封刘肥为齐王，领辖齐国七个郡，七十多座城。同时，刘邦还下令当年流亡在各地会说齐国话的百姓一律回到齐国去。所以，在很长的时间里，齐王在所有的刘姓诸侯王之中，地最广，人最多，实力自然也最为强大。

这样的考虑和安排，在刘邦看来没有什么问题。但是，在吕后看来，却成了大问题。为什么这么说呢？刘肥并非刘邦和吕后所生的嫡子，而是刘邦与吕后结婚之前的非婚生子。所以，刘肥的齐国越是强大，对吕后及其儿子的威胁也越大。只是碍于刘邦在世，吕后无从下手罢了。

刘邦一旦驾崩，这个矛盾马上开始激化。惠帝二年 (前193)，齐王刘肥进京朝拜惠帝，在皇宫的家宴上，惠帝谦让长兄刘肥，让刘肥坐了上座。刘肥认为这是家庭宴会，可以不拘君臣之礼，便率性坐了上座。这一下当场惹恼了吕后，她立即命人端来两杯毒酒要刘肥向自己敬酒，谁想到惠帝端起两杯毒酒中的另一杯，兄弟二人共同向吕后敬酒。吕后怕自己的儿子误喝了毒酒，一巴掌打翻了惠帝手中的酒杯，刘肥这才知道大事不妙，赶快告退。事后，他才知道吕后命人端上的这两杯酒全是毒酒，要毒杀的目标就是自己。这次家宴之后，吕后迟迟不放齐王刘肥归国，将他扣在京城。手足无措的刘肥，采纳臣下的意见，尊吕后的女儿鲁元公主为"王太后"，等于认妹妹当妈，又献上整整一个城阳郡作为鲁元公主的汤沐邑，这才让吕后心情愉快，放了刘肥一马。受了这场惊吓，加上心中极其郁闷，回国后仅仅四年，也就是惠帝六年（前189），刘肥便下世了。

刘肥死后，他的长子刘襄继承了齐王的王位。吕后并没有因为齐王刘肥被迫害致死而敛手，高后二年（前186），吕后封吕台为王时从齐王刘襄手中抢了济南郡。高后七年（前181），又抢了齐王刘襄的琅邪郡，封给皇族派老臣刘泽，让其做了琅邪王。齐王刘襄敢怒不敢言，只能忍了。

这是吕后从齐国割走的第三个郡。

刘肥、刘襄两代齐王丢了齐国三个郡。

吕后于高后八年（前180）七月辛巳日去世，当时刘襄的弟弟朱虚侯刘章在皇宫任职，立即派人给刘襄送信，让他起兵反对诸吕，自己和另一位兄弟东牟侯刘兴居则在京城做内应，一旦平定诸吕之后，"立齐王为帝"《史记·齐悼惠王世家》。刘襄本来就对吕氏家族非常不满，接到来函，立即准备起兵。汉代诸侯王起兵反抗中央政府非常不容易。刘邦虽然在灭了异姓诸侯王之后又立了七位同姓诸侯王，施行郡县制与封建制并行的双重行政管理。但是，中央政府对诸侯王的管理很严格，诸侯国的国相照例是由中央政府任命。所以，刘襄准备起兵的消息一经传出，齐国国相立即发兵包围了齐王的王宫，搞得刘襄极为被动。这个局面如果不能解除，别说讨伐诸吕，就是齐国的王宫也走不出去，这使雄心勃勃的刘襄窝囊至极。但是，一个突发事件为刘襄解了围。

原来，刘襄手下有一位中尉（掌管齐国军事的最高长官），是刘襄兵变的谋划人之一，派兵包围齐王刘襄王宫的国相并不知道这个情况。所以，这位中尉欺骗国相说：齐王发兵没有调兵的虎符，这不合法；您包围王宫完全正确，下面的活儿交给我来做。国相相信了中尉的话，就把兵权交给了中尉，因为自己这个国相毕竟是个文官，中尉是管军事的官。谁知道这位中尉一旦兵权在手，立即下令撤了包围王宫的军队，调过头来重兵包围了国相的相府。国相听到这个消息，连连跺脚，大呼上当：当断不断，反受其乱！但是，自己已经没有兵权，别说包围王宫，连性命都难保，无奈之中的国相只好自杀了断。这样，齐王刘襄摆脱了困境，八月丙午（二十六日）顺利起兵。

刘襄起兵后，并没有立即西进，而是先派自己的郎中令（王宫卫队长）到琅邪国拜见琅邪王刘泽。刘泽虽然是刘姓皇族，但是得到封国的重要原因之一是沾了老婆的光。刘泽的老婆是吕后妹妹吕媭的女儿（吕媭是樊哙的妻子），刘泽成了吕后的外甥女婿。所以，他一人兼挂刘、吕两氏之亲，深得吕后信任，担任长乐、未央两宫卫尉这一要职直到高后四年（前184）。卫尉是"秦官，掌宫门卫屯兵"《汉书·百官公卿表》。汉初的卫尉和中尉合称"诸卫兵"，是负责警戒京师和护驾出行的警卫队，即南军。

另外，封刘泽为琅邪王还缘于吕后自己的小算盘。吕后担心大封诸吕会引起刘氏皇族的反感，刘泽是一老臣，在朝中也有一定地位，封其为王，既拉拢了刘泽，又安慰了皇族派：我吕后并没有只封吕氏，刘姓皇族也有人封了王啊。何况，封刘泽为琅邪王分的是齐王刘襄的琅邪郡，吕氏外戚又没有损失。

这件事刘泽得了便宜，却苦了齐王刘襄，可是吕后在世之时，刘襄当然不敢与其对着干。现在吕后死了，刘襄报仇的机会也就来了。刘襄派自己的郎中令对琅邪王刘泽说：齐王已经首举义兵，要西进入关，诛灭造反的吕氏；但是，齐王自认为年轻，不懂得用兵之道。大王您从高祖时就带兵打仗，熟悉战争，所以，齐王想请您老出山。但是，齐王不敢擅离兵营，所以派我前来拜见大王，请大王亲临齐国都城，统率齐国大军西入关中，平定诸吕之乱。刘泽一看来的是刘襄的郎中令，又听如此一说，心中大喜，立即驰马飞奔来见齐王刘襄。当然，刘泽这一次是上了大当，齐王刘襄不但软禁了他，而且派自己的郎中令返回琅邪国，将琅邪国的兵全调出来，由自己人统领。这一招让刘泽国也回不去了，兵也没了。

刘泽的失误在于贪欲，非分之想让他吃了大亏。

可是，刘泽不是一个吃素的人。他受了齐王刘襄的欺骗，并不甘心坐以待毙，他明白刘襄举兵是想当皇帝。一个人的欲望就是他的软肋！于是刘泽求见刘襄，直言不讳地对刘襄说：您的父王是高皇帝的长子，您是高皇帝的长孙，除掉诸吕之后，您本应该理所当然地被立为新皇帝。现在的问题是功臣们有疑虑，所以平定诸吕之后迟迟不能定您为新皇帝。我刘泽在刘氏皇族中年龄最长，功臣都在等着我入京商定大事。我在大王您这儿也没用，不如派我入关进京，参与商定大事。这样对您反而更有利。

刘襄此时正是追求帝位心切的时候，刘泽这番话刚好点到了他的心窝上，于是，他立即派专车送刘泽进京。

刘襄狠狠阴了一下刘泽，刘泽进京能为刘襄说话？只有鬼才相信，但是，刘襄竟然就相信了！当局者迷、鬼迷心窍，说的就是此时的刘襄。刘襄此时追求的目标是一国之皇帝，这不是任何其他人生目标所能替代了的，这个目标对他来说吸引力忒大了。

送走刘泽，齐王刘襄派兵攻打济南国，收复了原来属于齐国的济南郡。收复原来失去的齐国国土，这是刘襄举兵第一阶段的目标。

齐王刘襄的举兵迫使相国吕产不得不派功臣派的灌婴出任大将军，东击齐国。吕产这样做的原因：一是吕氏集团无人能够挂帅出征，不得不依靠功臣派老臣；二是吕后执政十五年期间灌婴始终默默无闻，看不出他对吕后有什么不满，似乎值得信任。然而吕产不知道，灌婴虽然不像王陵一样公开反对封诸吕为王，但是灌婴也是功臣派的核心人物，他和功臣派在根本利益上是完全一致的。灌婴升任大将军，得到统率重兵的机会。他走到荥阳便驻兵不进，和齐王刘襄联手，形成功臣派与皇族派联手灭吕的态势。刘襄接到灌婴的信，言"等待吕氏发动变乱，再共同诛灭他们"，于是带兵返回齐国边境，伺机而动。

九月庚申日晨，出使齐国的郎中令贾寿带回了灌婴"与齐楚合从，欲诛诸吕"《史记·吕太后本纪》的消息，并督促相国吕产立即入宫采取措施，但是，功臣派也得到了这一消息，也立即采取了行动。一场政变正式开始。

刘襄兵伐诸吕，敲响了吕氏灭族的第一声丧钟。刘襄的弟弟朱虚侯刘章，在灭吕过程中更是立了大功。他率兵追杀相国吕产并将其杀死；又劫持了后少帝的谒者，坐着谒者的专车，利用车上谒者的皇帝"节信"闯入长乐宫，杀死了长乐宫的卫尉吕更始。一个是相国，一个是皇宫卫队长，刘章杀了这两个人，特别是除掉吕产后，太尉周勃才敢发飙，立即下令灭吕氏全族！

所以，在讨论新皇帝人选之时，第一个被提出来的候选人就是齐王刘襄。但是，这个意见立即遭到琅邪王刘泽和几位功臣的一致否决。刘泽在这里起了什么作用不言而喻，他受刘襄的骗丢了琅邪国，能再帮刘襄成就帝业吗？绝对不可能！当然，暗处使绊子，明里说得肯定冠冕堂皇。

但是，光一个刘泽反对立刘襄并不能决定刘襄的命运。陈平、周勃、灌婴目睹了齐王刘襄首举义兵的勇气、魄力，又目睹了诛杀相国吕产、长乐宫卫尉吕更始的朱虚侯刘章的英勇、果敢，加上一个身处朝中尚未亮剑的刘兴居。这三兄弟个个英勇非凡，一旦刘襄被立为新君，加上两个弟弟的辅佐，刘氏皇族派必然声威大震。身为功臣派的陈平、周勃、灌婴，虽然可以在与吕氏外戚派的斗争中，与刘氏皇族派的刘襄、刘章结盟，但是绝对不希望看到一个如此强势的皇族入主皇宫。三位功臣面对刚刚覆火的外戚派，当然希望功臣派能够左右政坛，至少可以在政坛上保持优势地位。如果皇族派过于强大，就会打破功臣派和皇族派的力量平衡。所以，平定诸吕可以允许齐王刘襄起兵，可以允许朱虚侯刘章冲锋陷阵，但是，选拔新君绝对不能让刘章参加，当然更不能立齐王刘襄为新君。

理由嘛，自然有的是："今齐王母家驷钧，恶人也，即立齐王，则复为吕氏。"《史记·吕太后本纪》刘襄的舅父驷钧是恶人，一旦立了刘襄，就等于出了第二个吕氏家族。经历了吕后事件，新皇帝的考察条件又加了一条：皇后或母后的娘家。所以，刘邦的皇长孙刘襄必然出局。

儿子不得不选

既然兄弟、孙子都不能选或不敢选，刘姓皇族中就只剩下儿子了。因此，儿子不得不选。

刘邦有八个儿子，此时仅剩下第四子代王刘恒和第七子淮南王刘长。

《史记·吕太后本纪》载："欲立淮南王，以为少，母家又恶。"明面上的理由有两条：一是立长嘛，皇四子刘恒长于皇七子刘长；既然有长兄，自然轮不上小弟。二是舅父恶。其实，还有一个更深层的不便言说的原因——刘长是吕后养育成人的。当年刘邦在赵国因为一夜之情生了刘长，其母在贯高谋逆案中自杀，刘长被送往宫中由吕后抚养。吕后执政的十五年中，对这个自己养大的儿子很有感情，没有让他受到一点点的伤害。谁养大的孩子他对谁有感情，这是人之常情，一个对吕后有感情的皇子肯定不能在议立的新君之列。但是，史书对此没有记载。是功臣们说不出口，还是司马迁没有记，我们今天已经不得而知了。毕竟记录的历史（《史记》《汉书》等）只写出了历史上曾经发生的事件，至于为什么会发生这些事件，恐怕只有周勃、陈平、灌婴这些当事人能说清楚。

皇四子代王刘恒会不会被立为新皇帝呢？有可能，因为他的身份是汉高祖刘邦的儿子；此时年方二十三岁。虽然刘恒在翦除吕氏集团的生死之争中偏处一隅，一点儿贡献都没有；但是，在刘邦的儿子中选一个的话，他比皇七子刘长更合适。所以，刘恒是可立的皇子。

此时，可以被功臣派与皇族派共同接受的新皇帝只剩下一个人：代王刘恒。

功臣派凭什么推选刘恒当皇帝呢？

三条理由：

第一，刘恒是刘邦现存两个儿子中的长子。

第二，刘恒的母后薄太后家族是个奉公守法的家族。

第三，刘恒为君是"以子则顺，以善人则大臣安"。

这里的"善人"是说刘恒母亲薄氏出身于一个善良的家族，这样家族出来的人不会像吕后那样歹毒。

说实话，这三条中的第一条只是个资格，因为当时的"皇帝推举委员会"完全可以推举他人。刘邦的儿子又不是只有刘恒一个人，何况刘恒和汉惠帝是兄弟，汉

代王母家薄氏，君子长者，且代王又亲高帝子，于今见在，且最为长。以子则顺，以善人则大臣安。——《史记·齐悼惠王世家》

代皇帝继位从来都不是兄终弟及而是父死子继。所以,"推委会"完全可以从高祖刘邦的孙子辈中再选一个人。这样做程序合法,而且更合乎秦汉惯例。所以,刘恒是现存皇子中的长子这一条并不重要,是皇子仅仅是说刘恒具备当皇帝最起码的资格;至于能不能当,应当还有更为重要的理由。

第二条说明薄氏家族将来不至于发展成为吕氏那样的家族,殃及功臣派。

第三条最重要。因为它关系到拥立新君的大臣们的个人安危,所以大臣们更看重这一条。但是,隐藏在这一条背后的真正原因大臣们没有说,太史公也没有写,那就是,至少在当时,功臣派认为"刘恒是个弱势皇族成员"。

"大臣安"的因素太多,皇帝是仁君让"大臣安",臣子能控制皇帝也能让"大臣安"。对于已经确定了的皇帝,大臣们只有适应或者加以控制。但是,如果让大臣们选一位新皇帝,有决定权的大臣首先考虑的是自己的安危,肯定要选一个便于自己控制的皇帝。这是一种生存本能!

这个决定对齐王刘襄及其兄弟很不公正,但是,决定权不在刘襄兄弟手中!他们只能接受现实:在现实社会中,不是人主宰社会,而是社会决定人。人唯一能做的是适应社会或反抗社会!所以,刘襄的出局是他个人的悲剧。但是,功臣派推选出来的代王刘恒真是一位弱势皇帝吗?

请看:"弱势"皇帝。

吕后下世，吕氏宗族被灭，接下来谁能够登基即位呢？刘姓王不少，最后幸运降临到汉高祖刘邦的第四子代王刘恒的头上。作为中国历史上第一位由朝中重臣与皇族联手选出来的皇帝，刘恒入选的最重要原因是他本人被功臣派与皇族派一致看好。在这样一个历史关键节点上，"皇帝推举委员会"的"代表们"看好刘恒什么呢？弱势。刘恒真的"弱势"吗？他们是眼光独到还是看走了眼？刘恒又为什么给他们留下了"弱势"的印象呢？

装傻装呆装弱?

功臣派一致看好的代王刘恒真是个弱者吗?

我们看看他如何应对自天而降砸到他头上的皇冠。

面对突如其来的登基喜讯,刘恒没有喜形于色。因为小心谨慎,他才在吕后肆虐的十五年中苟活下来;所以,小心谨慎已经深入到刘恒的骨髓之中了。听到这个喜讯后,他一连采取了五步应对之策。

第一步,召见大臣商议。

大臣们一听这事,立刻炸了窝,争得不可开交。因为这个消息对代国的臣子来说,同样是一次机会与风险并存的大事。如果刘恒登基,代国不少臣子就会由诸侯之臣,摇身一变成为天子之臣,这是集体晋升啊!从地方到中央,这得摸爬滚打多少年?绝大多数代国之臣一辈子都不可能从地方调到中央工作。但是,如果刘恒升任皇上,代国之臣至少有一批人可以一步登天了。干部缘于熟悉!刘恒在代地工作十七年,最熟悉代国之臣了。但是,机会与风险共生。如果这是一个陷阱呢?那麻烦大了,刘恒一完,代国之臣肯定全玩儿完了;甭说集体晋升,恐怕现有的位置都保不住。所以,认为机会大于风险者成为一派,认为风险大于机会者同样也成为一派,两派各执一词,莫衷一是,吵成一团。

郎中令 (代王王宫卫队长) 张武认为:功臣派都是跟随高皇帝打天下的元老,个个熟悉兵法,人人精通权谋 (兵者,诈也),这些人绝对难以信任。特别是现在,刚刚族诛了吕氏,喋血京师。这么匆匆忙忙地召大王进京,决不可相信!大王应当称病不去,静观其变。

中尉（代国最高军事长官）宋昌认为：高皇帝创立的刘姓江山不是谁能够轻易动摇得了的。

第一，汉得天下是天意。秦帝国苛政扰民，天下豪杰同时举兵，当年造反的人多如牛毛。而且反秦之人个个认为天命在己，自己有希望当皇帝。但是，最终得天下的是高皇帝。这是为什么？是天意啊！

第二，刘姓天下坚若磐石。高皇帝平定天下之后，分封刘氏诸子为王，诸侯国犬牙交错，相互制约，整个国家形成一种磐石般坚固的力量。

第三，民心思稳。高祖以来，废除秦代苛法，施恩百姓，百姓人人安居乐业，个个希望太平。如果有人想改变刘姓江山，改变现实，绝不是一件容易的事。

第四，异姓难撼刘姓江山。以吕后那样大的权势，太尉周勃一进入北军，北军的士兵立即表态支持刘氏，最终导致吕氏灭族。何况朝中有刘姓大臣，天下还有那么多刘姓诸侯王！

第五，大王是不二人选。高皇帝目前只有两个儿子，您年长，仁孝贤能，天下闻名。

所以，大臣们是顺应天下的民意真心拥戴您，请您不要再有任何疑虑，立即进京即位。

刘恒听了大臣们的意见，没有表态。其实他心

张武等议曰：『汉大臣皆故高帝时大将，习兵，多谋诈，此其属意非止此也，彼畏高帝、吕太后威耳。今已诛诸吕，新啑血京师，此以迎大王为名，实不可信。愿大王称疾毋往，以观其变。』中尉宋昌进曰：『群臣之议皆非也。夫秦失其政，诸侯豪杰并起，人人自以为得之者以万数，然卒践天子之位者，刘氏也。天下绝望，一矣。高帝封王子弟，地犬牙相制，此所谓盘石之宗也，天下服其强，二矣。汉兴，除秦苛政，约法令，施德惠，人人自安，难动摇，三矣。夫以吕太后之严，立诸吕为三王，擅权专制，然而太尉以一节入北军，一呼士皆左袒，为刘氏，叛诸吕，卒以灭之。此乃天授，非人力也。今高帝子独淮南王与大王，大王又长，贤圣仁孝，闻于天下，故大臣因天下之心而欲迎立大王，大王勿疑也。』——《史记·孝文本纪》……方

动了，但出于谨慎，未敢做任何决定。

第二步，拜见母亲薄太后。

母子二人商量了一番，还是没有定下来。

第三步，占卦。

卦象大吉。刘恒心中暗喜，但仍然没有决定。

第四步，派人进京打探消息。

刘恒派舅舅薄昭前往京城拜见太尉周勃。周勃手握南军、北军，官居太尉，刚刚发生的政变是他一手指挥的，权倾一时。周勃详细说明了推选刘恒继位的来龙去脉。

薄昭火速赶回代地，一见面就急急忙忙对代王刘恒说，真的！大臣们是真心拥立你的！千万不要再疑神疑鬼了！刘恒听到舅舅薄昭从京城带回来的太尉周勃的话，一直悬着的心算落到地上了，他笑盈盈地对中尉宋昌说：这事果真像你分析的那样啊！刘恒这一"笑"，泄露了全部天机：他当然愿意这一切都是真的，他希望掉在他头上的是一顶真正的皇冠，而不是利剑！刘恒这一"笑"，让自己明白，改变命运的机会真的来了。

于是，他立即下令让中尉宋昌陪车，带着六个随从，火速赶往京城。

第五步，二次派人入京。

到了京城附近，他再派宋昌骑快马到京城观察局势。宋昌到了渭桥，丞相陈平亲率百官相迎。宋昌立即

于是代王乃遣太后弟薄昭往见绛侯，绛侯等具为昭言所以迎立王意。薄昭还报曰：『信矣，毋可疑者。』代王乃笑谓宋昌曰：『果如公言。』乃命宋昌参乘，张武等六人乘传诣长安。——《史记·孝文本纪》

回报刘恒，刘恒这才乘车赶到渭桥与朝臣相见。

看看刘恒采取的这五步措施，代臣们意见不统一是因为成败干系太大，母后的谨慎小心也在情理之中。占卜，两次派人视察，直到这一切都确认之后，刘恒这才到渭桥和朝臣见面。

可见，刘恒处事小心谨慎；但小心不是胆小。小心是处事慎重，胆小是不敢处事。刘恒是小心而不是胆小。

一个如此谨慎的诸侯王绝对不是真正的弱者，如果认为他孱弱，那只是表面柔弱。

峥嵘初显：他骗过了所有的人

见到大臣之后的刘恒表现如何呢？我们从史书中可以看到一个什么样的刘恒呢？

刘恒到达京师之后处理了一连串的事，概而言之，四个方面：面折周勃，辞让登基，清宫即位，彻夜运筹。

先看面折周勃。

刘恒到达渭桥，发生了一件非常富有戏剧性的事件：太尉周勃一见代王刘恒来到渭桥，立即抢上前对代王刘恒说，希望能借一步，和代王私下交谈几句。

周勃要和刘恒谈什么呢？《史记》《汉书》都没有写，我想，周勃在代王刘恒刚刚到达渭桥，就抢在其他大臣之前和代王刘恒说悄悄话，无非是想讲讲自己除诸吕、立代王的功勋。

刘恒还没有回话，代国中尉宋昌立即顶上去说：您讲的是公事，请公开讲出来；您讲的是私事，当王者无私言。

宋昌这话给了大功臣周勃一个不大不小的难堪！

此时代王刘恒还没有登基称帝，身份还是代王。周勃是何人？周勃是铲除吕氏集团的最大功臣，是功臣派三大核心人物（陈平、周勃、灌婴）的核心，亦是拥立代王刘恒称帝的最大功臣。对代王刘恒来说，周勃是贵人、恩公，何况周勃只是想跟刘恒说几句悄悄话，宋昌马上来了个严词拒绝，毫不讲一点情面！确实有点反应过度，甚至可以说是拿周勃开刀，杀鸡给猴看。怎么能够如此不讲情面？怎么能够当着群臣之面让周勃如此下不来台？

宋昌这番话是他个人的意见，还是刘恒的意见？

应当说，宋昌的表态不是刘恒和宋昌两个人事先准备好的，因为他们谁也没有想到周勃会说出这么一句傻话。但是，如果刘恒认为宋昌说得不合适，他完全可以出面阻止并请周勃密谈，但是刘恒看着周勃狼狈不堪却一言不发，听任宋昌当面给周勃搞了一个下不来台！

这就大有深意了！

周勃此言实在愚蠢！因为周勃在铲除诸吕、迎立新君中所发挥的关键性作用是朝臣人人尽知之事，刘恒也清清楚楚。周勃完全没有必要再表功，话一出口，反而给宋昌一个义正词严表明刘恒天下为公的机会。所以，周勃此举是自取其辱。

周勃碰这个钉子，丞相陈平和文武百官个个看了个一清二楚。所以，这不但是给周勃一个难堪，也是给全体朝臣一个下马威——谁也甭想拿刘恒不当回事！

面对周勃等功臣派刚刚喋血京师的局面，刘恒此时必须强势，因为他表现得稍一示弱，就会被功臣派感知，进而被功臣派拿捏，看后代宦官立皇帝，多有如此。所以，此番是刘恒集团有意为之，周勃不幸撞枪口上了。刘恒有个好臣子啊，这个宋昌能审时，有胆识，是个人物。

宋昌之所以在刘恒登基之前就敢于给大功臣周勃一个难堪，有一个非常重要的原因：汉廷大臣们已经不可能再立其他诸侯王了。政局至此，用不着担心发生什么变故。如果不是料定了这一点，借给宋昌一万个胆，他也不敢当面顶撞除诸吕、迎刘恒的大功臣周勃啊！

可见，刘恒谨慎但不是弱者。这随机应变的一手非常有杀伤力！

再看辞让登基。

周勃碰了一鼻子灰，只好跪下来献上皇帝的玉玺。周勃和大臣们都认为，刘恒会欣然接受（谁不想当皇帝啊！），这另立新君的大事就完成了。但是，大家万万没有想到的事发生了：刘恒推辞不受！他告诉周勃："至代邸而议之。"《史记·孝文本纪》"邸"是诸侯王在京城的官邸，就是诸侯王的"驻京办"。这话意思就是到了"驻京办"再议吧！奇了怪了，刘恒火急火燎地赶到京城，是不想当皇帝吗？肯定不是，既然想当皇帝，为什么不接受皇帝的玉玺呢？

到了刘恒的"驻京办"，百官随行而至，以丞相陈平、太尉周勃为首的群臣一齐恳言：后少帝刘弘等人不是汉惠帝的儿子，不应当承继大统，奉祀宗庙。我们认为：大王是高皇帝的长子，应即天子之位，请大王即位。刘恒还是不接受，反复辞让。这叫"辞让登基"。

刘恒怎么说呢？刘恒说：当皇帝这事太大了，我可不敢承命（不敢承命来京干吗？），希望请楚王进京商议。

代王刘恒说的这个楚王，叫刘交，他是汉高祖刘邦的小弟弟。汉高祖六年（前201），刘邦将楚王韩信贬为淮阴侯后，将原来韩信的楚国一分为二，刘交被封为楚王，建都彭城（今江苏徐州市），另一位刘姓远亲被封为荆王。刘恒被功臣派拥立称帝时，在世的刘姓皇族中，楚王刘交的辈分最高（刘恒的小叔叔、刘襄的堂祖父），和高祖刘邦的关系也最亲。据《汉书·楚元王传》记载，刘交当年就可以自由"出入卧内，传言语诸内事隐谋"。在刘邦的兄弟中，只有刘交和刘邦的关系最亲。刘恒作为刘邦的儿子，当然知道他这个小叔叔还在世。所以，刘恒在文武百官再三恳请他继承大统之时，提出请自己的亲叔叔楚王刘交进京商议商议再说的请求。

难道代王刘恒想让楚王刘交即位当皇帝吗？鬼才相信。如果刘恒真不想即位当皇帝，他何必接到舅舅薄昭的报告后，轻装简从赶往京城呢？提出请楚王刘交进京，只是一种客套，是一种表明自

太尉乃跪上天子玺符，代王谢曰：『至代邸而议之。』遂驰入代邸。群臣从至。丞相陈平、太尉周勃、大将军陈武、御史大夫张苍、宗正刘郢、朱虚侯刘章、东牟侯刘兴居、典客刘揭皆再拜言曰：『子弘等皆非孝惠帝子，不当奉宗庙。臣谨请阴安侯顷侯列侯顷与琅邪王、宗室、大臣、列侯、吏二千石议曰：「大王高帝长子，宜为高帝嗣。」愿大王即天子位。』代王曰：『奉高帝宗庙，重事也。寡人不佞，不足以称宗庙。愿请楚王计宜者，寡人不敢当。』」——《史记·孝文本纪》

己并不是一定要当皇帝的姿态，也是借机观察百官态度的一种手段。刘交是早已被大臣们否定了的候选人，这个时候怎么可能因为刘恒的一番推辞就改变既定方针呢？"照既定方针办"是不可逆转的！

于是，大臣们又是一番恳请，代王刘恒又是一番苦让："西乡让者三，南乡让者再。"何谓"西乡让""南乡让"呢？当时人们对座位很讲究，宾主间是宾客朝东坐，主人朝西坐；君臣间是君主朝南坐，臣下朝北坐。刘恒先以主人的身份——当时大家都在代邸——向宾客就是群臣推辞三次，又按照君臣的礼节推辞两次。

这番辞让，看上去谦卑有礼，虚怀若谷，可是你能说它不是一场政治秀吗？自刘恒开了这个头之后，后世凡是不按法定程序即位称帝的人，都学刘恒的样子一让再让，搞政治秀。

"皇帝"不就位，大臣们就得劝进。于是，陈平又一番陈辞：我们认为大王奉高帝宗庙最为合适，天下诸侯、百姓亦认为您最合适。为了宗庙社稷，我们不敢怠慢，希望大王能采纳我们的意见。我们再次奉上天子符玺。

丞相平等皆曰："臣伏计之，大王奉高帝宗庙最宜称，虽天下诸侯万民以为宜。臣等为宗庙社稷计，不敢忽。愿大王幸听臣等。臣谨奉天子玺符再拜上。"

——《史记·孝文本纪》

经过这一番辞让，恳请，再辞让，再恳请，刘恒总算答应登基称帝。不过，就是答应，话也得说得让人佩服：既然皇亲、大臣、诸侯王都说我继承帝位最合适，那么我也不敢再推辞了，恭敬不如从命。

于是，刘恒勉勉强强当上了皇帝。

好一场精彩的演出！

能作如此政治秀的刘恒是一位弱者吗？在刘恒之前，没有任何一位皇帝是这样被大臣们选出来的，也没有任何一位皇帝在登基之前需要面对自己的伯乐、恩公一般的百官，搞一场政治秀，刘恒这场秀是首创也是原创，是告诉百官"我不想当皇帝啊，是你们一定要推我上台，我不得已而为之"，也是告诉臣民"我不是靠兵，不是靠权，是靠仁义道德当上皇帝的"，更是告诉自己"这回是真的，请放心大胆地往前走吧"。所以这就特别不容易了！

这个二十三岁的皇帝绝对不是一位弱者！

三看清宫即位。

刘恒遵从大臣之议登基了，但是，皇宫中现在仍然有一位皇帝在那儿待着。天无二日，国无二主，天下总不能有两个皇帝吧？既然刘恒已经登基，那么在宫中的后少帝必须让位。要让后少帝让位，总得有人去把现任皇帝"请"出来。可是，这活儿可不是个好活儿，这是个千古留骂名的活儿。把一位当朝皇帝赶出来，这叫什么？这叫政变！《史记·孝文本纪》记载此事说："乃使太仆婴与东牟侯兴居清宫。"这个"太仆婴"就是太仆夏侯婴。但是，谁派夏侯婴和刘兴居两

代王曰：『宗室将相王列侯以为莫宜寡人，寡人不敢辞。』遂即天子位。——《史记·孝文本纪》

个人去做这件事呢？按《史记·孝文本纪》的记载，似乎是刚刚登基的汉文帝刘恒下了这道诏令。但是，我不信！刘恒下令"清宫"的概率非常小，甚至可以说绝对不可能！那是谁派的呢？

《史记·吕太后本纪》还记载了另一种版本，说"清宫"是东牟侯刘兴居主动请缨，愿意为汉文帝清宫。东牟侯认为自己"诛吕氏吾无功"，所以，请求"除宫"，于是他和汝阴侯滕公（夏侯婴）一同去"清宫"，负责把后少帝"扫"出来。

东牟侯兴居曰：「诛吕氏吾无功，请得除宫。」乃与太仆汝阴侯滕公入宫。——《史记·吕太后本纪》

司马光在《资治通鉴》中没有采纳《史记·孝文本纪》的记载，而采纳了《史记·吕太后本纪》的记载，很有眼光。我相信司马光的判断，因为《史记·吕太后本纪》的记载符合汉文帝的性格。

汉文帝刘恒是什么人？他怎么可能派人去"清宫"呢？铲除诸吕是一场宫廷政变，刘恒虽然年轻，但他是一个政治家，他自始至终也不愿意手上沾一滴政变的鲜血。这样一位政治上的"不粘锅"，怎么可能下诏将后少帝逐出宫呢？

但是，就在汉文帝进入皇宫的当晚，后少帝和他的几位兄弟同时被杀。谁下令杀了汉惠帝的几位皇子，《史记》和《汉书》都没有明确记载。

《史记·吕太后本纪》记载了杀戮后少帝兄弟四人的事，但是，司马迁写得极为艺术：

夜，有司分部诛灭梁、淮阳、常山王及少帝于邸。

"有司"是有关部门，是谁安排有关部门去执行这道密杀令的呢？不知道。

是刘恒下令杀后少帝四兄弟吗？我认为不是。刘恒一定能够料到这样一种结局，但他绝对不会插手此事。做这件事的人应当是像东牟侯刘兴居一样在翦除诸吕中没有尺寸之功的人，他们看到大局已定，一定要有所表现，算是对新君的一份见面礼吧。既然有人将后少帝强行"请"出宫，就一定有人安排斩草除根。至此，汉惠帝一脉被屠戮殆尽。

吕后生前做梦都想不到历史会是这个样子！

我可以举出一例，间接证明汉文帝不会亲自下达"清宫"令和密杀令。

东牟侯刘兴居和汝阴侯夏侯婴完成"清宫"任务之后，向刘恒做了汇报，刘恒带着自己的随从连夜入宫。但是，就在汉文帝将要进入未央宫时，突然有十位谒者（侍从）站在未央宫的宫门，个个持戟，把刘恒挡在了宫门外，嘴里还高声喊道："天子在也，足下何为者而入？"《史记·吕太后本纪》

十个谒者手持兵器阻挡新君入宫，这不是找死吗？甭说十个谒者，再加一百个谒者，也不能阻挡新君入宫！汉文帝只要一声令下，十个谒者马上就会人头落地。应当说这是最简单最省事的做法；但是，刘恒没有这样发火，也没有这样做。他立即"谓太尉"，太尉周勃赶快跑过来，向十个谒者讲明真相，十个谒者才拿着兵器退走，刘恒顺利入宫。

你想想，十位手持兵器阻挡他入宫的普通谒者刘恒都不愿杀，他岂能派人去驱赶后少帝出宫、杀戮后少帝和另外三位刘姓诸侯王吗？绝对不可能。

一个在入宫前如此做的刘恒是一位弱者吗？可以说，是天上掉下个皇冠砸在刘恒头上，可是他并没有得意到忘乎所以，而是头脑清醒、处事干练，不费一兵一卒，甚至不用一言一语就扫清自己皇位上的威胁。这完全不是一个糊涂人，而是一位十分老到的政治家。

这位二十三岁的皇帝绝对不是一位弱者！

四看彻夜运筹。

入主皇宫的第一天夜晚，刘恒通宵未眠，连发了三道诏书：

任命宋昌为卫将军，统率京师的南军和北军。

任命张武为郎中令，全权负责皇宫的警卫。

大赦天下，赐天下每位成年男子一级爵位，无夫无子的单亲女人，每百家赐牛若干、赐酒若干。而且，允许百姓们可以自由地聚饮五天。

这三道诏书大有深意。

第一道诏书是将京城的全部军队控制在自己人手里，以确保京城和自己的安全，而且不动声色地夺了太尉周勃掌管南军与北军的军权。因为刘恒明白，军权是

代王即夕入未央宫。有谒者十人持戟卫端门，曰：『天子在也，足下何为者而入？』代王乃谓太尉。太尉往谕，谒者十人皆掊兵而去。代王遂入而听政。——《史记·吕太后本纪》

权中之权！自己当了皇帝，第一步就得控制京城的军权。

第二道诏书纯粹是确保自己寝宫的安全万无一失。不但要控制京城的军队，而且要牢牢控制皇宫的警卫部队。这些权力全被他从代国带来的两名亲信接管，可见，刘恒对朝中拥立他称帝的功臣派并不放心。

第三道诏书通过大赦与赏赐，向全国老百姓宣布自己登基称帝，而且还通过赏赐大收民心。汉承秦制，一直施行军功爵制。百姓有了爵位，就可以享受不同级别的特权，还可以用来赎罪，甚至可以卖钱。现在，全国百姓每个人都因为刘恒称帝得到一级爵位的赏赐，当然皆大欢喜了。按汉律：三人以上无故群饮，罚金四两。现在解禁五天，允许全国老百姓开怀群饮，以示举国同庆。对于无夫无子的女子之家赏牛赐酒，这些都是汉代开国以来的绝少之事。

汉文帝为什么要这样做呢？

汉文帝的这一套做法最最重要的目的是想获得合法性。本来这皇帝并不是他刘恒而是后少帝，功臣派与皇族派杀了后少帝，拥立了他，但是这并不能说明自己就是合法皇帝。毕竟刘恒不是按合法程序登基的皇帝啊！像他这样的皇帝怎么才能获得合法性呢？得到天下百姓的拥戴。只要有了这一条，自己就成了具有广大民意支持的皇帝了。因此，刘恒要昭告天下：后少帝已经不是天子了，我刘恒登基为君了。当时大多的老百姓并不关心谁下台、谁登基，谁能让他们得到好处，过上好日子，他们就拥戴谁。所以，夹带着实惠的昭告天下，既解决了合法性问题，又获得了百姓的支持。

再者，争取民心也是巩固自己地位的一项根本措施。因为有了天下百姓的拥戴，功臣派、皇族派才不可能形成对自己皇权的威胁。

所以，刘恒一登基就摆出了一副亲民的姿态，显示出亲民的新君形象。

彻夜不眠，连下如此三道诏书的刘恒是一位弱者吗？我们只要看看"面折周勃""辞让登基""清宫即位""彻夜运筹"四件事，即可以看出，这个二十三岁的皇帝绝对不是一位弱者。功臣派大大地看走了眼。

刘恒不是弱者，而是在"演弱者"。

说白了，刘恒是一位外弱内强的皇帝。外弱是假象，内强是本质。

弱势印象从何来：表里不一是硬道理

刘恒既然内在如此强势，怎么会给功臣派留下一个温顺美好的印象呢？

先说孝。

刘邦去世后，刘恒的生母薄太后被吕后恩准前往代地。刘恒与母亲感情深厚，平日倾心侍母。

《史记·袁盎晁错列传》记载袁盎劝文帝时说：

陛下居代时，太后尝病，三年，陛下不交睫，不解衣，汤药非陛下口所尝弗进。

薄太后身体不好，常常患病，每次薄太后服药之时，代王刘恒总要亲自尝过才放心让母亲服用，唯恐药物失调。他通宵达旦陪侍在母亲身边，整日整夜不合眼，时间长达三年之久。这个说法明显有过度阐释之嫌，因为一个人甭说三年"不交睫"，一周"不交睫"都受不了。但是，刘恒孝母当属事实。

刘恒为母亲亲尝汤药一事后来被元人载入"二十四孝"，刘恒也成为帝国时代传颂最广的大孝子之一。仁孝之名给刘恒带来了巨大的美誉度，所以，刘恒在功臣派的眼中是一位仁孝宽厚的人。

再说弱。

功臣派选刘恒为帝的另一个重要因素是要选一位弱势皇帝。皇权弱则大臣的日子好过，皇权强则大臣的日子难过，皇权天生就凌驾于臣权之上。如果再遇上一位强势皇帝，皇权之威会成倍增大。

刘恒为什么能给大臣留下一个弱者的印象呢？

从不争权。

人们对他人的印象都是从事上得出来的，刘恒的弱者印象也是从事上为人所认知的。其中有两件事格外引人注目。

一是吕后让刘恒由代王调任赵王，他不干，以"愿守代边"为由辞不就任。

吕后执政的十五年中，权势如日中天。刘恒任职的代地，辖境在今山西中北部和河北西北部，与匈奴交界，是典型的边疆地区、欠发达地区。而赵地呢，在当时远比代地更富庶。在诛杀三任刘姓赵王之后，吕后曾有意让刘恒到赵地任赵王。但刘恒坚决不去当刘氏皇族的第四任赵王，而是听凭吕禄出任赵王，自己则扎根边疆，扎根基层，一干就是十七年。

二是吕后死后，刘恒毫不争夺皇位，安分守己。

齐王刘襄率先起兵，渴望除掉吕氏集团后当皇帝。刘襄是刘邦的孙子，刘恒是刘邦的儿子。孙子都在做皇帝梦，儿子却无动于衷。他既不起兵，又不联络功臣派，稳稳当当地扎根边疆。如果不是天上掉下个皇冠刚好砸到刘恒的头上，刘恒还在边疆当他的代王。至于皇帝，谁当都可以，反正我不抢。

这两次机遇对刘恒来说都是改变命运的机会，但是，刘恒不予理睬。所以，大臣们都认为刘恒既无抱负，又无野心。特别是刘襄抢着当皇帝，刘恒却放着机会都不抢，此种反差给大臣的印象最深。所以，大臣们都认为刘恒是个弱者。

当吕后下世，刘邦的八个儿子中仅仅剩下了老四刘恒和老七刘长之时，刘恒的机会来了。任何英雄都是时势英雄。刘恒无意之中把他的三位哥哥全都熬死了，轮到他了。谁活到最后谁就是赢家。生活中常常是这样：大师们都故去了，不是大师的人最终成了"大师"；英雄们都故去了，不是英雄的人最终成了"英雄"。

这就叫"历史的选择"。其实，"历史的选择"不过是几位决策人的选择。其中，起决定作用的是两个因素，一是时间，二是决策人。正是几位决策功臣的选择，使一位默默无闻的皇族走上了中国历史的政治舞

秋，太后使使告代王，欲徙王赵。代王谢，愿守代边。——《史记·吕太后本纪》

台，成为一位在中国历史上有重大影响的皇帝。

功臣派人人经过战场、官场双重考验，怎么还会被小小年纪的汉文帝刘恒蒙蔽呢？汉文帝的身世、所处的环境决定了他只能韬光养晦，装呆、装傻、装弱智。他的母亲薄姬不受刘邦宠幸，他不像赵王刘如意一样从小在父亲的怀中长大，也不可能得到父皇"如意类我"的赞赏。幼年时光正是在吕后执政的十五年中度过，稍不留神就会命丧黄泉。这样的经历让他学会了韬晦之术，将自己装扮成既无野心又无才干的庸人，在极为险恶的环境中获得了生存权。生活告诉他要学会装傻、装呆、装弱智，加上代国远离政治中心，谁也没有注意到这位"弱势"皇子其实极富政治权术。所以，他骗过了所有的人——凶残的吕后，久经沙场、官场的功臣，胸怀野心的皇孙。等到他的真面目为人看清之时，一切都定了下来，他已经成了皇帝。

刘恒并不是有心要蒙骗他人，而是生存法则决定了他只能这样做。

刘恒当皇帝的第一个长夜可以说是忙活了一个通宵，这三道诏书，既是保护自己，又是安抚百姓。当这一切完成之后，刘恒还面临一件大事。这位精明谨慎的年轻皇帝非常明白：拥立他当上皇帝的功臣派与皇族派都需要认真对待，但是，怎样处理才会既得体又保障自己的利益呢？

请看：过河，必须拆桥。

汉文帝前元三年（前177），一条消息震惊了整个京城：身在绛县的绛侯周勃被人告发谋反，廷尉将周勃关入京城大牢！这条消息如同一声惊雷，整个京城都炸了窝，人们议论纷纷。周勃是大功臣，代王刘恒能够即位全靠周勃鼎力推举，文帝即位后大赏功臣，周勃是首功，赏赐邑万户，金五千斤。丞相陈平、将军灌婴，每人赏赐邑三千户，金二千斤。东牟侯刘兴居、朱虚侯刘章、襄平侯纪通每人赏赐邑二千户，金千斤。为汉文帝当皇帝出力最大、受赏最多的周勃怎么会谋反呢？

过必须拆桥河，

三

事，皆有缘

周勃这次入狱有间接和直接两大原因。

间接原因是"列侯之国"。

汉文帝前元二年十月，丞相陈平病故_{（死得是时候）}。十一月，汉文帝起用了已经辞去相位的周勃重新担任丞相。这是周勃二次出任丞相。周勃这一次只干了一年零一个月就丢了相位。原因很简单：文帝前元三年_{（前177）}汉文帝说："过去朕曾经要求列侯回到自己的封国，有些未执行。丞相是我最看重的大臣，请您带头执行'列侯之国'的诏令，回到自己的封地绛县_{（今山西侯马市）}吧。"就这样周勃被免去丞相之职，顶个侯帽回乡了。

什么叫"列侯之国"呢？简单来说就是每位列侯都要回自己的封地去。

"列侯之国"就"之国"呗，干周勃何事？

这事还真和周勃沾上了！

汉初功臣封侯多为县侯，周勃功封绛侯，就是以绛县而名。封了侯的功臣几乎没有谁到所封的县里去当个列侯。原因很简单：一是远离政治中心，二是生存环境差。能够被封侯的功臣都希望能继续进步，在政治上更上一层楼，离开了京城，离开了政治中心，重新被起用的概率就会大大降低，等于一个人政治生命的终结。再者，汉代的县生存环境比京城差得太远了，在县里当

三年十月丁酉晦，日有食之。十一月，上曰：『前日计遣诏列侯之国，或辞未行。丞相朕之所重，其为朕率列侯之国。』绛侯勃免丞相就国。——《史记·孝文本纪》

个侯，生活质量远不如在京城。所以，列侯都不愿回到封地去。

不去就不去了，汉文帝为什么非要让列侯回自己封地去呢？

两大原因：

首先是打击周勃。

西汉开国以来，中央政府一直有皇族派、功臣派、外戚派三大势力。吕氏外戚派的覆灭基本解决了原外戚派的威胁，但是，功臣派和皇族派的势力仍然十分强大。文帝入主京城以来，一直都以打击功臣派与皇族派为巩固自己政权的重大任务之一。周勃是功臣派的首领，是发动政变、诛除诸吕的领军人物，而且是发动政变的功臣派的军方代表。打击周勃可以给功臣派一个沉重警示，更重要的是可以牢牢掌控军权。

其次是维持政治稳定。

侯爷们住在京城相互来往非常容易。长期、频繁的交往非常容易结成政治上的同盟，这种政治同盟往往可以搞出非常大的动静来。铲除诸吕的宫廷政变就是绛侯周勃、曲逆侯陈平、颍阴侯灌婴、朱虚侯刘章等人在京城相互串通折腾起来的。当时，周勃任太尉，陈平任右丞相，灌婴、刘章也都在宫廷任职，不能离京到封地去。可见，在京列侯很容易相互沟通、结盟，产生肘腋之祸。如果将所封列侯都赶到自己的封地去，列侯虽多，但分散在各个县里，相互间难以结盟，政治能量将大打折扣。所以，汉文帝即位的第二年曾经专门下诏要求列侯离京返回封地。当然，"维持政治稳定"这层意思不能实话实说，得绕着圈子说，比如列侯在京所需的生活用品要从各地运到京城，加重了运输压力啊；再比如列侯就国可以教化子民啊，如此等等，反正理由挺多。

甭管汉文帝说得多么动听，这条诏令还是触动了所有列侯的实际利益。因此执行得很不理想。常言道，法不治众。大家都不去，"列侯之国"就是一纸空文！

而且，汉初封侯是凭借军功，"非有功者不得侯"是汉高祖刘邦的明诏。所以，这些列侯都是和刘邦一块儿打天下的功臣。要这些功臣头上顶个侯帽回到一个县里当老大，谁都不愿意呗！

汉文帝看着自己的诏令执行不下去，着急啊，得想法子强行执行。想来想去，真让他想到一个好办法：树立榜样！榜样的力量是无穷的嘛！树谁当榜样呢？大功臣周勃！所以，汉文帝决定拿丞相周勃开刀，要求当时复任丞相才刚刚一年零一个月的周勃带头回其封地绛县。

丞相带头回封地的前提是辞相位，这就名正言顺地拿掉了周勃的丞相之位。周勃这下没招了，想找人商量都没有人，足智多谋的陈平已经故去一年了，找谁商量？万般无奈，周勃只好辞位离京。周勃回到绛县就发生了有人告发他谋反的事。

直接原因是有人诬告。

周勃免相返回绛县之后，心里一直很紧张。绛县隶属于河东郡，河东郡的郡守、郡尉每次巡视各县来到绛县，周勃都以为是来抓他的，所以每次周勃都披甲相迎，并让家里人也都"持兵以见"。其实，汉代对列侯的管理相当严格。列侯居京师由主爵中尉管理，回到封国则由郡太守时时巡察之。因此，河东郡守、郡尉巡行绛县本身就是对绛侯的一种监督，同时也是河东郡守、郡尉的一种例行公事。

周勃一辈子没做过亏心事，不是说不做亏心事不怕鬼叫门吗？但是，功劳远在周勃之上的韩信不是被刘邦一个下乡视察给抓了吗？后来的彭越、黥布，个个都是在封国被抓、被杀，没一个有好下场！这可都是周勃亲眼所见啊！想想这几位大功臣，周勃能不害怕吗？其实，周勃披甲见郡守、郡尉的做法并不高明，一来真抓捕你的时候披甲也不管用，二来你这样做也让河东郡的郡守、郡尉极不舒服。因为这太反常嘛。

后来，还真有人认为他举止反常，告他"谋反"："人有上书告勃欲反。"《史记·绛侯周勃世家》

这件事非常蹊跷。告状之人史载不明，不知道究竟是谁告发重臣周勃谋反，而且还是"欲反"。什么是"欲反"？想谋反，实际是还没有谋反。有什么证据？史无明载，实际上是没有证据。什么证据都没有，仅凭一人揭发周勃想谋反，这算什么？只有一个理由：有人想让周勃肉体消失！

汉文帝做何反应呢？

立即逮捕！

文帝一听周勃"欲反"，立即派廷尉将他逮捕，押回长安受审。周勃嘴拙，不知道怎么样才能为自己辩解，狱吏们也都趁机羞辱他。

定罪，是个技术活儿。敲定一位大臣、重臣的罪名是一门大学问。总原则是既要冠冕堂皇，又要置人死地。甲罪定乙名，乙罪判丙名，甚至罗织罪名，栽赃挖坑，黑得让人无法想象。

周勃被定的是"谋反罪"。

此罪一定，死刑就定了。何时何国，只要涉及谋反，都是重罪啊！一位拥立新君、建有奇功的大臣怎么会谋反呢？

天知道！

身陷大狱的周勃不知道怎么想起来"有钱能使鬼推磨"这句名言，拿出千金贿赂了一个狱吏。这个狱吏还算按江湖规矩行事，拿人钱财为人消灾！于是，他在当时的公文木牍背面写了五个字：

以公主为证《史记·绛侯周勃世家》

此处"公主"，指的是汉文帝的女儿。因为周勃的长子周胜之娶了汉文帝的女儿。这位狱吏暗示周勃请公主证明自己没有谋反之意。但是，狱吏并不知道，汉文帝的女儿和周勃的儿子周胜之感情不和。所以，周勃花钱买的这一招不灵。

眼看周勃命悬一线，怎么办？所幸他命不该绝。

汉文帝的舅舅薄昭出手相救。

原来，周勃平时受了赏，总是把好多钱财送给薄昭，两人关系挺铁（武夫也有心机啊）。薄昭听说周勃下了大狱，赶快入宫找到他的姐姐薄太后说，周勃是大功臣，绝对不会谋反。薄太后一听，也觉得自己的儿子这事办得太糊涂。第二天，汉文帝来朝见薄太后的时候，薄太后气呼呼地摘下自己的头巾砸向汉文帝，怒斥他：你也不想想，周勃当年拿着皇帝的符节到北军大营去夺吕禄的兵权，他当时权力多大啊！那时候他不造反，现在住在一个小县里，反倒要造反了？天下哪有这样的理？汉文帝这时已经看过提审周勃的记录，又看见母后十分生气，慌忙解释说：我刚刚看了审讯记录，知道他无罪，正打算释放他。于是，汉文帝赶快派人到狱中放了周勃，恢复了周勃的爵位、封邑。周勃出狱后感慨万分地说：我曾经率领百万大军，却不知道一个小小的狱吏在监牢中这么威风啊！

这就是周勃蹲大牢的经过。

人，怕惦记

周勃这大狱蹲得冤枉，虽然查无实据，但却是事出有因。

这"因"就是汉文帝早就惦记上了周勃。

周勃一生共两次为相，都在汉文帝即位的前三年里。

汉文帝前元元年十一月，刘恒颁布诏令，表彰了参与政变的全体功臣。对于第一功臣周勃，赐封邑一万户，金五千斤。这次赏赐后不久，汉文帝又下诏周勃由太尉改任右丞相，原任右丞相的陈平改任左丞相。

当时风俗以右为上。右丞相位极人臣，但是周勃

勃之益封受赐，尽以予薄昭。及系急，薄昭为言薄太后，太后亦以为无反事。文帝朝，太后以冒絮提文帝，曰：「绛侯绾皇帝玺，将兵于北军，不以此时反，今居一小县，顾欲反邪！」文帝既见绛侯狱辞，乃谢曰：「吏方验而出之。」于是使使持节赦绛侯，复爵邑。绛侯既出，曰：「吾尝将百万军，然安知狱吏之贵乎！」——《史记·绛侯周勃世家》

这个右丞相干得并不顺，最终被弄得灰头土脸，不得不辞相下台。

周勃为什么要辞相呢？《史记》记载了三件事：

一是《史记·绛侯周勃世家》的记载：周勃当了一个多月的右丞相，就有人劝他，你杀了吕氏一族，拥立代王为君，威震天下，受厚禄，处尊位，功高震主，这样下去，大祸就不远了。周勃一听，吓了一大跳，于是赶快上书请求辞去相位。文帝刘恒答应了周勃的请求。

二是《史记·陈丞相世家》的记载：周勃当了右丞相后，有一天上朝，文帝问周勃，每年朝廷要判多少案子？周勃一听，傻了，支支吾吾了一会儿回答，我不知道。文帝又问，朝廷一年能收多少粮食？周勃一听，又傻了，只好回答不知道。此时，周勃已经是汗流浃背了。他赶快道歉，承认自己无知。文帝不动声色，也不批评周勃，转过头来又拿同样的问题考左丞相陈平，陈平说这得问主管官员。文帝接着又问，谁是主管官员？陈平回答，陛下要问一年判案多少，可以问廷尉（最高法院院长）；要问一年收成多少，应当问治粟内史（农业部长）。文帝接着问陈平，如果每项事务都由具体的主管官员负责，你这个丞相干什么？陈平回答，我掌管群臣。丞相的职责就是辅佐天子理顺阴阳、四时，养育万物，内使百姓亲附，外使四夷宾服，

居月余，人或说勃曰：『君既诛诸吕，立代王，威震天下，而君受厚赏，处尊位，以宠，久之即祸及身矣。』勃惧，亦自危，乃谢请归相印。上许之。——《史记·绛侯周勃世家》

百官各任其职。

汉文帝一听，连连点头称：好，好，讲得好。

这下子周勃可丢大人了，脸都不知道往哪儿放了。下朝后他立即责备陈平，平时你咋不教教我怎么应对皇上这类问题，让我今天闹得这么狼狈。陈平笑呵呵地说：您身居右丞相的尊位，难道不知道自己的职责吗？况且，陛下如果再问你京城有多少盗贼，你还要作具体回答吗？

周勃一听，不禁感慨：这陈平，确实比自己高明多了，自己这点能力远不是陈平的对手。不久，周勃就上表，以有病为由辞去右丞相之位，于是汉文帝让陈平一人独任丞相。

三是《史记·袁盎晁错列传》的记载：周勃当了右丞相，每次下朝，走起路来都春风得意，汉文帝常常亲自送他下朝离开，以示恭敬。偏偏有一位朝臣看不过去，出来讲了一番对周勃极不利的话。

此人就是影响汉文帝、汉景帝两朝朝局的袁盎。袁盎原来是吕禄手下的一位舍人（私门之官)，沾上吕氏集团的政治背景已经葬送了他的政治前程，但是，袁盎有个兄长叫袁哙，是一个挺能折腾的人。袁哙上上下下折腾了一番，给

居顷之，孝文皇帝既益明习国家事，朝而问右丞相勃曰：『天下一岁决狱几何？』勃谢曰：『不知。』问：『天下一岁钱谷出入几何？』勃又谢不知，汗出沾背，愧不能对。于是上亦问左丞相平。平曰：『有主者。』上曰：『主者谓谁？』平曰：『陛下即问决狱，责廷尉；问钱谷，责治粟内史。』上曰：『苟各有主者，而君所主者何事也？』平谢曰：『主臣！陛下不知其驽下，使待罪宰相。宰相者，上佐天子理阴阳，顺四时，下育万物之宜，外镇抚四夷诸侯，内亲附百姓，使卿大夫各得任其职焉。』

——《史记·陈丞相世家》

上礼之恭，常自送之。

——《史记·袁盎晁错列传》

袁盎闹了个中郎（宫中侍从、护卫），这比在吕禄门下任的职还高（由私门到朝廷任职），袁盎反倒比吕后时期更有出息了。

袁盎是个人物，他既敢言，又擅长迎合皇上。他看见汉文帝对待周勃毕恭毕敬的态度，又看到周勃总是一副得意扬扬的神情，便问汉文帝：陛下认为周丞相是什么样的臣子呢？汉文帝脱口答道：社稷之臣啊。袁盎接着汉文帝的话说：绛侯是功臣，不是社稷之臣！社稷之臣是与君王共存亡的大臣。吕后执政之时，诸吕专权，刘氏命悬一线。绛侯此时任太尉，主掌兵权，并没有任何匡正措施。吕后下世，大臣们共议铲除诸吕，周勃当太尉，掌兵权，碰上这么个机会，所以成为功臣。丞相如果对人主有骄横之色，陛下又只知道谦让。这是臣子与人主双重失礼！不妥。听了袁盎的话，再上朝的时候，汉文帝的表情愈来愈威严，周勃却变得越来越胆怯。周勃开始很奇怪，经过打听，才知道这事是由袁盎引发的，便责备袁盎说：我和你兄长一向关系非常好，你怎么能在朝廷毁谤我？袁盎听了周勃的抱怨，没做任何解释。

《史记·绛侯周勃世家》是周勃个人的本传，它记载了周勃身居首辅之位时高处不胜寒的内心实感，韩信、彭越功高被诛的先例使周勃不得不为

高后时，盎尝为吕禄舍人。及孝文帝即位，盎兄哙任盎为中郎。——《史记·袁盎晁错列传》

袁盎进曰：『陛下以丞相何如人？』上曰：『社稷臣。』盎曰：『绛侯所谓功臣，非社稷臣。社稷臣主在与在，主亡与亡。方吕后时，诸吕用事，擅相王，刘氏不绝如带。是时绛侯为太尉，主兵柄，弗能正。吕后崩，大臣相与共畔诸吕，太尉主兵，适会其成功，所谓功臣，非社稷臣。丞相如有骄主色。陛下谦让，臣主失礼，窃为陛下不取也。』——《史记·袁盎晁错列传》

自己的安危担心。

《史记·陈丞相世家》是陈平的本传，它侧重记述了陈平善于自保和巧于问辩的谈话技巧，缺乏自保能力的周勃落了下风。

《史记·袁盎晁错列传》是袁盎、晁错两个人的合传，它重点记述了袁盎毁谤周勃的一桩小事。这件乍看起来是不起眼的小事，却毁掉了周勃在汉文帝心中应有的位置，导致君臣关系大逆转，可见周勃任丞相之后所面临的环境之复杂。

从表面上看，周勃在汉文帝心中地位的降低似乎是袁盎进谗所致。但是，深思一下，身为丞相的周勃，仅仅因为袁盎的一番话，就失去其在汉文帝心中的崇高地位，问题会这么简单吗？汉文帝就这么好糊弄吗？

袁盎是什么人，我下面还要讲，但是，有一点可以相信，汉文帝如果没有压制周勃的念头，单凭袁盎一番话，绝对不可能将周勃的地位从自己的心中抹去。只有汉文帝动了压制周勃的念头，袁盎的话才会起作用。一根火柴可以点燃一片树林，但是，一根火柴绝对不能点燃一块石头，能够被点燃的都是可燃物。联系刘恒一入京就"面折周勃"，可以想见，如果汉文帝没有任何拿掉周勃的念头，袁盎一句话就能轻松毁掉大功臣周勃在汉文帝心中的地位，绝对是匪夷所思的。

如果上述三种记录都非常可信，那么，周勃的地位真是岌岌可危了。周勃上表辞去右丞相之位是必然的，汉文帝没有挽留也是必然的。周勃辞相之后，丞相只剩陈平一人。

陈平一死，汉文帝重新起用了周勃，但是，一年多之后又要周勃辞职，而且要他带头回乡。周勃无奈，只好回乡。常言道"是祸躲不过"！周勃回到绛县一直小心谨慎，唯恐惹祸上身，最终还是没有躲过去，被人告发谋反，进了大牢。

周勃第二次免相是他政治生命的终结，周勃出狱之后就从汉代政坛上消失了。史书对周勃出狱之后的状况再无记载。我们可以想到，周勃晚年多么孤独、寂寞与凄凉。冤狱虽然解决了，可是，他再也不可能走上汉代政坛。一代功臣、名臣、重臣就这样静悄悄地走完了他人生的最后八年。周勃从迎立代王刘恒到他故去，总共十一年。其中，担任右丞相不到九个月，独任丞相一年零一个月，两次为相加起来近两年。因此，这十一年中的大多数年份他是在绛县度过的，是在被孤立于政治中心之外度过的。

汉文帝十一年 (前169)，周勃故去。周勃死后，长子周胜之终因与公主婚姻不和睦，又牵涉进一桩杀人案，被杀，爵位也被削除。

悲剧：不让你管事，不等于不管你的事

作为一代重臣的周勃，为什么会落到这样一种悲惨境地呢？

原因主要有两点，从汉文帝的角度看是不信任周勃，从周勃的角度看是他不善于自全。

第一，不受信任。

周勃受到汉文帝的重点打压，最根本的原因是周勃长期掌握兵权，而且是发动诛除诸吕政变的总指挥。文帝非常明白，陈平仅是一介文官，而周勃掌有兵权是"安刘"的关键人物。从起兵反秦到楚

汉战争，从楚汉战争到平定叛乱，无时无处没有周勃的军功。这么一个追随高祖刘邦打天下的高级将领，在军队中享有崇高的威望。周勃一入北军，士兵皆"左袒"。这里不仅有军中将士对刘邦的忠诚，而且有周勃在军中威望崇高的因素。文帝对此深怀戒备，对周勃的防范更重更严。

汉文帝对周勃的不信任，我们可以从三件事上看得明明白白：

一是问政周勃。

汉文帝前元元年 (前179)，周勃刚刚升任右丞相，汉文帝就突然向周勃问了一年判案多少和一年收成多少两个问题。这两个问题问得非常蹊跷。是虚心问政，还是有意刁难？《史记·陈丞相世家》记载这段问话前有一个前奏："居顷之，孝文皇帝既益明习国家事。"给人的印象是汉文帝熟悉国家政务之后询问右丞相周勃，似乎是他的不经意之问；但我更倾向于这两问看似无心实有心。

周勃是沛县人，本人文化程度不高。秦末大起义之前，他以编织养蚕的箩筐为生，就是一个"农民工"；谁家有了丧事，他去吹吹箫，当当吹鼓手，挣个外快；因为力气大，还当过秦朝的地方预备兵。刘邦在沛县起兵，周勃参加了刘邦的军队。所以，在刘邦军中，周勃是老革命。此后的攻城略地，周勃屡屡率先登城。刘邦

太尉将之入军门，行令军中曰："为吕氏右袒，为刘氏左袒。"军中皆左袒为刘氏。——《史记·吕太后本纪》

勃以织薄曲为生，常为人吹箫给丧事，材官引强。——《史记·绛侯周勃世家》

任砀郡太守之时，周勃就担任了刘邦的卫队长，非常受刘邦信任。刘邦灭秦之后被封汉王，周勃被封侯。楚汉战争中，周勃因为军功被封绛侯。刘邦当了皇帝，周勃又多次参加平叛，屡立军功。高祖十一年（前196）和惠帝六年（前189）周勃两次出任太尉，吕后下世之时周勃仍然官居太尉。

刘邦去世之前，吕后曾向刘邦询问相国人选，刘邦说："周勃重厚少文，然安刘氏者必勃也，可令为太尉。"《史记·高祖本纪》对周勃期许甚高。

可见，周勃深受刘邦的信任。

周勃平日缺少文化修养，每次召集文人讨论问题，他总是居高临下地坐在面向东的尊位上，声色俱厉地吼：有话给我赶快说！根本不把文人放在眼里。

这么一介武夫，因为平定诸吕有功，加上陈平谦让，当上了作为百官之首的右丞相，实际上并不称职。

应当说，汉文帝对周勃答不上每年朝廷判多少案子、产多少粮食应当是心中有数的。明知周勃答不上还要问，而且，先问周勃，让他出丑，再问陈平，让周勃再出丑。可以说汉文帝这是一石二鸟的组合拳，既打压了周勃，又抬举了陈平。同样的问题，到了左丞相陈平的口中，就回答得非常巧妙。陈平认为这些具体问题是主管官员的事，丞相只管百官，协理阴阳、四时，不管具体琐事。

朝廷每年判多少案，国家每年产多少粮，这是一个农业国家的大事，哪有丞相不知道这些基本数据的道理？据《汉书·魏相丙吉传》记载，汉宣帝时有一位贤相魏相，他听说汉宣帝要发兵攻打匈奴，上疏给汉宣帝说："案今年计，子弟杀父兄、妻杀夫者，凡二百二十二人，臣愚以为此非小变也。"魏相不但知道一年决狱多少，而且知道"子弟杀父兄、妻杀夫"这类案件犯人有二百二十二人。并且明奏宣帝："臣愚以为此非小变也。"从一年判了多少案件可以知道"法之繁简""俗之厚薄"。从一年的钱粮多寡，可以知道国库的多寡，百姓的丰歉。"此真宰相之事"，岂有宰相不知之理？

陈平说得不无道理，但是，"有司治其详，大臣治其要"。不知道一年的收成、判案固然是失职，推诿自己的责任也不对。周勃、陈平都失职，汉文帝却连连称赞陈平，除非是有意打压周勃，否则，只能说汉文帝自己也不知道丞相的责任。

有人也许会问，汉文帝前元二年十月，右丞相陈平病逝后，汉文帝再次起用周勃为相。如果汉文帝不信任周勃，为什么还要让周勃二次任相呢？

首先，周勃是功臣派最亮丽的名片。他的名气、功劳在当时的功臣中排名第一，排名第二的丞相陈平去世，自然是排名第一的功臣周勃任丞相最为合适。其次，安抚功臣。功臣派是汉文帝政权的基础，起用周勃

忽其事而不知者，非也；诿其责而不预者，亦非也。——［宋］王应麟《通鉴答问》卷三

正缘于此。而且，周勃没有多大本事，只要不掌兵权，就不会给汉文帝造成威胁。再次，周勃虽然有丞相名位，但是，政坛的主角已经不是他了，而是新锐贾谊。

二是袁盎进谏。

袁盎毁坏君臣关系之前，刘恒是真心对周勃恭恭敬敬吗？我看不是。如果汉文帝刘恒真心感恩周勃除诸吕、立新君的大功，怎么可能有渭桥桥头的"面折周勃"？那可是刘恒和周勃的第一次见面啊！刘恒未正式即位之前就已经决心给周勃点颜色看看，让他别太张狂！正式登基之后，刘恒已经完全掌控了朝中局面，更没有必要在面子上对周勃如此谦恭。刘恒如果真心感恩周勃，皇帝对大臣最好的感恩是信任。事实如何呢？刘恒入宫的当夜立即派自己在代国最信任的宋昌任卫将军，统一掌管京城的南军、北军，一道诏令将太尉周勃对京城驻军的统辖权剥夺殆尽。这叫信任吗？刘恒真正信任的是他在代国时身边的宋昌、张武，虽然这些人不是跟随刘邦打天下的功臣，但是，刘恒熟悉他们，刘恒认为他们忠于自己。至于周勃，刘恒一直都提防着，因为周勃是刚刚发生的宫廷政变的策划者、指挥者，尽管政变的最大受益者是刘恒本人，但是，他对敢于发动政变的将军仍然放不下心。这种担心不仅是刘恒一生谨慎小心的一种本能反应，而且是在他登上最高统治地位之后对保全自身地位的一种本能反应。

如果这种分析能够站得住脚，那么，袁盎进谏一事就非同寻常了。汉文帝刘恒压根儿就没有信任过周勃，他对周勃毕恭毕敬的态度算什么？只能算作秀！凡作秀都是给别人看的。汉文帝对丞相周勃大搞政治秀，更说明刘恒不简单！

汉文帝在功臣派中最不信任的就是周勃。陈平有智慧，善于自我保全，汉文帝刚刚即位陈平就主动提出让周勃任右丞相，自己做位次较低的左丞相。这会对汉文帝产生什么样的影响呢？陈平懂得谦让，周勃不知谦让。在汉文帝即位之后的三大功臣里，陈平最有智慧，灌婴永远让人信任。刘邦信任灌婴，让他担任自己的骑兵司令；吕后信任灌婴，让他任太尉；吕产信任灌婴，让他做大将军，率兵十万征伐起兵的齐王刘襄；汉文帝也信任灌婴，周勃被免相之后，汉文帝任命他担任丞相，还下令撤销了太尉一职，将兵权归丞相掌管！汉文帝对灌婴的信任明显超过周勃。周勃任丞相得交出兵权，灌婴当丞相干脆不设太尉这个职位，再让丞相兼任太尉：政权、兵权归一人统管！敢把鸡蛋放在一个篮子里，这是多么大的信任啊！汉文帝前元三年（前177），匈奴右贤王部入居河南地，汉文帝派丞相灌婴率八万多精兵迎敌，此时距灌婴下世仅仅只有一年了。汉文帝如此信任的功臣实际只有灌婴一人。

所以，汉文帝虽然执行的是内依代国旧臣，外靠汉初功臣的路线，但是，他外靠的汉初功臣并不是建有奇功的周勃。

周勃没有陈平聪颖，也没有灌婴让人信任的本事；但周勃是一个忠诚的人，刘邦极其信任他，事实证明刘邦的信任是对的。但这位忠诚的大将因为功高盖主，特别是在拥立新君之时的张扬，使得汉文帝对他并不放心。所以，汉文帝一面让他出任丞相，一面又让周勃带头执行"列侯之国"的诏令。

汉文帝在对周勃进行打压的同时，于前元元年（前179）六月登基不久，给当年随从刘邦进入汉中现仍在世的六十八位列侯每人增加三百户的封邑，给当年随从刘邦的二千石以上在世的十位高官每人食邑六百户，另有十人封邑五百户，十人封邑四百户；同时将齐哀王刘襄的舅舅驷钧加封为周阳侯。当年功臣派认为驷钧是恶人而不让齐哀王刘襄入承大统；如今，刘襄已死，汉文帝的地位也已经非常稳固，因此，可以放心地加封驷钧为侯。汉文帝这样做显然是优宠宗室，安抚老臣、列侯。从整体上讲，汉文帝入承大统以来，仍然是以汉初功臣为主要依靠对象。

三是带头返乡。

周勃二次任相刚刚一年有余，就被汉文帝逼着带头返乡了。名义上是让周勃落实"列侯之国"的诏令，实际上是解除周勃的相位，并将他赶出京城。返乡刚刚一年多，周勃就被人诬告谋反，接着就是入狱。汉文帝这些做法哪有一点体现出对周勃的信任？连薄太后都觉得刘恒做得太过分，当面摘下头巾砸刘恒并痛斥他，汉文帝才放周勃出狱。可是从此以后，周勃还是在汉代政坛上彻底地销声匿迹了。

第二，不善自全。

周勃是一介武夫，他买汉文帝舅舅薄昭的账，送钱送礼给薄昭的根本原因是汲取了吕后为政的教训。吕后封自己的弟弟、侄子为王引发了功臣派与皇族派的极大不满，但是，外戚的重要性给周勃上了生动的一课。但这并不等于周勃善于自全。

周勃关注外戚还有一个故事。

窦皇后有一兄一弟，弟弟名广国，字少君。窦少君四五岁时，因为家境贫寒，被人抢走卖了，先后转卖十几家。后来被转卖到宜阳，在山里为主人烧炭，当时正值冬天，天寒地冻，一百多个烧炭工人都睡在河边。晚上，大家睡熟了，河岸崩塌，几乎压死了所有的人，唯独窦少君一人活了下来，也算天不绝人。大难不死的窦少君卜了卦，卦上竟然说他几天之内会封侯。我想，窦少君这种贴着地皮长大的人，也绝对不信这种预言。大难之后，窦少君来到京城长安。听说新任皇后是窦皇后，老家是观津，这和窦少君是老乡啊。窦少君被卖时虽然很小，但他记得自己是观津人，知道自己姓窦，大一点时还曾和姐姐一块儿因采桑摔下树。于是，他上书说明自己的遭遇，窦皇后把这事告诉了汉文帝。汉文帝于是召见窦少君，问了一些细节，果然是自己的小舅子。汉文帝初步确认后，又问他有何凭证。窦少君回答：当年姐姐入宫时，曾和我在邮亭传舍诀别，并亲自为我洗沐，并要来了饭，请我美美地吃了一顿饭才离家。窦皇后一听，号啕大哭，身边的人也全哭成一团。于是，文帝重赏窦少君良田、金钱、住宅，封公昆弟，并让其长住京城。身为重臣的周勃、灌婴二人私下商议：我们这些老臣能够不死，命全悬在窦氏兄弟身上。皇后的这两位兄弟出身贫寒，没有受过良好教育，不能不为他们选择良师益友，否则，将来又会成为横行霸道的吕氏家族。于是，周勃、灌婴为窦长君、窦少君选了良师。这两位外戚后来都成为谦谦君子，从不依仗外戚身份胡作非为。

绛侯、灌将军等曰：『吾属不死，命乃且县此两人。两人所出微，不可不为择师傅宾客，又复效吕氏大事也。』于是乃选长者士之有节行者与居。窦长君、少君由此为退让君子，不敢以尊贵骄人。——《史记·外戚世家》

周勃为保自身安全真是下了不少功夫，但是，周勃的功课做错了地方。他始终没有意识到汉文帝对他的猜忌才是他最大的安全隐患，而且他也没有办法扭转汉文帝对他的严重猜忌。

陈平的功夫与周勃相反，他把功课做在了汉文帝的身上。

陈平是铲除诸吕的总设计师。但是，陈平远比周勃的政治嗅觉灵敏得多，渭桥旁的"面折周勃"，让陈平发现这位年轻的皇帝绝对不是一个省事的主。所以，代王刘恒成了皇上之后，陈平第一个以有病为由提出休假。汉文帝刘恒明知陈平无病，专门召见陈平询问。据《史记·陈丞相世家》载，陈平回答：当年高皇帝打天下之时，周勃的功劳不如我陈平；这次"诛诸吕，臣功亦不如勃"。所以，我想把右丞相之位让给周勃。

陈平这番话，先表明自己是开国功臣，位居周勃之上；再以退为进，主动退让右丞相。汉文帝听了陈平的意见，下诏改任陈平为左丞相，提拔周勃任右丞相。

陈平死得是时候。汉文帝前元二年十月，陈平病故。此时陈平正在丞相位上！在位病逝，这叫因公殉职。别说没有问题，有问题也会包起来不再提了：人都死了，谁还去追究啊？此时，汉文帝刘恒已安全度过由藩王入主大内的这段人生最危险的时光，可以放手去巩固自己的权力了。这种巩固就是摆平功臣派和皇族

孝文帝立，以为太尉勃亲以兵诛吕氏，功多；陈平欲让勃尊位，乃谢病。孝文帝初立，怪平病，问之。平曰："高祖时，勃功不如臣平。及诛诸吕，臣功亦不如勃。愿以右丞相让勃。"于是孝文帝乃以绛侯勃为右丞相，位次第一；平徙为左丞相，位次第二。——《史记·陈丞相世家》

派的头面人物，陈平死了，用不着摆平了。

《史记·绛侯周勃世家》记载有人提醒周勃高处不胜寒，周勃才感到危险，他自己并不懂得这个道理。《史记·陈丞相世家》记载周勃不知道丞相要干什么，面对汉文帝的问政，应对失当。《史记·袁盎晁错列传》记载周勃位极人臣之时不知道内敛，结果被袁盎打了一闷棍。

何况，陈平是文官，周勃是武将，由藩王入主皇位的刘恒自然对功臣派中的武将更不放心。

汉文帝摆平周勃是他以藩王身份入主皇宫的必然。客观地讲，汉文帝对周勃非常不公，从汉文帝的角度看，他认为只有这样自己才能真正掌控政权。发动这场宫廷政变的陈平死于汉文帝前元二年，灌婴死于汉文帝前元四年十二月，周勃死于汉文帝前元十一年，但是，周勃在汉文帝前元三年免相之时已经退出政坛，出狱之后虽苟活于世，但政治生命已经彻底死亡。对于执掌朝政达二十三年之久的汉文帝来说，只用了三年时间就彻底解决了功臣派的强势问题，完全巩固了自己的地位，不能不说汉文帝是一位极有政治手腕的强势帝王，他的"整体依靠，重点打压"的方针收到了意想不到的效果。

用三年时间解决了功臣派问题的汉文帝还面临着另一问题，即皇族派的问题。因为铲除诸吕的宫廷政变是功臣派联合皇族派共同完成的，当时皇族派中也有一股强大的势力，这股强大势力是谁？汉文帝将会怎样解决这股来自皇族派的强大势力的呢？

请看：皇孙之殇。

皇孙之殇

四

在铲除诸吕的政变中，齐王刘襄、朱虚侯刘章、东牟侯刘兴居三兄弟作为高祖刘邦的皇孙，独立奇功，但是，齐王刘襄在汉文帝即位的当年（前179）死去，刘章在汉文帝前元三年（前177）死去，刘兴居于同年自杀。刘邦皇孙中最优秀的三兄弟，竟然没有一人善终。这是怎么回事呢？

老大早逝：气死了

先看看齐王刘襄之死。

刘襄虽然因为是强势皇孙而被功臣派排除在拥立新君人选之外，但是，刘襄的功劳却是万万不容埋没的。刘恒以代王身份入主登基之前，心中十分矛盾：去，是其所愿，但怕有诈；不去，又不甘心。力主刘恒进京的中尉宋昌为代王刘恒分析天下大势，其中一条重要理由是功臣派畏惧皇族派的力量：

> 方今内有朱虚、东牟之亲，外畏吴、楚、淮南、琅邪、齐、代之强。

《史记·孝文本纪》

这里的"齐"即齐王刘襄，"朱虚、东牟"即刘襄的弟弟朱虚侯刘章与东牟侯刘兴居。此时，代王刘恒将刘襄及其弟刘章、刘兴居视为"自己的"力量。

刘恒登基称帝之后，理应非常感谢皇族派的拥立之功。他的三个侄子刘襄、刘章、刘兴居是皇族派中的翘楚，所以，汉文帝对刘襄三兄弟都进行了奖赏。刘襄得到的回报是：在吕后时期被夺走的齐国三个郡（城阳郡、琅邪郡、济南郡），名正言顺地归还给了齐国。

刘襄是铲除诸吕行动中皇族派的首功之人。没有刘襄首举义兵，灌婴就不可能被吕产任命为大将军而获得兵权（这是吕氏集团犯的历史性错误）；灌婴无兵权就不能拥兵自重，灌婴不能拥兵自重也就没有功臣派与皇族派联手的可能。所以，刘襄是这场宫廷政变的首义者，他得到赏赐是完全应当的。

功臣派周勃增封一万户，陈平、灌婴都增封三千户，刘襄仅仅是物归原主，没有任何增封。对这样的结果，刘襄一定会有想法。据《史记·齐悼惠王世家》记载，汉文帝刘恒即位的当年，死了两位刘姓诸侯王：第一位是当年三月病故的楚元王刘交，第二位就是齐哀王刘襄。

刘交下世当属正常。刘交是刘邦的小弟弟。刘邦去世之时六十二岁，吕后执政了十五年，刘邦如能活到刘恒即位这一年，应当是七十七岁。刘交是刘邦唯一的小弟弟，所以，刘交的年龄应当在七十岁上下。一位七十岁左右的老王爷病故，应当属于正常死亡。

刘襄的故去却存在两大疑团。

首先，刘襄死时太年轻。

刘襄是齐王刘肥的长子，刘肥又是刘邦的庶长子，假如刘肥与父亲刘邦的年龄差距在二十岁到三十岁之间，刘肥的长子刘襄与刘肥的年龄差距也在二十岁到三十岁之间，那么，刘襄与祖父刘邦的年龄差距当在四十岁至六十岁之间。如果相差四十岁，文帝即位当年刘邦七十七岁，刘襄当是三十七岁；如果相差六十年，刘襄当是十七岁。考虑到此前刘襄起兵，他的弟弟刘章在这场宫廷政变中建立殊功，另一个弟弟刘兴居还主动为代王刘恒"清宫"，加之刘章、刘兴居在吕后执政的后期都已经在皇宫中任职，所以，刘章的年龄不应当在十六岁以下。如果考虑到这些因素，刘襄和祖父刘邦的年龄相差不大可能是六十岁，相距四十至五十岁比较合适。这样，汉文帝前元元年 (前179)，刘襄是二十七岁或三十七岁左右。但是，不论刘襄是二十七岁还是三十七岁，辞世都属不正常；毕竟他们的祖父刘邦一生受过两次重伤，还活到六十二岁啊！

其次，刘襄未患恶疾。

如果刘襄是患绝症而卒，史书当有记载。史书无载，极有可能是刘襄并未患重病。一个二十七岁到三十七岁奋发有为的青年皇孙，又无重病，怎么会突然死亡了呢？

刘襄最有可能是因为咽不下这口窝囊气，活活被气死了。当年他的父亲就是因为受了吕后一肚子窝囊气，郁郁寡欢而死。

这样的遗传基因决定了这个家族的人不能生大气，如生大气必然伤及生命。

问题是，为什么会产生这么一个悲剧呢？

我们先看《史记·齐悼惠王世家》记载的一个真实故事：

刘襄起兵剿灭吕氏集团的发起人之一是当时齐国的中尉（齐国最高军事长官）魏勃。灌婴率重兵驻屯荥阳之时听说此事，在诛灭诸吕之后，便专门派使者召见了魏勃。见到魏勃后，灌婴询问他为什么教唆齐王刘襄起兵。魏勃回答：这就像突然遇到火灾，能顾得上先报告主人再救火吗？回答完之后，魏勃退到一旁，两腿直发抖，吓得一句话也说不出来。灌婴仔细打量了一番，笑着说：人

齐王既闻此计，乃与其舅父驷钧、郎中令祝午、中尉魏勃阴谋发兵。——《史记·齐悼惠王世家》

们都说魏勃勇敢，我看只是一个庸人而已，什么大事也办不了。于是，放魏勃回去了。灌婴为什么要在平定诸吕之后召见魏勃，史书没有任何记载，也许是想见识一下这位最先策动闹事之人。汉代中央政府对诸侯王的管理非常严格，任何人敢于率先策动诸侯王反叛中央政府，都是一件非常抢眼的大事。

魏勃并非一个庸人！

魏勃年轻的时候，曾想求见当时任齐国国相的大功臣曹参，但是，魏勃家里贫寒，没有办法见到曹参。他想了一个主意，每天夜晚为曹参手下一位舍人打扫大门外的卫生。曹参的舍人对此感到非常奇怪，专门在夜晚守在大门旁，果然见到了"义工"魏勃。这位舍人问魏勃为什么要这样做，魏勃实话实说：我想拜见曹国相，但是没有门路，只好天天为您打扫大门卫生，想通过您拜见曹国相。在这位舍人的协助下，魏勃见到了齐国国相曹参。曹参留用了魏勃，并因为魏勃的进言发现了他的才华，先任命他做自己的舍人，后把他推荐给齐王刘肥，刘肥任命魏勃担任内史。内史是诸侯国国都的最高行政长官，可见魏勃并非一个无能之辈。

这次听说大将军灌婴召见自己，魏勃就知道大事不妙，所以，他回答完灌婴的话以后，有意装作惊慌失措的样子，骗过了灌婴，留下了一个庸人

灌婴在荥阳，闻魏勃本教齐王反，既诛吕氏，罢齐兵，使使召责问魏勃。勃曰：『失火之家，岂暇先言大人而后救火乎！』因退立，股战而栗，恐不能言者，终无他语。灌将军熟视笑曰：『人谓魏勃勇，妄庸人耳，何能为乎？』乃罢魏勃。
——《史记·齐悼惠王世家》

及魏勃少时，欲求见齐相曹参，家贫无以自通，乃常独早夜扫齐相舍人门外。相舍人怪之，以为物，而伺之，得勃。勃曰：『愿见相君，无因，故为子扫，欲以求见。』于是舍人见勃曹参，因以为舍人。一为参御，言事，参以为贤，言之齐悼惠王。悼惠王召见，则拜为内史。
——《史记·齐悼惠王世家》

的印象。

这只是一件小事，但是从中可以看出，身为反对诸吕的功臣派重臣灌婴，对首先唆使齐王刘襄起兵的魏勃已经十分关注，因为这毕竟是以地方诸侯的身份反叛中央政府。灌婴发出的这个信号非常凶险！历朝历代靠他人政变上台之人，事成之后都容不下为他们做嫁妆的人，这就叫过河拆桥！常言道：过河不能拆桥。这只是就常理而言，如果论及皇权，恰恰相反，过河，必须拆桥。晋惠公是在权臣里克连杀晋国二君之后被里克捧上君位的，但是，晋惠公一即位，立即开始削弱权臣里克的权力，最终杀了里克。南朝刘宋时，刘义隆杀徐羡之、傅亮、檀道济，亦是如此。

汉文帝刘恒也逃不脱这个铁律。

功臣派容不下以诸侯起兵反叛中央的刘襄只是一个信号。

汉文帝刘恒是依靠刘襄起兵，灌婴倒戈，周勃、刘章诛杀诸吕才得以称帝，但是，刘恒即位之后，对率先发兵反叛的刘襄深怀戒心，特别是听说刘襄起兵是为了自己当皇帝，对刘襄已不是单纯地戒备，而是千方百计地打压。

这就注定了齐王刘襄的悲剧命运！

鞋子合不合适只有自己知道。刘襄受到汉文帝如此压制，他自己心里最明白，我们说他气愤而死，并非妄断。

谓曰："微里子寡人不得立。虽然，子亦杀二君一大夫。为子君者不亦难乎？"里克对曰："不有所废，君何以兴？欲诛之，其无辞乎？乃言为此！臣闻命矣。"遂伏剑而死。——《史记·晋世家》

羊毛，出在羊身上

刘章为什么在刘襄死后仅仅两年也去世了呢？

朱虚侯刘章是诛除诸吕政变中立有大功之人。他杀死了吕氏集团中统领南军、权力最大的核心人物相国吕产，还杀死了未央宫的卫尉吕更始，这才使太尉周勃解除了后顾之忧，下令诛杀吕氏全族。刘章的这一功劳在某种程度上可以说仅次于周勃，超过了右丞相陈平和大将军灌婴。

代王刘恒被功臣派拥立称帝后，刘章、刘兴居的表现仍然可圈可点：特别是积极参与拥立文帝。

刘章和陈平、周勃等大臣联名上书，率先提出惠帝之子"非孝惠子"，力主代王刘恒即皇帝位。

刘章在立下大功仍被排除在外的情况下，拥立文帝，顾全大局，不计私怨，实在值得点赞。

但朱虚侯刘章的命运也像他大哥刘襄一样坎坷！

刘章得到了两次封赏：第一次是汉文帝刘恒即位之初，刘章的封邑增加两千户，赏金千斤。但是，这种封赏对于刘章来说简直是一种嘲讽。刘章是最早鼓动齐王刘襄起兵反抗吕氏集团的人，当时反叛诸吕的目的是打算政变成功之后让他大哥刘襄当皇帝。如果齐王刘襄成功称帝，作为亲弟弟，作为政变的大功臣，刘章会得到什么呢？功臣派许诺功成之后封刘章为赵王：

始诛诸吕时，朱虚侯章功尤大，大臣许尽以赵地王章，尽以梁地但是，这个许诺最终被汉文帝否决了，原因是汉文帝知道了刘章、刘兴居兄弟二人当初想让其兄刘襄称帝。

赵国地处中原，虽然没有齐国国土辽阔，但是，在赵地称王对年轻有为的刘章诱惑力非常之大。相对于赵王的尊荣，区区两千户、金千斤算什么？只能视为人生失败的一种安抚。刘章无法阻止功臣派和皇族派刘泽等大多数人拥立代王刘恒的决定，只能接受为他人作嫁衣的现实。这对刘章来说多么痛苦！

第二次封赏是在汉文帝前元二年（前178）。这次汉文帝封了自己的三个儿子为诸侯王，顺便封了其他几位诸侯王，特地任命刘章为城阳王。城阳王的国都在今山东莒县，封地就是原齐国的城阳郡，也是当年刘肥无奈之中献给鲁元公主的汤沐邑。城阳王与原来许诺的赵王差距实在太大！

差距表现为四个方面：一是赵地雄居中原，城阳偏居一隅；二是赵地是新封之地，城阳是割齐国一郡；三是此时受封距刘恒称帝已经过了两年；四是痛失人生机遇！人生机遇本来不多，特别是能够改变个人命运的重大机遇更少。

最重要的打击是心理上的打击。一位胸怀大志、立

及文帝立，闻朱虚、东牟之初欲立齐王，故黜其功。——《汉书·高五王传》

二年，王诸子，乃割齐二郡以王章、兴居。章、兴居意自以失职夺功。岁余，章薨。——《汉书·高五王传》

有奇功的皇孙最终被拘禁在齐地，而不能得到大臣们原来许诺的赵王，刘章实在受不了新皇帝的这种压制。

就文帝前元二年（前178）的分封而言，刘章封王是"羊毛出在羊身上"，刘恒三子封王是"羊毛出在牛身上"。"羊"指齐国，"牛"代国家。

刘襄完全有资格出任皇帝，刘章完全有可能成为汉初发达地区的赵王，刘兴居完全有能力成为梁王。但是，他们三兄弟的强势，使文帝刘恒极不放心！三兄弟谋立刘襄称帝更让文帝刘恒耿耿于怀，不按功行赏，将高皇帝孙子辈中最优秀的三兄弟全部赶到齐地，让刘章完全不能接受而又不得不接受。

汉文帝前元三年（前177）四月，城阳王刘章终于在他的封国中故去。一个充满活力、充满朝气、敢作敢为的青年才俊就这样不明不白地死掉了。

刘章得了什么病？为什么这么快就走完了一生？史书没有记载。他应当是被长期的郁闷扼杀了。刘章立了如此大功，不但没有让自己的大哥成为皇帝，还早早地葬送了大哥的生命；自己又受此不公待遇，所以，刘章之苦更甚于刘襄。

刘襄、刘章兄弟二人之死，都缘于汉文帝刘恒即位之后对他们的刻意打压！这种打压让他们感受到了人情的势利和人生的无奈。当年最需要皇族派出死力的时候，刘襄、刘章冒死起事，但是，事后功臣派没有奖励他们，自己的亲叔叔刘恒靠他们掂着脑袋发动政变当上了皇帝，事后非但没有奖励，还反过手来排挤、打压他们。功臣派也罢，皇族派也罢，用过他们之后就拉倒，谁也不愿再为他们付出一点点，谁也看不见他们满腔的委屈。刘襄、刘章能不生闷气吗？这种闷气还不能有任何发泄，只能自己消化。哪有那么好的胃，什么都能消化？消化不了，只好自伤生命。

不服，必死

齐王刘肥三个最优秀的儿子现在只剩下刘兴居了。

刘兴居在铲除诸吕时无功，但是，代王刘恒入京继承大统，他主动提出清宫，将惠帝之子"后少帝"逐出皇宫，迎接文帝入宫。

济北王兴居，初以东牟侯与大臣共立文帝于代邸，曰："诛吕氏，臣无功，请与太仆滕公俱入清宫。"遂将少帝出，迎皇帝入宫。

——《汉书·高五王传》

刘兴居的命运和刘章类似，他也是两次受封赏，而且受赏的次数、级别也和刘章一致。首先是汉文帝前元元年（前179），刘兴居和刘章一样增封封邑两千户、金千斤。其次是汉文帝前元二年（前178）三月，刘恒先封刘章为城阳王，封刘兴居为济北王，然后再封自己的三个儿子为诸侯王。济北国就是原来齐国的济北郡，这和封刘章的城阳国如出一辙，明面上是封刘兴居为王，实际上又割了齐国一个郡。

"羊毛还是出在羊身上！"

汉文帝刘恒铁了心要肢解齐国。这种分封是一石四鸟：一是先人后己，先封刘章、刘兴居，再封自己的三个儿子；二是自己的三个儿子个个受封，皇族派还说不出话来，因为汉文帝先封了刘章、刘兴居，并借封王把刘章、刘兴居这些最能干的皇族派从京城赶到边远封国去；三是用齐国之郡封王的办法，将齐国的辖境一步步缩小；四是将刘章、刘兴居分而治之，以便控制。可是，别忘了，汉文帝自己三个儿子的封地，是大汉天子的土地。

这还是一出"羊毛出在牛身上"！

汉文帝前元三年（前177）五月，匈奴右贤王部攻入河南地，占据了今天内蒙古、宁夏黄河以南的河套地区。匈奴的这次入侵成为汉文帝时期的第一次匈奴之祸。汉文帝刘恒派丞相灌婴率领军队八万多人出击匈奴，并派重兵守卫京城长安。他自己则亲临北部边疆，回到故地代国，会见了当年的老部下。由于这次匈奴入侵是一次规模空前的军事行动，刘恒调集重兵全力应对，连京城长安附近都驻扎了重兵。汉文帝派兵出征不久，匈奴退兵。济北王刘兴居看到这个局面，误认为中央的军队主要在防范匈奴，汉文帝御驾亲征，无暇他顾了。于是，他公开举兵叛乱，想趁机攻打军事重镇荥阳。汉文帝刘恒听说济北王刘兴居叛乱，立即下令丞相灌婴停止军事行动，率兵回朝。另派棘蒲侯陈武（汉朝的开国功臣，又作"柴武"）为大将军，率十万大军围剿刘兴居。八月，刘兴居战败被俘，自杀，济北国被废，划归汉朝中央政府。

济北王兴居闻帝之代，欲往击胡，乃反，发兵欲袭荥阳。于是诏罢丞相兵，遣棘蒲侯陈武为大将军，将十万往击之。——《史记·孝文本纪》。

匈奴大入边，汉多发兵，丞相灌婴将击之，文帝亲幸太原。兴居以为天子自击胡，遂发兵反。上闻之，罢兵归长安，使棘蒲侯柴将军击破，虏济北王。王自杀，国除。——《汉书·高五王传》

《史记·齐悼惠王世家》记载了刘兴居这次谋反的动因是功臣派的言而无信：因为"大臣诛吕氏时，朱虚侯功尤大"。所以，功臣们允诺"尽以赵地王朱虚侯，尽以梁地王东牟侯"。按照这个约定，朱虚侯刘章应当功封赵王，东牟侯刘兴居应当功封梁王。但是，功臣派虽然有诺言在先，他们并无权力封王，封王须由新君汉文帝来封。汉文帝即位后，对功臣派原来的许诺一律弃而不用。一直到前元二年（前178）大封自己的儿子们为诸侯王之时才"割齐二郡以王章、兴居"。这不仅在时间上晚了两年，而且是割齐地以封刘章、刘兴居，刘章、刘兴居都认为这是埋没了他们兄弟二人在这场政变中的大功（自以失职夺功）。所以刘章郁郁而终后，刘兴居终于利用匈奴大举入侵之机举起了叛乱的大旗。

可见，刘兴居叛乱的根本原因有两点：一是汉文帝私心作祟，挟私怨报复想拥立齐王刘襄为帝的刘章、刘兴居；二是刘兴居不愿受这种政治上的委屈，终借匈奴入侵之机叛汉。

这里我们看到了一向谨慎小心、行事低调的汉文帝刘恒对皇帝之位非常在乎，对拥立他人还是拥立自己非常计较，对与自己曾经有过权力之争的侄子的手腕非常强硬。在刘襄、刘章、刘兴居三兄弟面前，那个贤明忍让的代王刘恒不见了，有的只是锱铢必较的一代帝王。权力对人的诱惑实在太大太强，人性在皇权面

及二年，王诸子，乃割齐二郡以王章、兴居。章、兴居自以失职夺功。章死，而兴居闻匈奴大入汉，汉多发兵，使丞相灌婴击之，文帝亲幸太原，以为天子自击胡，遂发兵反于济北。天子闻之，罢丞相及行兵，皆归长安。使棘蒲侯柴将军击破虏济北王，王自杀，地入于汉，为郡。——《史记·齐悼惠王世家》

后一岁，孝文帝以所封悼惠王子分齐为王，齐孝王将闾以悼惠王子杨虚侯为齐王。故齐别郡尽以王悼惠王子：子志为济北王；子辟光为济南王；子贤为菑川王；子卬为胶西王；子雄渠为胶东王；与城阳、齐凡七王。——《史记·齐悼惠王世家》

前没有丝毫的立足之地。

济北王刘兴居自杀后，济北国的土地全部划归汉朝中央政府。前元十六年（前164），刘襄的儿子齐文王刘则下世，没有儿子，文帝将齐国的土地划分给刘肥现存的六个儿子，即刘襄的六个弟弟，加上之前封的城阳王刘章，齐地成就了七位诸侯王。

汉文帝刘恒为什么要将刘襄的这六个弟弟全部封王呢？是褒奖，是内疚，还是另有企图？

肯定不是褒奖。刘襄和汉文帝有夺位之争，刘襄生前备受汉文帝刘恒的压制，刘襄死后，汉文帝更不会再对刘襄率先起兵反抗诸吕的行为进行褒奖。

汉文帝内疚吗？我看不会。刘襄立有大功却没有得到应有的赏赐，抑郁而死，汉文帝对自己政治对手的死亡恐怕不会有什么内疚，因为刘襄并不是被汉文帝所杀，你自己想不开死了，我负什么责任呢？

既然不是褒奖，也不是内疚，那么给刘襄的弟弟全部封王究竟是为什么呢？

要想回答这个问题，必须看清另外两个问题：第一，汉文帝对其他诸侯王是否也是有几个儿子封几个王？第二，将一位诸侯王的所有儿子全部封王是汉文帝的原创吗？

第一个问题的要害是看汉文帝这种做法是个案还是惯例。

我们考查一下这一时期的文献，不难看出，汉文帝封一位诸侯王所有在世的儿子为王只出现在汉文帝前元十六年（前164），而且只封了齐王刘肥的六个儿子和淮南王刘长的三个儿子。

封淮南王刘长的三个儿子是因为当时民间广泛流传一首歌谣：

一尺布，尚可缝；一斗粟，尚可春。兄弟二人不能相容。《**史记·淮南衡山列传**》

这首歌谣，讥讽汉文帝刘恒害死了他唯一在世的弟弟淮南王刘长。汉文帝当然不愿自己成为老百姓茶余饭后的谈资，也不想树立起这样残忍不仁的形象，所以他赶快封了刘长四个儿子中现存的三个儿子为诸侯王，目的是消除不良影响。封刘肥的六个儿子是为什么，恐怕只有刘恒自己心里清楚了。我想，安抚之意不应当排除，然而，削弱齐国，将一个统一强大的齐国弄成六个分裂而弱小的齐国，从而保证其再也不可能与中央政府对抗，才是汉文帝封刘肥六个儿子最重要的目的。

至于第二个问题，封一位诸侯王的全部儿子为诸侯王并不是汉文帝的原创。此前有一位青年才俊贾谊就提出了这种方法，他把这种办法概括为"众建诸侯而少其力"。

贾谊这句话是什么意思呢？把一个大诸侯国的土地分给他的全部儿子，这样，每个儿子都成了诸侯王。诸侯王越多，每个诸侯王的国土越小，国土小了，势力也就小了。这样，诸侯王对中央政府的威胁也就相对减少了。

贾谊的这种策略是解决汉初中央政府与地方诸侯割据势力对峙的最佳方案。但是，施行这一方案有两种途径：一是立即全面铺开，二是有选择地施行。前一方案叫全面进攻，后一方案叫重点进攻。

刘恒是一个谨慎的人，他不敢豪赌。全面施行贾谊"众建诸侯而少其力"的办法，打击面太广，这会得罪整个刘姓诸侯王集团，导致天下大乱。所以，汉文帝采取了"重点进攻"的策略，打击对他最有威胁的齐王刘襄的弟弟们，将齐国先行肢解。这么一折腾，齐国的确被肢解了；但是，刘襄的六个弟弟心中也种下了对中央政府的极端不满。他们中的胆小者也许会汲取教训，不敢再向中央政府叫板了，而胆子大的呢？吴、楚七国之乱时，除了吴王刘濞、楚王刘戊外，齐地参加叛乱的胶东王、胶西王等，均是这次被拆封的刘襄之弟。

摆平了功臣派的周勃，又沉重打击了皇族派中最有威胁的刘襄、刘章、刘兴居，汉文帝刘恒的权力受到的挑战大大减少，他的皇帝地位得到了极大的巩固，此时的汉文帝还需要从哪些方面进一步巩固他的执政地位呢？

请看：皇弟走了。

汉文帝登基伊始，先是以"列侯之国"摆平了功臣派的周勃，又打压了皇族派中最有威胁的刘襄、刘章、刘兴居兄弟三人，当初拥立他即位的两大派都已抬不起头来。这下，汉文帝可以长舒一口气了。不久，一个噩耗传来——七弟淮南王刘长死了。怎么死的？在入蜀途中于槛车中绝食而死。汉文帝悲痛欲绝。可是，民间很快唱起了"一尺布，尚可缝，一斗粟，尚可春。兄弟二人不能相容"的歌谣。难道是汉文帝对自己的弟弟痛下了杀手？这一切是怎么回事呢？

五

震惊：连绵不绝的隐情

汉文帝前元六年（前174），一个噩耗传到京城，汉文帝闻讯放声大哭。什么消息让文帝这么悲伤呢？

原来，他唯一在世的七弟——淮南王刘长在入蜀途中绝食而亡！

汉文帝立即下达了必杀令：入蜀途中负责接待刘长的县令大都处死。

这个必杀令的后面存在着一大堆为什么。我们先看第一个为什么：淮南王刘长放着淮南国不待，为什么要跑到偏远的蜀地去呢？

刘长是因谋反罪被判到蜀地居住的。

这个问题后面又隐藏着两个为什么。

首先，刘长为何谋反？好好的淮南王当着，为何还要谋反？

其次，即使因为谋反被判入蜀居住，刘长毕竟是当今天子的亲弟弟，凭借着这种身份，怎么会在路上意外死亡了呢？

刘长入蜀乘坐的是槛车。槛，是囚笼。槛车，就是囚车。不过，刘长乘坐的是有帷幕的槛车，槛车上贴有封条。刘长坐在槛车里，沿途各县负责依次押送和供应饮食。

这种安排怎么会导致刘长意外死亡呢？

于是乃遣淮南王，载以辎车，令县以次传。——《史记·淮南衡山列传》

原来，沿途各县依次押送刘长的时候，慑于皇权的威严，谁都不敢打开囚车上的封条。为什么呢？担心这位无法无天的王爷有意外。既然贴了封条，谁敢启封？一路上，淮南王就一直待在车上。刘长在囚车里对照顾他的人说：人生一世，怎么能处处受这种窝囊气！于是绝食而死。到了雍县，县令打开槛封，将刘长死亡的消息上报朝廷。

『人生一世间，安能邑邑如此！』乃不食死。至雍，雍令发封，以死闻。
——《史记·淮南衡山列传》

这才有开头汉文帝闻讯大放悲声一幕。汉文帝听到这个消息后对袁盎说：我不听您的话，终于害死了淮南王啊！

吾不听公言，卒亡淮南王。
——《史记·淮南衡山列传》

文帝此话从何说起呢？

原来，袁盎在淮南王刘长被判乘槛车入蜀后，立即向汉文帝进谏：陛下平日太骄纵淮南王，不给他安排正直敢言的国相监督他，所以才发展到今天这种地步。刘长性格刚烈，现在突然对他严厉猛治，我担心他在路上会有不测，让陛下落个杀弟的恶名。汉文帝说：我不过是想要他吃点苦头，他一知道悔过，马上就会放他回来。所以，刘长死后，汉文帝才对袁盎说了上边那番充满后悔之情的话。

是时袁盎谏上曰：『上素骄淮南王，弗为置严傅相，以故至此。且淮南王为人刚，今暴摧折之，臣恐卒逢雾露病死，陛下为有杀弟之名，奈何！』上曰：『吾特苦之耳，今复之。』
——《史记·淮南衡山列传》

袁盎对痛哭不止的汉文帝说：事情已经无可挽回了，陛下还是节哀顺变吧。

文帝问袁盎：怎么处理这件事呢？袁盎说：杀了丞相、御史大夫以谢天下。

上即令丞相、御史逮考诸县传送淮南王不发封馈侍者，皆弃市。乃以列侯葬淮南王于雍，守冢三十户。——《史记·淮南衡山列传》

汉文帝没有按袁盎说的办，而是下令将沿途押送转运刘长的各县中没有打开槛车封条进献食物、侍候起居的县令全部处死，并以列侯身份在雍县安葬了淮南王，安排了三十户人家守墓。

淮南王死后汉文帝为什么反应如此强烈呢？

因为刘长之死会给汉文帝带来巨大的负面影响，所以，他严厉处罚了"失职"的县令。为刘长安排了守陵人，一切待遇都像其他列侯一样。

汉文帝前元八年 (前172)，刘恒又封了刘长的四个只有七八岁的儿子。其中，刘安为阜陵侯，刘勃为安阳侯，刘赐为阳周侯，刘良为东城侯。

孝文八年，怜淮南王，王有子四人，年皆七八岁，乃封子安为阜陵侯，子勃为安阳侯，子赐为阳周侯，子良为东城侯。——《汉书·淮南衡山济北王传》

前元十二年 (前168)，汉文帝一直担心的事最终还是发生了：一首歌谣开始在全国广泛流传："一尺布，尚可缝；一斗粟，尚可舂。兄弟二人不能相容。"《史记·淮南衡山列传》这首歌谣的意思是，一尺布可缝而共衣，一斗粟可舂而共食，天下如此广大，兄弟二人竟不能相容。这里的"兄弟二人"指的就是汉文帝和他的弟弟淮南王刘长。这首歌谣指责汉文帝容不下弟弟刘长！

汉文帝听到这首歌谣后，非常激动地说：舜放逐自己的弟弟象，周公杀了自己的弟弟管叔，放逐了另一位弟弟蔡叔，天下人还都说舜、周公是圣人，这是为什么呢？因为他们不会因私情而影响公义。民间流传这样的歌谣，是不是认为我贪图淮南王的封地而害死了他。

于是，文帝迁城阳王刘喜为淮南王，统辖淮南四郡之地，并且追尊已故淮南王刘长为淮南厉王，按诸侯王的标准设置陵园。

前元十六年（前164），汉文帝把淮南王刘喜又复为城阳王。原刘长的淮南王属地一分为三，封了他现存的三个已经长大成人的儿子：淮南王刘安、衡山王刘勃、庐江王刘赐。

一首歌谣的作用竟如此大！

民间歌谣是社情民意的一种反映，汉文帝大权在握，能够摆平任何政治强人，功臣派的周勃，皇族派的刘襄、刘章、刘兴居都不在话下；但是，对这首小小的歌谣他却一筹莫展。政治强人都是一个个具体而确定的自然人，社情民意却像一股来去无踪的气流，你可以感觉得到，却摸不到、抓不住。你抓谁？总不能把传唱歌谣的人都抓起来吧？可任其流传，又实在有损自己的形象。汉文帝是个聪明人，他采取了釜底抽薪的办法，用一系列恳切、诚挚的"公关"措施"堵"住了悠悠之口。

不可思议：荒唐的"谋反"

淮南王刘长是因谋反罪才被判往蜀地监视居

孝文十六年，徙淮南王喜复故城阳。上怜淮南厉王废法不轨，自使失国早死，乃立其三子：阜陵侯安为淮南王，安阳侯勃为衡山王，周阳侯赐为庐江王，皆复得厉王时地。

——《史记·淮南衡山列传》

上闻之，乃叹曰："尧舜放逐骨肉，周公杀管蔡，天下称圣。何者？不以私害公。天下岂以我为贪淮南王地邪！"乃徙城阳王王淮南故地，而追尊谥淮南王为厉王，置园复如诸侯仪。

——《史记·淮南衡山列传》

住。因此，淮南王刘长的悲剧皆缘于谋反。淮南王刘长为什么会谋反呢？

讨论此事首先应当讨论淮南王的身份。

刘长是高祖刘邦的儿子，当今天子的弟弟，还是当年功臣派商议新君人选时刘姓诸侯王中的重量级候选人之一。这样的身份为什么要谋反？这事与淮南王的身世密不可分。

淮南王的身世颇具传奇色彩。

高祖七年 (前200)，刘邦因平定韩王信叛乱路经赵国都城邯郸，此时赵王是张敖。张敖是刘邦封的第一任赵王张耳的儿子，同时也是刘邦、吕后的女婿。如此身份的赵王张敖对刘邦极为恭敬，亲自为刘邦下厨做饭，端菜上饭，行翁婿之礼。但是，刘邦改不了他那个好骂人的怪脾气，张敖虽然以赵王的身份为刘邦下厨端饭，刘邦却以皇帝、岳父的双重身份对赵王张敖骂骂咧咧，不给他一点面子，二者的反差实在太大。几天下来，以赵相贯高为首的六十多岁的赵国老臣们，对刘邦的无礼感到极度愤怒。他们私下愤愤不平地说：我们的君王是懦弱之君。并明确告诉张敖：天下豪杰群起，能干者称王。如今，大王侍奉高皇帝极恭敬，高皇帝却傲慢无礼，请让我们杀掉他。张敖闻言，咬指出血说：你们怎么能说这种话？我家先人亡国，赖高皇帝才得以复国，福及子孙。希望你们别再说这种话。

汉七年，高祖从平城过赵，赵王朝夕袒鞲蔽，自上食，礼甚卑，有子壻礼。高祖箕倨詈，甚慢易之。赵相贯高、赵午等年六十余，故张耳客也。生平为气，乃怒曰："吾王孱王也！"说王曰："夫天下豪杰并起，能者先立。今王事高祖甚恭，而高祖无礼，请为王杀之！"张敖啮其指出血，曰："君何言之误！且先人亡国，赖高祖得复国，德流子孙，秋毫皆高祖力也。愿君无复出口。"——《史记·张耳陈馀列传》

贯高等十几人听了赵王张敖的话，私下说：这是我们的错。我们赵王是位仁德之王，不会忘记他人的好处。我们不能忍受高皇帝羞辱赵王，还得杀了高皇帝。事成，吾王受益；事败，我们顶罪，何必连累我们赵王呢。

第二年（高祖八年），刘邦因平叛再次路经赵国，贯高等人在刘邦夜宿的柏人县宾馆埋伏下刺客，企图当夜刺杀刘邦。凑巧，刘邦这天晚上入睡前突然问到这个县的县名，随从告诉他这是柏人县。汉代"柏"与"迫"两个字的字音非常接近。刘邦一听，"迫"人县，这不是逼人吗？不吉利。于是连夜离去，不住柏人县，躲过了人生一劫。所以，贯高等人策划的这场谋逆大案并未实施。

一年之后，贯高的仇家知道了这个消息，立即上书检举贯高谋逆。这可是惊天的大案啊！刘邦一听，龙颜震怒，以为这场惊天大案的主谋一定是自己的女婿赵王张敖，立即下令将赵王张敖、赵相贯高等人抓捕入京。

赵王张敖被刘邦递解到京城大狱的同时，留在邯郸的他的姬妾、大臣也被拘押到赵地河内。被拘押的人中，有一个女人的身份极为特殊，她，就是淮南王刘长的母亲。

原来，刘邦在高祖八年（前199）第二次途经赵国

贯高、赵午等十余人皆相谓曰："乃吾等非也。吾王长者，不倍德。且吾等义不辱，今怨高祖辱我王，故欲杀之，何乃污王为乎？令事成归王，事败独身坐耳。"——《史记·张耳陈馀列传》

汉八年，上从东垣还，过赵，贯高等乃壁人柏人，要之置厕。上过欲宿，心动，问曰："县名为何？"曰："柏人。""柏人者，迫于人也！"不宿而去。——《史记·张耳陈馀列传》

汉九年，贯高怨家知其谋，乃上变告之。于是上皆并逮捕赵王、贯高等。——《史记·张耳陈馀列传》

都城邯郸时，他的女婿赵王张敖专门从自己的后宫中选了一位身份是"美人"的嫔妃献给刘邦，刘邦笑纳了。但是，笑纳后的刘邦并没有在柏人县留宿，而是连夜离开了柏人县。没想到，这半夜风流竟让"美人"怀了龙种。张敖知道后，非常重视，立即为怀了龙种的"美人"在王宫外准备了一套豪宅，让其单独居住。可是，贯高事件还是株连了这位"美人"，她也被拘押起来。她立即向监管人员声明自己怀了龙种。拘押场的管理人员一听，全傻了，这事太大了！这毕竟是高皇帝的女人啊！赶快上报吧。刘邦得到报告时，正在为柏人谋逆案生气，因为这是刘邦一生唯一碰到的一次谋杀案，而且主犯有可能是自己的女婿赵王张敖。要是别人，这气也许会小一点，自己的女婿要谋杀自己，这口气实在咽不下去。所以，气头上的刘邦听说自己在赵国有一个怀孕的女人，实在没在意。

"美人"看到告诉"政府"没用，便委托自己的弟弟去找吕后最宠信的审食其，希望审食其能在吕后那儿发挥点作用，助自己脱困。吕后一听，刘邦又有了一个怀了龙种的女人，一个戚夫人都够老娘受的了，好了，又来一位，还怀了孕，万一再生下个刘邦喜欢的儿子，麻烦更大。所以，她坚决不帮这个忙，审食其也没有坚持要吕后一定帮忙。所以，最终刘邦这位"美人"在监狱里生了刘长。儿子一生下来，愤怒的"美人"立即自

高祖八年，从东垣过赵，赵王献之美人。厉王母得幸焉，有身。赵王敖弗敢内宫，为筑外宫而舍之。及贯高等谋反柏人事发觉，并逮治王，尽收捕王母兄弟美人，系之河内。厉王母亦系，告吏曰：『得幸上，有身。』吏以闻上，上方怒赵王，未理厉王母。

——《史记·淮南衡山列传》

杀了。看守一看小皇子生下来了，他的母亲又寻了短见，这还得了，赶快抱着小皇子送给刘邦。此时已经过了很长一段时间，刘邦的火气已经小多了，现在一看又有了一个儿子，面对这么一条鲜活的小生命，刘邦非常后悔那样对待"美人"，于是，亲自给儿子取名叫"长"，下令由吕后抚养他，并隆重安葬了刘长的生身母亲。

厉王母弟赵兼因辟阳侯言吕后，吕后妒，弗肯白，辟阳侯不强争。及厉王母已生厉王，恚，即自杀。吏奉厉王诣上，上悔，令吕后母之，而葬厉王母真定。——《史记·淮南衡山列传》

高祖十一年 (前196)，刘邦平定了淮南王黥布的叛乱后，便把淮南四郡封给了只有三岁的皇七子刘长。

高祖十一年七月，淮南王黥布反，立子长为淮南王，王黥布故地，凡四郡。——《史记·淮南衡山列传》

刘长从小是吕后派人照料长大的，所以他和吕后、惠帝的关系很融洽。吕后执政的十五年，刘长没有遇到任何麻烦。把母亲不幸遇难的责任一股脑儿全怪罪在审食其身上，怪审食其没有尽力为自己的母亲讲情。但是，审食其是吕后的亲信，刘长心中怨恨，不敢发作。

厉王早失母，常附吕后，孝惠、吕后时以故得幸无患害，而常心怨辟阳侯，弗敢发。——《史记·淮南衡山列传》

等汉文帝刘恒当了皇帝，刘长的牛劲儿上来了。我是当今皇上的亲弟弟，我和皇上最亲，谁有我牛？骄横不法，处处任性。汉文帝因为刘长是自己的亲弟弟，总是宽恕他。

汉文帝前元三年 (前177)，刘长入京朝见文帝，处处表现得非常蛮横。跟随文帝在皇家苑囿打猎时和文帝同乘一辆车，张口闭口叫"大哥"，很少称皇上。淮南王刘长力气极大，力能扛鼎。一部《史记》，记载"力能扛鼎"者，只有项羽和刘长两人。

一天，刘长亲自去拜访辟阳侯审食其。审食其听说淮南王刘长来访，赶快出门相迎，刘长一句话都不说，从袖中掏出一只大铁椎，直砸审食其。年迈的审食其毫无戒备，当场被砸死在地，刘长让自己的随从上前，一刀砍下审食其的头颅。然后，刘长跑到宫门外请罪。他对汉文帝说，审食其有三条必死大罪：第一，我母亲不应当受赵国谋逆案牵连，当时能在太后跟前说上话的只有审食其，他不去争；第二，赵王刘如意母子无罪，结果被吕后所杀，他也不去争；第三，吕后大封诸吕，危及刘姓江山，他还不去争。所以，我是为天下百姓除掉这个乱臣贼子，为母亲报仇。汉文帝听了刘长的一番辩白，因为是自己的亲弟弟，又是为母复仇，当然还有其他考量，最终赦免了擅自杀害大臣的淮南王刘长。

可是淮南王刘长擅自诛杀辟阳侯审食其是一件大事啊！

审食其虽然是吕后的宠臣，但是，诛灭吕氏一族时并未牵连到他，审食其还是受封的列侯（辟阳侯）。这要换个人，铁定是死罪，刘长不但敢杀，而且有一整套振振有词的说辞。凭刘长个人的修养，

厉王有材力，力能扛鼎。
——《史记·淮南衡山列传》

及孝文帝初即位，淮南王自以为最亲，骄蹇，数不奉法。上以亲故，常宽赦之。三年，入朝。甚横。从上入苑囿猎，与上同车，常谓上『大兄』。
——《史记·淮南衡山列传》

乃往请辟阳侯。辟阳侯出见之，即自袖铁椎椎辟阳侯，令从者魏敬刭之。厉王乃驰走阙下，肉袒谢曰：『臣母不当坐赵事，其时辟阳侯力能得之吕后，弗争，罪一也。赵王如意子母无罪，吕后杀之，辟阳侯弗争，罪二也。吕后王诸吕，欲以危刘氏，辟阳侯弗争，罪三也。臣谨为天下诛贼臣辟阳侯，报母之仇，谨伏阙下请罪。』孝文伤其志，为亲故，弗治，赦厉王。
——《史记·淮南衡山列传》

恐怕没这个水平，不知受哪位高人指点，才讲了这么一番话。从讲的三条罪状来看，刘长做了长期的准备，因此，这桩杀人案当是蓄意杀"侯"！

刘长杀辟阳侯审食其一事立即在京城传开。上至薄太后，下至皇太子、大臣，个个都怕刘长，谁知道这浑小子能干出什么事来？

刘长不是"少年犯"。他的出生是因为刘邦在高祖八年（前199）的半夜风流。刘邦此年路经赵国是冬季，所以，刘长的出生当在公元前198年。至汉文帝前元三年（前177）杀辟阳侯审食其之时，刘长已有二十二岁，按现在的标准，完全能够独立承担法律责任了。

由于汉文帝刘恒的骄纵，淮南王刘长没有受到应有的法律制裁。因此，他越来越不把国法放在眼里。他所治理的淮南国不执行中央政府的法令，自行一套法令。他出入都要清道戒严，下的命令也像皇帝一样叫作"制"，与皇帝的派头完全一样。

> 厉王以此归国益骄恣，不用汉法，出入称警跸，称制，自为法令，拟于天子。——《史记·淮南衡山列传》

淮南王刘长的这一套做法叫作僭越，完全是违法之举。

袁盎看到淮南王刘长的这套做派，对汉文帝说："诸侯太骄必生患，可适削地。"汉文帝没有采纳袁盎的建议，"淮南王益横"。《汉书·爰盎晁错传》

汉文帝前元六年（前174），淮南王下令让男子但（无爵者称"男子"，"但"为名，史失其姓）等七十人和棘蒲侯陈武的太子奇谋划，动用四十辆辇（jū）车（马拉的大车）在谷口县谋反。还派人南下联络闽越诸国，北上联络匈奴各部。

这场近似于游戏的谋反案还没有成气候，就被发觉了。历朝历代，谋反都是十恶不赦的大案。汉文帝听说后，立即下令彻查。淮南王刘长也被召至京城长安。

丞相张苍和诸多重臣经过审案，联名上疏汉文帝，指责刘长六大罪状：

一是蔑视朝廷，不听诏令；

二是不遵法度，自比天子；

三是任意设官，欺骗天子；

四是擅为法令，不用汉法；

五是网罗逃犯，杀人灭口；

六是策动谋反，阴谋不轨。

因此，当判死罪。汉文帝看了大臣们的奏章，立即驳回：我不忍心对淮南王动用刑法治罪，你们和列侯、郡守等高官再议议，看看还有什么处理办法。

丞相张苍与四十三位高官合议后二次上奏：刘长不遵法度，不听诏令，聚众谋反，所以必须按律治罪。

汉文帝再次说：我不忍动用刑法，免了他的死罪，废了他的王位吧。

丞相张苍第三次上奏：刘长犯有重罪，陛下不想依法论处，只希望废了他的王位，我们建议将他安置到蜀郡严道县的邛邮（今四川荥经县），刘长姬妾中有孩子的可以和他一同去，县里为他准备住处，供应一切生活用品，但是，此事一定要昭告天下。

汉文帝这次答应了大臣们的提议，而且特意提出每天向刘长供应五斤肉、两斗酒，他宠幸的美人、才人（均为宫中嫔妃封号）可以容许有十人随行，其余按大臣意见办理。

参与刘长谋反案的其他案犯一律处死。

结果刘长死于赴蜀途中。

我们可以为淮南王刘长一生最后阶段及身后事做个小结：汉文帝前元三年（前177），淮南王刘长杀死辟阳侯审食其；前元六年（前174），淮南王刘长因谋反被押送至蜀，途中绝食而死；前元八年（前172），刘长的四个儿子被封列侯；前元十二年（前168），市井出现了讽刺文帝的民谣；前元十六年（前164），刘长在世的三子被封诸侯王。

宽容还是纵容：学问很大

刘长谋反是他长期任性乱为的必然结果。

淮南王刘长的任性是天生的吗？当然不是。淮南王刘长的任性牵涉到汉文帝。

吕后在位期间为什么刘长不骄横？为什么刘长被捕至判决押送至蜀郡时他也不骄横呢？

吕后执政时期，刘长的三位哥哥相继死在赵

制曰：「朕不忍致法于王，其与列侯二千石议。」……「臣谨与列侯吏二千石臣婴等三十四人议，皆曰：「长不奉法度，不听天子诏，乃阴聚徒党及谋反者，厚养亡命，欲以有为。」臣等议：论如法。」制曰：「朕不忍致法于王，其赦长死罪，废勿王。」臣请处蜀郡严道邛邮，遣其子母从居，县为筑盖家室，皆廪食给薪菜盐豉炊食器席蓐。臣苍等昧死言：臣谨与列侯二千石臣婴等三十四人议，曰：「长有大死罪，陛下不忍致法，幸赦，废勿王。臣请处蜀郡严道邛邮，遣其子母从居，县为筑盖家室，皆廪食给薪菜盐豉炊食器席蓐。臣等昧死请，请布告天下。」制曰：「计食长给肉日五斤，酒二斗。令故美人才人得幸者十人从居。他可。」

——《史记·淮南衡山列传》

王的任上，刘长虽然在这十五年没有受到吕后的为难，但是，小小的刘长也知道不能得罪吕后啊！他对吕后既有母子之情，又十分惧怕，所以不敢乱来。而刘长因谋反被抓捕到京城，成为阶下囚时，骄气也立即不见了。押送入蜀的途中，他在车上对侍者的那番话讲得多清楚："谁谓乃公勇者？吾安能勇！吾以骄故不闻吾过至此。"《史记·淮南衡山列传》刘长知道自己不是个勇者，并且承认自己平时听不到旁人的劝谏才落到今天的下场。可见，刘长也是有所畏惧的。既然如此，那么他为什么还敢犯下大臣们陈述的六大罪状呢？答案只有一个，那就是他在汉文帝即位到押送蜀郡之前相当长一段时间里毫无顾忌、任性胡为！如果再向前问一步，为什么在犯下死罪之前刘长毫无顾忌、任性胡为呢？答案也只有一个，那就是他的哥哥汉文帝一直在宠着他，他做什么错事都不被追究。杀了辟阳侯审食其不是没有受到任何惩罚吗？他在自己的封国里不遵汉法、自拟天子、收容罪犯，汉文帝不是也没有追究他的任何过失吗？长此以往，刘长的胆子越来越大，以至于他组织了七十个人都敢发动叛乱。

依照常理，七十个人能发动叛乱吗？这不是开玩笑吗？但是，淮南王刘长竟然敢组织七十个人发动叛乱！《史记》中的这段记载，许多后来人都不相信。但是，《史记》的《淮南衡山列传》和《孝文本纪》都记载了此事，《汉书》中也有同样的记载，刘长对谋反也供认不讳。可见，刘长组织七十个人搞叛乱是真实的，并非太史公危言耸听。这种蠢事刘长都敢做，你说刘长的胆子有多大！

汉文帝对自己的弟弟为什么如此宽容呢？

司马迁没有写。我想举两点史实，这两点都是写袁盎进谏的。

袁盎第一次进谏是淮南王骄横不法之时。袁盎曾对汉文帝说："诸侯太骄必生患。"因此，他要求汉文帝"可适削地"，即通过适当削减封地的办法削弱诸侯王的实力，敲打他一下。袁盎的意见非常明白，诸侯任性妄为无非是两大原因：有人骄宠，太有实力。一旦削减他的封地，实力下降，就会让他知道畏惧。可是，汉文帝没有采纳袁盎的建议。结果，"淮南王益横"。袁盎的进谏，既指出了淮南王刘长的问题，又提出了解决问题的办法，非常值得汉文帝思考，可惜汉文帝毫不理会。

汉文帝不采纳袁盎的建议是不是因为汉文帝不是一个善于采纳臣下建议的人呢？非也！史书记录中的汉文帝非常善于采纳臣子的建议。每次上朝，郎官上疏，他都停车收受，能采纳的一定采纳，不能采纳的他也先听取，再放置一旁。袁盎的建议并非他个人的创见，和他同时代的贾谊也提过类似的建议。

袁盎第二次进谏是钦定槛车入蜀之时。

汉文帝否定了大臣们依法处死淮南王刘长的两次集体上疏后，最终决定将淮南王刘长安置到蜀郡居住。汉文帝要刘长坐在带帷幕的槛车里，槛车上还贴了封条，然后，一县接一县地依次押送到居住地。这种方式对于任性惯了的刘长来说，简直是生不如死！因为这种押解方式让他完全失去了尊严。沿途的县令畏惧皇权的威权，谁也不敢打开槛车上的封条放刘长出来，再

且陛下从代来，每朝，郎官上书疏，未尝不止辇受其言，言不可用置之，言可受采之，未尝不称善。——《史记·袁盎晁错列传》

加上有帷幕，以致刘长绝食而死，沿途县令都不敢说。这种情况汉文帝刘恒想不到？他想不到，袁盎曾向他提出异议：淮南王刘长的性子太刚烈，根本不是委曲求全之人，用这种方式沿途押送他，是一种最让他受不了的精神羞辱！所以袁盎已经料定淮南王刘长必有意外，并且明确指出汉文帝要承受杀弟的恶名！但是，汉文帝再一次否定了袁盎的意见，而且还为自己辩解，给他吃点苦头，一旦刘长有悔过之意，马上就会放他回来。

淮南王刘长的犯罪、死亡，袁盎估计得非常准确。依照常理，这种估计并不是一个非常难于判断的复杂问题。只要了解淮南王刘长的性格、心理，就会做出正确的判断。袁盎都能如此准确地理解淮南王刘长，作为兄长的汉文帝刘恒竟然完全估计不到？实在说不过去。自己估计不足可以理解，可是，袁盎的进谏在前，仍然无动于衷，任凭一个接一个的悲剧出现。汉文帝的智商如此不堪吗？能让人相信吗？以汉文帝解决周勃，解决刘襄、刘章、刘兴居的智力，不懂得这个道理吗？不可能。如果懂得这个理还要宽容，那只能理解为是有意放纵！

人们最容易看清楚的是真坏人，最不容易看清楚的是假好人！

刘长最终犯下大逆不道之罪，作为哥哥的汉文帝肯定是要负责任的！刘长是在汉文帝的有意放纵之下，一步一步走上了不归之路！

汉文帝既然知道会有这样的结果，为什么还要有意纵容淮南王刘长呢？答案只有一个：汉文帝想通过过度纵容，诱使刘长一步步走向死亡之路。

汉文帝为什么一定要诱导自己的亲弟弟走上死亡之路呢？是判断失误，还是希望如此？

判断失误的可能性有，但基本不存在。如果不是判断失误，那么只能是汉文帝希望看到这样一种悲剧结局。

作为哥哥真希望自己的弟弟这样死掉吗？

就兄弟关系而言，可能性不大。但是，这是指纯粹的兄弟关系。我们不能忘记，汉文帝与淮南王除了手足之情，还有另外一种更重要的社会关系：君臣。作为皇帝，汉文帝绝对不想失去已经到手的最高权力。功臣派已经被打垮，皇族派中的刘襄、刘章、刘兴居三兄弟也已解决，唯一对自己的皇权有威胁的就是这个弟弟淮南王刘长！只要除掉了刘长，就再也不会有人来挑战自己的皇权了。正是这种心理，使刘恒决心不顾舆论坚决地除掉了淮南王刘长。

应当说淮南王刘长在世之日，汉文帝对自己的皇权可能面临挑战的权衡考量过重。淮南王刘长死后出现了讽刺他的民谣，汉文帝此时对自己仁君形象的权衡考量又过重。因此，他在封淮南王四个儿子为侯时，就没有听贾谊的忠告。《汉书·贾谊传》记载了贾谊对汉文帝封淮南王四个儿子为侯的忧虑："上必将复王之也。"他认为当前尚幼的淮南王的四个儿子"岂能忘其父哉"，"虽割而为四，四子一心也"。这样做叫什么呢？叫作"假贼兵为虎翼者也"。借给贼人兵器，为猛虎添翼。

清末民初的历史演义作家蔡东藩说："及淮南王刘长入都，借朝觐之名，椎击食其，实为快心之举。但如长之擅杀大臣，究不得为无罪，贷死可也，仍使回国不可也。况长之骄恣，已见一斑，乘此罪而裁制之，则彼自无从谋反，当可曲为保全。昔郑庄公克段于鄢，公羊子谓其处心积虑，乃成于杀。文帝虽不若郑庄之阴刻，然从表面上观之，毋乃与郑主之所为，相去无几耶！况于重厚少文之周勃，常疑忌之，于骄横不法之刘长，独纵容之，昵其所亲，而疑其所疏，谓为无私也得平！甚矣，私心之不易化也！"

蔡东藩认为，汉文帝刘恒与淮南王刘长上演的是汉代版的"郑伯克段于鄢"。文帝扮演了郑庄公，淮南王扮演了公叔段。

这个见解是正确的。

今世人们往往囿于高歌"文景之治"，盛赞文帝的功劳，其以纵容手段杀弟一事也就无人深究了。

汉文帝在政治上终结了功臣派的周勃，从肉体上终结了皇族派中刘襄、刘章、刘兴居三兄弟，又用慢功夫终结了淮南王刘长的生命，可以说汉文帝是中国帝国时代最杰出的终结者！汉文帝前元六年 (前174)，淮南王刘长死亡，汉文帝的皇权已经在朝中不受任何威胁了，但在大汉帝国的领土之外，汉文帝还受到诸多挑战。这些挑战来自哪里？汉文帝将会如何终结这些挑战呢？

请看：破解困局。

汉文帝即位伊始，就受到南、北两个方面的挑战，北方的匈奴边患和南方南越国王赵佗的称帝。刘恒以藩王入主朝廷，摆在第一位的是巩固权力，不巩固自己的权力，刘恒什么事也干不了。但是，没有人愿意等着你把权力巩固完了再发难。现实往往是在巩固权力的同时就必须立即解决摆在你面前的实际困扰。汉文帝是一位高明的权力玩家，对付功臣派、皇族派游刃有余。那么，他破解南北挑战之时的表现又怎么样呢？

破解困局

面对南、北两大挑战，首先需要决定的是先破解谁。

汉文帝选择了赵佗！

为什么要优先选择赵佗？

一是威胁文帝地位。

赵佗在南越称帝，直接威胁到汉文帝刘恒的地位。常言道"天无二日"，赵佗称帝，汉文帝也是皇帝，究竟谁领导谁？这个问题直接威胁到汉文帝的名分，因此，在汉文帝的心中更感到"压力山大"。

二是匈奴问题对皇帝的危害较小。

匈奴问题至多是骚扰边地、掳掠边民，直接受害的是百姓，对皇帝的危害还小了点。

三是南越赵佗写信主动要求解决问题。

既然赵佗主动写信要求解决问题，那么解决问题的难度显然要小得多。

因此，汉文帝把解决南越国的问题摆在了优先地位。

赵佗问题其实是历史遗留问题。

秦帝国原有两大兵团，一是蒙恬率领的三十万人的长城兵团，二是驻守在南海郡、桂林郡、象郡（今中国广东、广西及越南北部一带）的五十万人的南越兵团。秦末，为了镇压各地反秦武装，又临时组建了二十万人的章邯兵团。在汹涌澎湃的反秦大潮中，长城兵团与章邯兵团都被反秦武装所消灭，只有远征南越的南越兵团保存了下来。

南越兵团是秦始皇为了统一中国所派出去的主力兵团。它的第一任首领是屠睢，屠睢战死后，第二任首领是任嚣，任嚣最终完成了平定南越的任务。

秦二世时，天下大乱，任嚣病危。任嚣是一个既会打仗又有战略眼光的人，他看到了南越可以独立的内外条件：中原的大乱与岭南的相对隔绝，造就了南越独立的外部条件；时任南海郡龙川县县令的赵佗是自己最合适的接班人，这是独立的内部条件。所以任嚣在病危之际，召见赵佗嘱托后事。任嚣对赵佗说：听说秦朝的暴政苛法逼反了天下百姓，如今项羽、刘邦、陈胜、吴广等一批人都起兵反秦，整个中原陷入一片战乱之中。我们所在的南海郡，地处偏远，战火一时还没有烧到我们这儿。但是，我担心那些作乱的军队会杀到我们这儿。所以，我想派兵切断南越与中原的通道，静等中原的变乱。可我病重，已经无力处理这些事了。况且番禺（今广东广州市）这个地方，前有南海，后有险山，东西有数千里之长，还有不少中原人才。如果处理得当，可以建立一个国家。可惜我们南海郡中没有多少杰出人才可以与之商量大事。所以我才召你来，把我的想法告诉你。说完，任嚣立即发布命令，任命赵佗为南海郡的郡尉。

任嚣一死，赵佗立即下令告知三个重要关口的守将：北方乱兵马上要来到，立即封关！

至二世时，南海尉任嚣病且死，召龙川令赵佗语曰：「闻陈胜等作乱，秦为无道，天下苦之，项羽、刘季、陈胜、吴广等州郡各共兴军聚众，虎争天下，中国扰乱，未知所安，豪杰畔秦相立。南海僻远，吾恐盗兵侵地至此，吾欲兴兵绝新道，自备，待诸侯变，会病甚。且番禺负山险，阻南海，东西数千里，颇有中国人相辅，此亦一州之主也，可以立国。郡中长吏无足与言者，故召公告之。」即被佗书，行南海尉事。——《史记·南越列传》

赵佗又利用秦法一步步杀掉了原来秦帝国任命的官吏，再派自己的亲信代理职务。秦一灭亡，赵佗立即派兵兼并了桂林郡、象郡，加上原来已经掌控的南海郡，赵佗将这三郡合并为南越国，"自立为南越武王"《史记·南越列传》。

赵佗利用了秦末天下大乱的机会，搞了一个南越国。这段时间刚好是北方的楚汉战争时期，谁都顾不上他。刘邦当了皇帝后，因连年战争，百姓生活极为困难，无力承受新的战争。尽管赵佗的"独立"是背叛中央政府的行为，是任何一个中央政府都不能容忍的行为，刘邦也只能采取不动武的方法给予处理。

汉高祖十一年（前196），刘邦派遣特使陆贾前往南越国，册立赵佗为南越王，并且和赵佗剖符为信，签订协议，互通使节，要求赵佗安定百姓，与相邻的长沙国友好相处，不要成为边患。

这次安抚赵佗的举措非常得当，册封战略避免了战争。

这一举措的成功首先归功于刘邦处置得当，其次是特使陆贾处理得当。

陆贾是刘邦手下最为著名的辩士之一，经常代表刘邦出使诸侯国。陆贾第一次见到赵佗时，赵佗表现得非常傲慢，陆贾一见赵佗这副德行，讲了一通话，赵佗的傲慢立即一扫而光，一脸诚惶诚恐。

陆贾到底说了什么能立马镇住赵佗呢？

原来陆贾讲了三点：

第一，大祸将至。

你是中原人，亲戚、兄弟、陵墓都在真定（今河北石家庄市），如今你想以"区区之越"和大汉天子玩对抗，肯定是大祸将至。

第二，天佑大汉。

当年，天下大乱之时，豪杰蜂起，唯有汉王率先入关，据有咸阳。项羽违背"先入关者为王"的盟约，自封"西楚霸王"，统辖天下诸侯，"可谓至强"。汉王从巴蜀起兵，诛杀项羽，五年之间，"海内平定，此非人力"，是天佑大汉。

第三，灭越至易。

以你的作为，大汉应当"移兵而诛王"。天子没有对南越用兵，主要是"怜百姓新劳苦"，所以才休兵，派我"授君王印"，你应当到城外迎接汉使，"北面称臣"。《史记·郦生陆贾列传》可是你竟然想以你刚刚组建还没有稳定下来的南越国逞强，实在是自不量力。如果大汉天子知道这档事，挖了你祖先的坟墓，灭了你们一族，再派一员"偏将"，率领十万人马，杀你个区区南越王，易如反掌。

陆贾这三点处处敲到点子上，如同五雷轰顶，扬扬自得的赵佗立马没了傲慢，起身向陆贾道歉说：我

足下中国人，亲戚昆弟坟墓在真定。今足下反天性，弃冠带，欲以区区之越与天子抗衡为敌国，祸且及身矣。且夫秦失其政，诸侯豪杰并起，唯汉王先入关，据咸阳。项羽倍约，自立为西楚霸王，诸侯皆属，可谓至强。然汉王起巴蜀，鞭笞天下，劫略诸侯，遂诛项羽灭之。五年之间，海内平定，此非人力，天之所建也。——《史记·郦生陆贾列传》

使一偏将将十万众临越，则越杀王降汉，如反覆手耳。——《史记·郦生陆贾列传》

这人长期生活在蛮荒之地，多有失礼。但是，赵佗还不甘心，他问陆贾：我和萧何、曹参、韩信的贤能相比怎么样？陆贾说：你似乎比他们略强一点。赵佗又问：我和皇帝陛下相比怎么样？陆贾脸色一沉道：大汉皇帝起于沛县，诛灭暴秦，消灭强楚，继承三皇五帝的大业，统治中国。中国人口众多，幅员万里，土地肥沃，车马繁盛，物产丰富，政令统一，这是开天辟地以来从未有过的事。你那几十万百姓，多是蛮夷之人。住在崎岖的山边海角，只抵得上大汉的一个郡，你凭什么能和大汉皇帝相比？赵佗听完，哈哈大笑说：我不能在中国成事，所以只能做个南越王，如果让我占据中国，我哪儿比不上汉王？

从此之后，赵佗非常欣赏陆贾，强留陆贾在南越住了好几个月。他对陆贾说：南越实在没有可以说话的人，您来了，才让我天天长见识。他送给陆贾一袋价值千金的珠宝，又送了其他东西，也值千金。陆贾最终代封赵佗为南越王，让他向汉称臣奉约。

陆贾顺利完成了刘邦交给他的任务，带着赵佗奉送的丰厚礼物，回朝交旨。刘邦大喜，封陆贾做了太中大夫。

南越王赵佗愿意接受刘邦的册封，主要有三

于是尉他乃蹶然起坐，谢陆生曰：『居蛮夷中久，殊失礼义。』因问陆生曰：『我孰与萧何、曹参、韩信贤？』陆生曰：『王似贤。』复曰：『我孰与皇帝贤？』陆生曰：『皇帝起丰沛，讨暴秦，诛强楚，为天下兴利除害，继五帝三王之业，统理中国。中国之人以亿计，地方万里，居天下之膏腴，人众车舆，万物殷富，政由一家。自天地剖泮未始有也。今王众不过数十万，皆蛮夷，崎岖山海间，譬若汉一郡，王何乃比于汉！』尉他大笑曰：『吾不起中国，故王此。使我居中国，何遽不若汉？』——《史记·郦生陆贾列传》

大原因：一是岭南百越族群众多，赵佗不能完全控制；二是岭南经济落后，需要中原的物资；三是赵佗以三郡之力与刘邦统治的中原对抗，实力明显不足。陆贾善辩，巧于周旋，让赵佗进一步领教了大汉政权强大的软实力，促使他接受了臣属中央的地位。

但是，这种友好相处的局面后来被打破了。这是为什么呢？

原来吕后执政时，有官员建议：禁止和南越国进行边境贸易，特别是铁器贸易，因为铁器既能制造农具，又能制造兵器。南越国不出产铁器，禁了铁器贸易，就大大削弱了南越国的实力。赵佗对吕后的做法反应极为强烈。他认为：高祖封我为南越王，而且开放了边关贸易，互通使者。如今高后听信谗言，不把南越和中原一视同仁，断绝了贸易往来，这一定是长沙王的诡计。长沙王想依赖中国，灭掉南越，兼做南越的君王。于是，赵佗自称南越武帝，派兵攻打长沙国，攻下数县后撤兵。吕后派将军隆虑侯周灶率兵攻打南越国，刚好遇到暑热，水土不服，士兵患病者极多，因此没能打到岭南。一年多后，吕后下世，因此罢兵。

赵佗所说的这个长沙王是首任长沙王吴芮的孙子，国境在今江西、湖南一带，和南越国相邻。当年吴芮率兵帮助刘邦，刘邦当皇帝后封吴芮做了长沙

高后时，有司请禁南越关市铁器。佗曰：『高帝立我，通使物，今高后听谗臣，别异蛮夷，隔绝器物，此必长沙王计也，欲倚中国，击灭南越而并王之，自为功也。』于是佗乃自尊号为南越武帝，发兵攻长沙边邑，败数县而去焉。高后遣将军隆虑侯灶往击之。会暑湿，士卒大疫，兵不能逾岭。岁余，高后崩，即罢兵。——《史记·南越列传》

王。后来其他六个异姓王如韩信、彭越、黥布等都被刘邦剿灭，唯独长沙王保存了下来。

吕后时期改变了刘邦的政策，视南越为蛮夷，停止与南越的贸易，不仅不准向南越输送铁制工具，而且连马牛羊等牲畜也只能给雄性的，不能给雌性的。当时，南越国的铁制工具主要依靠中原，母畜也要从中原输入，断绝了贸易往来，对南越国影响极大。赵佗为了挽救这种局面，三次派高官为特使到长安，劝吕后不要将南越按蛮夷对待，恢复贸易。但吕后不予理睬，并扣押了南越国的使者。赵佗还听说吕后派人到其老家河北真定掘了他父母的墓，诛杀了他的兄弟宗族。吕后的作为激起了赵佗强烈的反叛之情。高后五年（前183），赵佗自封为南越武帝，和西汉皇帝平起平坐。而且，赵佗还主动出击，派兵攻打长沙国，攻下了几个县。吕后不能容忍赵佗称帝和出兵骚扰长沙国，于是派兵攻打南越国。

一物降一物

南越王赵佗听说汉文帝即位后，随即修书一封，通过驻扎在长沙国的汉将报送文帝，要求寻找在老家的双亲墓地，寻找在故乡的堂兄弟，撤掉设在长沙国专门监视南越的两位汉朝将军。

南越王赵佗的来信证明了赵佗缓和敌对关系的诚意，所以，汉文帝先派人到真定为赵佗的父母修缮了陵园，派人守陵；逢年过节，按时祭祀；并找到赵佗的堂兄弟，任命其为高官。再修书一封，赐给赵佗。

汉文帝的信写得非常恳切，信中说：吕后在位期间，由于患病，主政有失误。听说你通过驻扎在长沙国的汉将捎信，要求寻找双亲的坟茔，寻找散落在故乡的堂兄弟，撤销驻扎在长沙国专门监视南越的两员汉将。我已经下令撤了驻守在长沙国的两位汉将，修缮了你父母的坟茔，找到了你现存的堂兄弟，并派专人进行了慰问。前些天听说南越王派兵于边，长沙国边地受灾。老百姓吃了苦，难道你南越王就只有收获没有损失吗？士兵死亡，将领死伤，寡妇、孤子、空巢老人多了许多，可以说是得一而失十，我实在不想这样做。我手下的官员们也说，得了你南越王的地，我们也大不了多少，得了你南越国的财，我们也富不了多少。你现在称帝，造成"两帝并立"，这叫争。只知争，不知让，"仁者不为也"。我希望和你捐弃前嫌，"通使如故"，不希望和你势不两立。

此后，汉文帝要求丞相陈平推荐能够出使南越的使者。陈平保荐了正在家中赋闲的陆贾，说他在高祖时期曾经出使过南越。于是汉文帝召见陆贾，任命他为太中大夫，前往南越。

陆贾一到，南越王赵佗立即吓得直哆嗦，赶快向陆贾赔礼道歉，表示愿奉诏，长期为藩臣，岁岁奉贡品。并"下令国中"："两雄不俱立，两贤不并

朕以王书罢将军博阳侯，亲昆弟在真定者，已遣人存问，修治先人家。前日闻王发兵于边，为寇灾不止。当其时长沙苦之，南郡尤甚，虽王之国，庸独利乎！必多杀士卒，伤良将吏，寡人之妻，孤人之子，独人父母，得一亡十，朕不忍为也。朕欲定地犬牙相入者，以问吏，吏曰：『高皇帝所以介长沙土也』，朕不得擅变焉。吏曰：『得王之地不足以为大，得王之财不足以为富，服领以南，王自治之。』虽然，王之号为帝。两帝并立，亡一乘之使以通其道，是争也；争而不让，仁者不为也。愿与王分弃前患，终今以来，通使如故。——《汉书·西南夷两粤朝鲜传》

乃召贾以为太中大夫，往使。——《史记·南越列传》

世。"《史记·南越列传》大汉皇帝是"贤天子",从今天开始,撤销帝号。

赵佗也给汉文帝回了一信,这封信也极妙,开篇自称蛮夷大头领（蛮夷大长），"昧死再拜上书再拜皇帝陛下"。高皇帝当年赐我玺印,封我南越王,作为大汉的外臣。惠帝即位,赐予丰厚。高后掌权,听信谗言,把南越划为蛮夷,下令不卖给我们铁制农具,马牛羊只给公的不给母的。我这地方,牲畜都老了,需要繁殖,结果断了香火。我先后派了内史（京城行政主官）、中尉（京城军事主官）、御史（南越国监察长）三位高官去汉朝交涉,事没办成,人也全部被扣了。又听说老父老母的坟茔遭到毁坏,兄弟被杀,宗族遭戮。所以才自称南越武王。其实我并不想威胁汉家天下。"高皇后闻之大怒",把我们开除出外臣的名册,断绝使者交往。我们南越国的西边是西瓯国王,东面是闽越国王。闽越国才几千人,也称王,我这南越国,"东西南北数千万里,带甲百万有余"。所以,我称帝就是"聊以自娱",玩玩而已。老夫在越地待了四十九年,现在都抱孙子了,但是,"夙兴夜寐,寝不安席,食不甘味,目不视靡曼之色,耳不听钟鼓之音",就是因为不能侍奉大汉。现在陛下恢复了我南越王的称号,派来使者,"老夫死骨不腐,改号不敢为帝矣"。《汉书·西南夷两粤朝鲜传》

赵佗这封回信,强调了高皇帝的封王,表达了对

高后自临用事,近细士,信谗臣,别异蛮夷,出令曰:『毋予蛮夷外粤金铁田器;马牛羊即予,予牡,毋与牝。』老夫处僻,马牛羊齿已长,自以祭祀不修,有死罪,使内史藩、中尉高、御史平凡三辈上书谢过,皆不反。又风闻老夫父母坟墓已坏削,兄弟宗族已诛论。吏相与议曰:『今内不得振于汉,外亡以自高异。』故更号为帝,自帝其国,非敢有害于天下也。——《汉书·西南夷两粤朝鲜传》

汉朝的忠心和感激，并将自己称帝归结为周边小国都称王，自己称帝是自娱自乐。还不忘表白自己心系汉朝，自今而后永不称帝。这封信把赵佗的狡猾与朴实、倔强与灵活，表现得淋漓尽致。

所以，"陆贾还报，孝文帝大说"《史记·南越列传》。

后人评价这两封信是"赐书诚，答书亦诚。非孝文莫服其心，非陆贾莫通其意"。信写得措辞恳切，表述得体，都可称为书中上品。

这样，汉文帝刘恒兵不血刃，摆平了南越王赵佗，解除了威胁西汉帝国南部的困扰；充分显示了汉文帝恩威并用、不战而屈人之兵的娴熟政治手腕。

汉文帝处理南越王赵佗的核心是能不打就不打，能不惊扰百姓就决不惊扰百姓。它显示了汉文帝不轻开战端，不惊扰百姓的仁德之心。

两手并重

南越王赵佗是中原人，虽然地处南越，割据称王，但是，他毕竟与中原文化有着天然的联系。相比而言，北方的匈奴就不同了，匈奴是游牧民族，与中原文化的差异更大，比南越国实力更强，距离汉朝核心地区更近，对汉帝国的实际威胁自然更大。赵佗的危害在名义上，匈奴的危害在实际上。汉文帝在成功解决南方挑战的同时，将会怎样破解来自北方的更加难以解决的挑战呢？

汉文帝面对匈奴边患有两大特殊情况：

一是匈奴单于更换频繁；二是中行说（人名）的添堵。

先说第一点。

汉文帝面对的匈奴，与其父高祖刘邦时不同。高祖刘邦坐上皇帝的宝座实际只有八年，这八年只和冒顿单于一人打交道。文帝在位二十三年，面对了冒顿单于、老上单于和军臣单于三位匈奴首领。这段时间，是匈奴历史上单于更换最为频繁的时期。

汉文帝在位的二十三年出现过三次匈奴入侵。第一次是前元三年（前177），匈奴右贤王入居河南地，侵盗上郡。第二次是前元十四年（前166），老上单于率十四万铁骑入侵朝那、萧关。第三次是后元六年（前158），军臣单于大举入侵上郡、云中郡。当年，汉文帝病故。可见，匈奴入侵是一个伴随着汉文帝一生的重大问题。

面对草原民族铁骑的不断入侵，汉文帝究竟会怎样应对呢？

汉文帝对待匈奴问题非常理智，既不放弃和亲，又以铁腕应对武力。"和亲"与"军事"两手都要抓，两手都要硬。

一是"坚持和亲"的国策。

汉文帝一即位立即实施对匈奴的和亲。这个思想一直贯彻到汉文帝下世。汉文帝前元三年，发生了匈奴右贤王入侵河南地的第一次重大入侵事件。但是，第二年单于来信，强词夺理，把右贤王入侵汉地说成是"汉边吏侵侮右贤王"，又极力推脱自己的责任，将右贤王的大举入侵说成是没有向他请示的擅自行动 (右贤王不请)；同时又以"夷灭月氏"，征服楼兰、乌孙等二十六国威胁汉廷。汉廷大臣们在讨论匈奴单于的来信时，一致主张和亲。汉文帝于前元六年 (前174) 致书匈奴单于，虽然指责了"倍约离兄弟之亲者，常在匈奴"，但还是互赠礼物，通使往来。《史记·匈奴列传》

老上单于初立，汉文帝立即派宗室公主和亲。

老上单于死后，军臣单于初立，"孝文皇帝复与匈奴和亲"《史记·匈奴列传》。

二是坚持"打和并重"的国策。

和亲不是万能的，但不和亲是万万不行的。匈奴和亲之后还常常大举入侵边地，面对入侵，汉文帝坚持军事对抗。

汉文帝前元三年 (前177)，匈奴右贤王部进入河南地，入侵上郡。汉文帝派丞相灌婴统兵八万五千，迎击右贤王。这一仗因为右贤王退走而没能交手。但是，汉文帝亲临北部重镇太原，显示了他敢于以武力迎战入侵者的勇气。

汉文帝前元十四年 (前166)，匈奴老上单于大举入侵朝那、萧关。汉文帝以中尉周舍、郎中令张武为将军，调发战车千乘、骑兵十万，驻守长安附近防备匈奴。同时，拜昌侯卢卿为上郡将军，宁侯魏遫为北地将军，隆虑侯周灶为陇西将军，东阳侯张相如为大将军，成侯董赤为前将军，调动五位将军反击匈奴。

匈奴这次入侵所造成的后果相当严重。汉文帝"自欲

于是文帝以中尉周舍，郎中令张武为将军，发车千乘，骑十万，军长安旁以备胡寇。而拜昌侯卢卿为上郡将军，宁侯魏遫为北地将军，隆虑侯周灶为陇西将军，东阳侯张相如为大将军，成侯董赤为前将军，大发车骑往击胡。——《史记·匈奴列传》

征匈奴，群臣谏，不听。皇太后固要上，乃止"《汉书·文帝纪》。汉文帝这次拟议中的亲征不是一种政治姿态，而是激励士卒士气的壮举。他亲自劳军，"申教令"，"赐吏卒"。但是，最终这一仗以匈奴滞留一个多月主动退兵而告结束，汉军"不能有所杀"。此后，匈奴几乎"岁入边"，年年进犯，"杀略人民畜产甚多"《史记·匈奴列传》。

这次大规模入侵之后两年，匈奴单于又提出要和亲，汉文帝也答应了此次和亲。

汉文帝后元六年冬，匈奴六万铁骑分头入侵上郡、云中郡，杀人甚众，烽火传到京城长安。汉文帝派大军迎敌，"汉兵至边，匈奴亦去远塞，汉兵亦罢"《史记·匈奴列传》。

再说第二点。

汉文帝后两次与匈奴的军事对抗中，汉人中行说投靠匈奴带来的麻烦最多。

中行说本是汉廷一宦官。老上单于即位之后，汉文帝依例实施和亲，中行说作为照顾公主生活的随从一同出使匈奴。一旦摊上这种活儿，一生都不能再归故土，所以中行说不想去。但是，汉廷强行要他出塞。中行说十分恼怒，恶狠狠地说：一定要我去，我会成为汉廷的一大祸害。所以，他一到匈奴，立即投降匈奴单于。老上单于对中行说非常赏识。

中行说为匈奴反汉做了四大坏事：

孝文皇帝复遣宗室女公主为单于阏氏，使宦者燕人中行说傅公主。说不欲行，汉强使之。说曰：『必我行也，为汉患者。』中行说既至，因降单于，单于甚亲幸之。——《史记·匈奴列传》

一是破解"五饵"之术。

文帝朝的青年才俊贾谊受韩非"术"治思想的影响，提出"五饵"之术对付匈奴。所谓"五饵"，即引诱、软化匈奴人的五种手法。具体而言是指用华丽的车马引诱其眼，用色香俱全的美味引诱其口，用美妙的音乐、美女引诱其耳，用房子、仓库、奴婢引诱其腹，对于奔降汉朝的匈奴人给予超常礼遇引诱其心。

简单来讲，就是用中原农耕文明的物质生活同化匈奴民族。匈奴作为草原民族，它的生活环境决定了它的物质生活与农耕民族相差较大。汉初施行的和亲，每每伴随着大量中原农耕民族的物质输入匈奴，这对匈奴民族来说既是物质生活的一大补充，又是一种巨大的同化力量。汉文帝受贾谊"五饵"之术思想的影响，在和亲之时加大了物质上的同化。中行说认为，长此以往，匈奴对中原的依赖性会大大增强，这对匈奴极为不利。所以，中行说提出：匈奴人口不抵汉朝一个郡，之所以能够在汉匈战争中显示其强悍，原因是衣食不同于汉人，不仰仗汉朝。如果单于改变匈奴的生活习俗，汉朝只需拿出自己出产的十分之二，整个匈奴就完全归于汉朝了。中行说为了证明汉地物产不适合匈奴草原民族，专门让穿上汉朝丝绸衣服的匈奴骑兵在草原上奔驰，结果丝绸衣服被野草刮得支离破碎，以此告诫匈奴人，丝绵

赐之盛服车乘以坏其目；赐之盛食珍味以坏其口；赐之高堂邃宇府库奴婢以坏其腹；于来降者，上以召幸之，相娱乐，亲酌而手食之，以坏其心。——《汉书·贾谊传》

匈奴人众不能当汉之一郡，然所以强者，以衣食异，无仰于汉也。今单于变俗，好汉物，汉物不过什二，则匈奴尽归于汉矣。——《史记·匈奴列传》

汉服既舒服又好看，就是不适合游牧民族生活。

二是灌输自大意识。

中行说唆使匈奴单于在和汉朝书信来往时，有意将简牍、封泥、印章都制作得明显大于汉朝的简牍、封泥、印章（秦汉印章非加盖于文书之上，而是盖在装盒或打包后的印泥上），称谓上自称"天地所生日月所置匈奴大单于"，称汉文帝仅仅是"汉皇帝"。《史记·匈奴列传》

三是力夸匈奴习俗。

比如匈奴习俗是"父死，妻其后母；兄弟死，皆取其妻妻之"《汉书·匈奴传》。这种习俗被汉朝耻笑。中行说却认为，这样可以保证自己的血统不流失到别人家去。

四是出卖军事情报。

中行说向匈奴单于出卖了西汉边境的地理形胜等军事情报，为匈奴入侵提供了种种方便。

在中行说的教唆之下，汉文帝前元十四年（前166），匈奴单于亲率十四万骑入侵边地，杀汉北地都尉，俘虏大批百姓、牲畜。匈奴特种兵甚至火烧回中宫，侦察兵窜至雍地甘泉宫。文帝选派两个亲信担任将军，防守都城长安。同时选派五位将军出兵迎战。匈奴这次入侵，单于驻留塞内一个多月才离去，汉军追至边塞返回，未能给匈奴军队以重创。

这是汉文帝在位二十三年中匈奴最为严重的一次军事入侵。

汉文帝在位期间，按照"坚持和亲，打和并重"的国策和匈奴周旋了二十多年。虽然终其一生，匈奴的边患始终没有得到解决。但是，他的这一国策最大限度地减轻了百姓的负担。

在破解南北挑战的同时，汉文帝还必须面对另一个重大问题——国内问题。汉文帝解决国内众多问题是从哪一方面开始的呢？他要怎样解决这些问题呢？

请看：要有自己的力量。

汉孝文皇帝十四年，匈奴单于十四万骑入朝那、萧关，杀北地都尉卬，虏人民畜产甚多，遂至彭阳。使奇兵入烧回中宫，候骑至雍甘泉。于是文帝……大发车骑往击胡。单于留塞内月余乃去，汉逐出塞即还，不能有所杀。

——《史记·匈奴列传》

要有自己的力量

七

汉文帝不是父皇刘邦钦定的帝位继承人，他以藩王入继大统和其兄汉惠帝身为太子父死子继有很大的不同，他登基的合法性远不如其兄汉惠帝。因此，汉文帝继位后的第一要务是巩固权力。打压发动宫廷政变族诛诸吕的功臣派首领周勃，打压与自己有帝位之争的皇族派刘襄、刘章、刘兴居三兄弟，除掉七弟刘长，是他巩固权力的三步棋。除此以外，他还必须迅速培植自己的力量。汉文帝在这方面做了哪些功课呢？

立太子：让变过来的再变过去

汉文帝前元元年 (前179) 春正月，大臣上疏请汉文帝早立太子。

此时距汉文帝即位才刚刚三个月，皇帝龙椅的坐垫还没有暖热。汉文帝立即答复大臣们说：我已经是德薄者继位了，假如不能找到"贤圣有德之人"，将皇位禅让给他，再谈什么早立太子，岂不是加重了我的罪过啊！这事还是以后再说吧。

大臣不听汉文帝的解释，继续上疏说：早立太子是重视宗庙社稷、不忘天下的大事！必须早办！汉文帝再驳大臣们的上疏：楚王刘交是我的叔叔，阅历丰富，懂得治国的大道理；吴王刘濞是我的堂兄，有仁德；淮南王刘长是我的弟弟，对我多有辅佐，我不能不考虑吧？刘姓诸王中的功臣中有不少贤能有德之人，如果能把这些人推举上来弥补我的无能，肯定是国家的福气。如果这些人都不考虑，一说就是我的儿子，人们一定会认为我是个忘贤之人，我不能这样做！

大臣仍然坚持己见：商、周两代，国泰民安都能达到千年，用的都是传子制度。确立继承人历来都是立儿子，这是自古以来的定制。高皇帝率领士大夫平定天下，分封诸侯，成为汉代皇帝的始祖；

正月，有司言曰：『早建太子，所以尊宗庙。请立太子。』上曰：『朕既不德，上帝神明未歆享，天下人民未有嗛志。今纵不能博求天下贤圣有德之人而禅天下焉，而曰豫建太子，是重吾不德也。谓天下何？其安之。』
——《史记·孝文本纪》

有司曰：『豫建太子，所以重宗庙社稷，不忘天下也。』上曰：『楚王，季父也，春秋高，阅天下之义理多矣，明于国家之大体。吴王于朕，兄也，惠仁以好德。淮南王，弟也，秉德以陪朕，岂为不豫哉！诸侯王宗室昆弟有功臣，多贤及有德义者，若举有德以陪朕之不能终，是社稷之灵，天下之福也。今不选举焉，而曰必子，人其以朕为忘贤有德者而专于子，非所以忧天下也。朕甚不取也。』
——《史记·孝文本纪》

诸侯王和列侯的封地也成为他们那个诸侯国或封地的始祖，子孙相继，代代不绝，这是天下的大义。所以高皇帝确立传子制度，安抚天下。如果现在不确立最合适的太子，而在诸侯、宗室中选择继承人，这不符合高皇帝的本意。皇长子刘启年龄最长，仁厚有德，请立他为太子。

汉文帝这才答应了大臣们的意见，立长子刘启为太子；同时赐天下所有有继承权的男子每人一级爵位。

汉文帝即位三个月大臣们就建议立太子，主要是为了巩固文帝的政治地位，让刘恒父子帝位相传制度化。大臣们的意见其实也是汉文帝本人的意愿，既然如此，他为什么还要和大臣们玩躲猫猫，打太极，来来回回三趟，最后才立了自己的儿子呢？

因为汉文帝对立自己的儿子为太子有难言之隐，特别是刚刚即位三个月就立自己的儿子当太子，确实让汉文帝难于启齿。

一位皇帝，立自己的儿子当太子，怎么会是一件非常难于启齿的事呢？

汉代家法确实是父子相传，但是汉文帝不是通过父子相传得到帝位的。相反，他是标准的兄终弟及啊！没有他的哥哥汉惠帝故去，不杀掉自

有司皆固请曰：「古者殷周有国，治安皆千余岁，古之有天下者莫长焉，用此道也。立嗣必子，所从来远矣。高帝亲率士大夫，始平天下，建诸侯，为帝者太祖。诸侯王及列侯始受国者皆为其国祖。子孙继嗣，世世弗绝，天下之大义也。故高帝设之以抚海内。今释宜建而更选于诸侯及宗室，非高帝之志也。更议不宜。子某最长，纯厚慈仁，请建以为太子。」——《史记·孝文本纪》

己的哥哥汉惠帝的四个儿子，怎么也轮不上他当皇帝啊！现在刚刚一即位，立即就把自己践行的"兄终弟及"的规则废掉，立自己的儿子为太子，明确自己儿子的合法继承权，确立"父死子继"的继承制度，让变过来的规则再变过来，还要保持自己美好的形象，的确是一件让他不能不有所顾虑的事。

汉文帝提出楚王刘交、吴王刘濞、淮南王刘长三个人，作为辞让的理由，绝不是信口之言。这三个人的确都能够代他称帝，当然也可以作为帝位的继承人了。至于能不能当上皇帝，汉文帝心中有数。楚王刘交年长，汉文帝提到楚王刘交之时，离刘交去世只剩三个月了。汉文帝虽然不可能知道楚王刘交下世的准确时间，但是，对刘交健康状况的掌握应当是不会错的。淮南王刘长此时已经被汉文帝惦记上了，刘长之死也已成为定局，至于怎么死、何时死那是后话。至于吴王刘濞，高皇帝刘邦都不信任他，所以，汉文帝刘恒更不会让他去占皇帝之位。汉文帝提出的三位皇位继承人其实都不靠谱，但是，提出他们三个是必须的，无论如何，确立接班人这事在口头上必须得让一让。

大臣们两次上疏，汉文帝两次驳回，直到第三次大臣上疏时他才羞答答地答应了。一旦以法定形式确立了自己的长子当太子，对自己的帝位也是一种极大的巩固。

用代臣：这是必须的

汉文帝是以藩王身份入主朝廷，和其他由太子即位称帝的皇子相比，一个最大的不同是他在京城没有自己的势力。说白了，他在朝臣中没有任何权力基础，他的权力基础在代国。代国有他熟悉的官员，有他信任的臣僚。

这些臣僚之中，他最信任的是两个人。一位是原代国的郎中令张武，一位是原代国的中尉宋昌。

汉文帝接到朝臣们要他进京入主皇宫的消息时，郎中令张武坚决主张"称疾毋往，以观其变"《史记·孝文本纪》；宋昌认为"大臣因天下之心而欲迎立大王，大王勿疑也"《史记·孝文本纪》。一个主张以静制动，观察一下再说；一个主张立即进京。两人的主张不同，但有一点相同，就是他们都是真心为代王刘恒谋划。刘恒进京时轻车简从，只带了六个人。其中宋昌作为代王刘恒车上的卫士（参乘），张武作为随从。刘恒入宫，当晚发布的第一道诏书就是任命宋昌为卫将军，统一掌管京城的南军、北军。这张诏令让宋昌成为首都驻军的最高长官，不但保障了汉文帝的安全，而且夺了太尉周勃的军权。张武任郎中令，掌管皇宫的警卫部队，文帝刘恒的安全保障全在自己人的掌控之中。

宋昌和张武两人全部担任要职，而且是关系汉文帝本人生命安全和政权稳定的军职。

张武从此成为汉文帝一朝最受皇帝信任的将军。

汉文帝前元十四年冬，匈奴大举入侵，杀死了北地郡的都尉。汉文帝派出三位将军分别驻军在陇西郡、北地郡、上郡。同时，郎中令张武被任命为车骑将军，中尉周舍被任命为卫将军，共同驻扎在渭北，率战车千乘、骑兵十万，拱卫京城。汉文帝亲自到张武的军中进行慰问。可见，张武多受汉文帝信任！

汉文帝后元六年冬，匈奴三万人入侵上郡、三万人入侵云中郡。汉文帝派了六位将军分驻各地和京城，以中大夫令勉为车骑将军，驻军飞狐。故楚相苏意为将军，驻军句注；将军张武屯北地，河内守周亚夫为将军，居细柳（今陕西咸阳市西南）；宗正刘礼为将军，驻军霸上（今陕西西安市东）；祝兹侯徐厉军驻棘门（今陕西西安市北）。这次六将军的驻地有边地，也有京师，张武率军驻扎在北地郡。匈奴这次入侵持续了好几个月，一直到匈奴撤兵，张武等人才奉命退兵。

汉文帝一朝，匈奴三次大规模入侵，张武在后两次均统重兵参与御敌，备受信任。

张武之外，代国臣僚中最受刘恒信任的当推中尉宋昌。宋昌比张武更有政治头脑，在代王刘恒以藩王入主皇宫时他做了两件漂亮活儿。

一是力主进京。

代王刘恒接到要他到京城继任皇帝的消息时，曾经非常犹豫，唯一一位要他毫不犹豫立即进京的代国大臣就是宋昌。所以，刘恒得知朝中大臣真心立他为帝时，笑呵呵地对宋昌说："果如公言。"《史记·孝文本纪》刘恒进京时只让宋昌一个人作为他的座车的宿卫（参乘）。

二是面折周勃。

汉文帝自代至京，在渭桥会见文武百官时，大功

十四年冬，匈奴谋入边为寇，攻朝那塞，杀北地都尉卬。上乃遣三将军军陇西、北地、上郡，中尉周舍为卫将军，郎中令张武为车骑将军，军渭北，车千乘，骑卒十万。帝亲自劳军，勒兵申教令。

——《史记·孝文本纪》

后六年冬，匈奴三万人入上郡，三万人入云中。以中大夫令勉为车骑将军，军飞狐；故楚相苏意为将军，军句注；将军张武屯北地，河内守周亚夫为将军，居细柳；宗正刘礼为将军，居霸上；祝兹侯军棘门：以备胡。数月，胡人去，亦罢。

——《史记·孝文本纪》

臣周勃想突出一下自己的地位，对当时的代王刘恒说了一句"愿请间言"《史记·孝文本纪》。周勃官居太尉，掌管兵权，是喋血京城的这场政变的总指挥，是灭吕立刘的大功臣，此时，他握有拥立新君的大权。但是，宋昌却对周勃的"愿请间言"来了一个"所言公，公言之。所言私，王者不受私"《史记·孝文本纪》，一下子将周勃顶了回去。周勃和文武百官第一次发现他们原来认为的"弱势"皇子并非"弱势"的现实。

此时，汉文帝的帝位已经被确立，这意味着刘恒此时已经拥有了至高无上的权力，周勃固然是重臣，但是，一旦新君即位，作为臣子的他，只具有影响力而失去了权力。权力是刚性的，影响力是柔性的；权力是硬实力，影响力是软实力；权力是实的，影响力是虚的。

汉文帝入主皇宫的当夜，下诏任命张武为郎中令的同时，宋昌被任命为卫将军，统管京师的南军、北军，直接掌管了整个京城的军权。汉文帝前元元年 (前179)，刘恒在处理完亟须处理的问题并立了皇后之后，重奖了跟他一块儿进京的代国大臣，其中，只有宋昌被封为壮武侯。宋昌成为代国臣子中因为拥立刘恒称帝而封侯的第一人！汉文帝亲自对宋昌进行褒奖：当大臣们铲除诸吕迎我进京之时，我犹豫不决，大臣们都劝阻我不要去，只有宋昌力主我立即进京，这样，我才得以保有宗庙社稷。现在，随从我从代地来京的六位代臣，已经全部任职九卿这样的高官了。

乃循从代来功臣。上曰：『方大臣之诛诸吕迎朕，朕狐疑，皆止朕，唯中尉宋昌劝朕，朕以得保奉宗庙。已尊昌为卫将军，其封昌为壮武侯。诸从朕六人，官皆至九卿。』——《史记·孝文本纪》

汉文帝前元三年（前177），匈奴大举入侵，文帝派丞相灌婴率兵征伐匈奴，同时，调集最为精锐的"中尉材官"隶属于卫将军宋昌，"军长安"，以备不测。

张武、宋昌等人是汉文帝在开国功臣之外着力培养的一支重要政坛力量。和开国功臣相比，这支力量更受汉文帝的青睐。

发中尉材官属卫将军，军长安。
——《史记·孝文本纪》

重薄昭：谁都觉得舅舅亲

在汉文帝所培植的自己的力量中，舅父薄昭是其重点依靠的亲信。薄昭像宋昌、张武一样，具有拥立之功。

当年代王刘恒与代地大臣、母后商议之后，仍拿不定是否进京的主意时，曾亲派舅父薄昭面见太尉周勃，周勃详细地向薄昭介绍了决定拥立代王刘恒的原因、经过。薄昭探明了朝中真相，才飞马告知代王刘恒：完全可以相信，没有任何问题！促使刘恒最终下定决心进京入承大统的是舅父薄昭。有了薄昭面见周勃的谈话，代王刘恒才相信大臣拥立自己的消息准确无误，决定立即进京。可见，在人生的关键节点上，刘恒最信任的是其舅舅薄昭。

于是代王乃遣太后弟薄昭往见绛侯，绛侯等具为昭言所以迎立王意。薄昭还报曰："信矣，毋可疑者。"——《史记·孝文本纪》

刘恒进京，宋昌是参乘，"张武等六人"陪同，所以，刘恒进京只带了六位代国旧臣。文帝正式即位的当

天 (辛亥) 拜谒高皇帝庙，第二天 (壬子) 派"车骑将军薄昭迎皇太后于代"《史记·孝文本纪》。既然派车骑将军薄昭前往代国迎接薄太后，可见，薄昭此时也已进京，而且马上被任命为车骑将军。薄昭是拥立代王刘恒入承大统的外戚重臣，身为车骑将军，他是前往代国迎接薄太后最合适的人选。

汉文帝前元元年 (前179) 正月，汉文帝确立长子刘启为太子的当月，薄昭被封为轵侯。

汉文帝前元三年 (前177)，淮南王刘长椎杀了辟阳侯审食其，汉文帝没有严惩刘长。此事大大助长了淮南王刘长的野心。刘长"不用汉法""自作法令"，进出按皇帝的标准清道，皆缘于此。汉文帝一方面痛斥淮南王，一方面让备受尊重的舅父薄昭写了一封长信劝谏淮南王。薄昭这封信收录在《汉书·淮南衡山济北王传》中，信中讲了四点：一是当今天子对你特别宠幸，你却辜负了天子厚爱。二是你的作为不孝、不贤、不谊、不顺、不礼、不仁、不智、不祥，不可能受到高皇帝的保佑。三是你想不受任何约束是不可能的。四是上书谢罪，改过自新是你唯一的出路。

文帝不出面而让薄昭出面，是因为薄昭的身份是当今皇上的舅父，让这么一位长者出面教育淮南王刘长更合适。

当然，薄昭这封信没有阻止住淮南王刘长的任性

文帝重自切责之。时帝舅薄昭为将军，尊重，上令昭予厉王书谏数之……王得书不说。——《汉书·淮南衡山济北王传》

乱为，终致叛乱。薄昭奉诏写信是为了劝阻淮南王，可悲的是，薄昭后来也步了刘长的后尘。

汉文帝前元十年冬，身为车骑将军的薄昭杀了汉使。

这可是死罪啊！

汉文帝"不忍加诛"，希望薄昭能自行了断。于是派了公卿大臣陪薄昭饮酒，想让他酒后自杀。但是，薄昭不肯自杀。汉文帝无奈，派"群臣丧服往哭之"，薄昭无奈，这才自杀。

将军薄昭杀汉使者。帝不忍加诛，使公卿从之饮酒，欲令自引分，昭不肯；使群臣丧服往哭之，乃自杀。——《资治通鉴》卷十四

薄昭是汉文帝的舅父，也是拥立和辅佐汉文帝的代国重臣、外戚，仅仅十年的功夫，他为什么走到了被汉文帝逼迫自杀的路上去了呢？

汉文帝的过度倚重使薄昭任性乱为。

汉文帝最信任的是代国旧臣。薄昭既是代国旧臣，又是国舅，所以具有十分独特的地位，受到汉文帝的特别重视和高度信任。薄昭在汉文帝即位的当天就和宋昌、张武一样被委以重任，封为车骑将军。但是，汉文帝的倚重与皇帝舅父的独特身份，也使薄昭忘乎所以。据《史记·绛侯周勃世家》记载，周勃在汉文帝即位之始即受到重赏（赐金五千斤，食邑万户），周勃把他得到的赏赐"尽以予薄昭"。周勃重金贿赂薄昭是汲取了吕氏外戚专权的教训，虽然薄昭不是恶人，但是，交好汉文帝的舅父仍然是周勃必须要做好的功课。果

然，后来周勃被诬入狱时，薄昭施以援手，亲自进宫面见薄太后，薄太后出面相救，周勃才幸免血光之灾。我们从中不难看出，薄昭在自己的亲外甥入承大统之后，已经开始接受重臣的厚赂，腐败与任性已经初露端倪。

薄昭亲施援手，救出周勃，固当赞赏。但需要注意的是，动用太后的力量救援大臣，这绝非一般人能够做到的。在代国旧臣中，哪怕恩宠如张武、宋昌者都做不到。唯有薄太后的弟弟、汉文帝的舅舅薄昭，可以做到。

特殊的身份，让薄昭有恃无恐，并在违法之路上愈走愈远。最后，他竟然利令智昏到杀了汉使，且不愿付出代价。在万般无奈之下，薄昭才自行了断。此事再次证明，任何一个人都不可能不受约束。特别是拥有权力之人，不受约束只能导致骄横任性，最终犯法。

张武也没有给汉文帝长脸。有汉文帝这个大后台撑腰，张武最终"受赂"！事情败露之后，汉文帝没有重罚张武，而是从皇宫（御府）中拨出"金钱赐之，以愧其心"，也没有把张武移送司法机关治罪。

群臣如张武等受赂遗金钱，觉，上乃发御府金钱赐之，以愧其心。——《史记·孝文本纪》

这的确显示了汉文帝对官员的宽厚。问题是汉文帝只对张武等人宽厚；当年奉命接送淮南王刘长的诸多县令，因为淮南王刘长之死多被处死。可见，汉文帝也有执法苛刻的一面。

擢吴公：培养新官僚

汉文帝前元元年（前179），刚刚即位的汉文帝听说河南郡（郡治今河南洛阳市）郡守吴公政绩居全国第一，立即将其调至中央，担任主管全国司法的廷尉。

廷尉是九卿之一，主管全国司法刑狱，汉文帝以"治平为天下第一"的名义，提拔一位地方官员到中央任高官，这是自高祖刘邦、惠帝、吕后直至文帝即位后的第一例，亦是对汉初以来一直施行的开国功臣担任朝中高官的重大突破。

吴公与秦帝国丞相李斯是同乡，而且常常受教于李斯，但他得到汉文帝的赏识不是因为这一点。汉文帝看重的是吴公的身份，吴公是一位新官僚！

刘邦称帝后，中央政府的高官主要由开国功臣担任，而且是以军功为重要评定指标。这一干部任用政策具有非常深厚的现实基础。因为刘邦称帝之前，经历了三年的灭秦之战，四年的楚汉战争，长达七年的战争成就了一大批开国功臣，形成了西汉初年政坛上势力庞大的功臣派。他们中的萧何、曹参、王陵、陈平、周勃、灌婴相继为相，成为百官之首。

惠帝、吕后时期基本延续了这一干部任用政策。不同的是，吕后不顾功臣反对，提拔吕禄、吕产等吕氏一族担任要职。但是，随着吕后下世，这一局面又被功臣

孝文皇帝初立，闻河南守吴公治平为天下第一，故与李斯同邑而常学事焉，乃征为廷尉。——《史记·屈原贾生列传》

派彻底扫除。

汉文帝即位之初，周勃、陈平、灌婴三大开国功臣交替为相，延续了汉高祖刘邦重用功臣的路线。这并不奇怪，因为汉文帝是汉初的功臣派选出来的皇帝，被功臣派选出来的皇帝怎么可能不用功臣呢？

汉文帝破格提拔吴公，是在他刚刚即位的前元元年（前179）。可见，汉文帝即位之始，就开始酝酿着一场干部队伍的更新。他既需要倚重开国名臣，又需要提拔代国旧臣，也需要从基层法吏中选择新生力量。

汉文帝为什么一即位就开始培养新官僚呢？

第一，时间淘汰了开国功臣。客观地说，文帝即位之时，正是当年追随高祖刘邦打天下那些功臣的凋谢期。当时开国名臣仅存陈平、周勃、灌婴三人。

功臣派追随高祖刘邦打天下，在汉初的权势很大。刘恒从代王华丽转身为皇帝，即是功臣派主导的皇权更迭。但是，从刘邦下世到文帝即位历时十五年，重要功臣的生命大都在岁月的变换中走到了尽头。因此，文帝前元二年陈平下世，前元四年灌婴下世，标志着功臣派基本退出政坛。

周勃至文帝前元十一年才下世，但自前元三年周勃罢相、入狱，远在绛县的他早与政坛无缘。经过功臣派的自然凋零与汉文帝的刻意打压，功臣派退出政坛是历史的大趋势，接替灌婴担任丞相的是张苍。张苍仍然属于开国功臣，但是张苍的功劳、名气和周勃、陈平、灌婴相比，差得太远了。

汉文帝有必要开辟一条新的选拔朝中高官的通道，选拔新的政坛精英补充到高级官员行列。

吴公的超擢正是这种现实诉求的表现。

第二，代国旧臣不成气候。文帝即位之初，朝中有两大功臣集团，一个是高祖时的开国功臣，如周勃、陈平、灌婴；一个是拥立自己的代国功臣，如张武、宋昌、薄昭等。前者声名显赫，是必须利用的一批老臣，汉文帝先后任命他们担任丞相。后者是自己的嫡系，是必须依靠的。但是，代国功臣人数少，名望小，成不了气候，不能成为与开国功臣完全抗衡的一支力量。而且，代国功臣中的张武、薄昭先后犯法，丢尽了代国旧臣的颜面，以至于文帝刘恒不得不逼舅父薄昭自杀。张武、薄昭等代国旧臣禁不住高官厚禄的诱惑，与周勃、陈平、灌婴等开国功臣相比，他们的分量不足，难成大器。

第三，皇族派受打压而式微。汉初政坛上的刘氏皇族派亦是一支重要力量，但是，高祖八男，皇长子刘肥被吕后气死；皇三子赵王刘如意，皇五子梁王刘恢，皇六子淮阳王刘友，均被吕后杀害；皇八子刘建病卒，其子被吕后所害；即位的惠帝刘盈，亦因为吕后残害戚夫人而自戕早逝。因此，文帝即位时，刘邦八子中仅余皇四子文帝与皇七子刘长。皇孙辈中真正有能力的刘襄、刘章、刘兴居，因与文帝刘恒有夺位之争，而横遭打压。汉初的刘氏皇族派最终未能成为一股重要的政坛力量。

第四，平衡功臣派。皇族派的式微更加重了功臣派的势力。因此，打压功臣派成为文帝即位后巩固政权的一大任务。打压有两种途径：一是直接打压，二是间接打压。直接打压，如对周勃。间接打压，则是重用新官僚。

正是在这种背景之下，"治平为天下第一"的河南郡守吴公进入了汉文帝刘恒的视野。

超擢吴公担任廷尉是汉文帝培养政坛新秀作为自己依靠力量的第一次尝试。

第五，培养未来政坛的中坚力量。吴公是这批政坛新秀中的第一位。他既不是高皇帝的开国功臣，又不属于代国旧臣，但是，这批人人数众多，来源广博，未来将成为汉代官吏的中坚力量。

第六，便于文帝控制。吴公不是功臣，而是从基层郡守起步，属于汉初官员队伍中的法吏。他在中央政府没有背景，没有功臣派有名、有势、有圈子。即使受到文帝破格任用为廷尉，《史记》亦只称其为"吴公"。"公"是尊称，并非其名，说明其名失传。可见，在吴公登上汉初政坛要职之后，仍然没有受到社会应有的重视，仍然没有巨大的名望。这批人更便于文帝掌控。

第七，长于治国。功臣派是灭秦与灭项两大战争的产物，他们长于军事斗争而非长于治国。新官僚是承平时期成长起来的官员，他们在治国方面明显优于汉初的功臣派。

吴公入阁标志着西汉新官僚的诞生。

吴公入阁只是一个开始。吴公之后，汉文帝又起用了哪些政坛新锐呢？

请看：一位天才的沉浮。

伴随着汉初功臣派的渐次凋零与皇族派的式微，一个新的历史机遇出现了。汉文帝在使用功臣派与重用代地旧臣的同时，开始了一项影响深远的新措施：培植新官僚。河南郡守吴公登台，便是西汉新官僚诞生的开始。吴公担任廷尉后，立即向汉文帝推荐了一位青年才俊，这位年轻人可不一般，他不过二十多岁，却一年之内升迁到太中大夫的位置，文帝甚至还想让他担任公卿。可是很快，他又被逐出朝廷，变化之迅速始料未及。那么，他到底是谁呢？

一位天才的沉浮

才子登台: 一个信号

刘邦建汉后, 最先登上西汉政治舞台的是追随他南征北战的那批将军们。虽然他们中大多不通文墨, 但因军功封侯, 垄断了高祖、惠帝、吕后朝的大权。

汉文帝刘恒入继大统后, 这种情况开始发生变化。

文帝前元二年 (前178), 河南郡守吴公因"治平为天下第一"被征召为廷尉, 发出了新时代到来的第一声。吴公登台, 立即向汉文帝郑重推荐了一位青年才俊。

这位青年才俊不是一般人物, 他是汉文帝一朝顶尖级的人才。他二十余岁被任命为博士, 一年后又被升迁至太中大夫, 文帝还想破格重用此人为公卿大臣; 但是, 汉文帝的意图并没有实现。这位青年才俊不久就被逐出朝廷, 三十三岁便英年早逝。他是谁? 为什么会受到汉文帝非同寻常的重视? 又为什么转瞬之间就被逐出朝廷而英年早逝呢?

他就是在汉初历史大潮中绕不过去的贾谊。

他的一篇《过秦论》成为汉初反思秦亡汉兴历史教训的典范之作。司马迁将其分别录入《史记·秦始皇本纪》《史记·陈涉世家》, 特别是《史记·陈涉世家》后的《过秦论 (上)》更是受到后人的持续热捧, 成为流传两千多年的千古名文。

贾谊的出现是一个必然, 但他迅速进入文帝朝的领导中枢却是一个偶然。

汉初思想界的一大任务是反思秦亡汉兴的教训。一个强大、统一的秦帝国轰然倒塌，给汉初思想家、政治家的冲击非常大。秦为什么会二世亡国？汉应当怎样力避秦亡的历史教训？这些问题是汉初反思大潮中的主流。贾谊是此时最著名的青年学者，作为这次反思大潮第一主力的贾谊脱颖而出，是历史的必然。

贾谊是西汉初年的洛阳才子。

他读书广博，下笔成文，十八岁时名气已经很大。当时，河南郡的郡治在洛阳，所以，青年才俊贾谊很快就为河南郡守吴公所知。吴公把年轻而才华横溢的贾谊召到自己的门下，非常器重他。

这是贾谊的幸运，也是贾谊人生的偶然。

贾谊更大的幸运是自己的伯乐吴公被文帝破格征召入朝，担任主管全国司法的最高长官廷尉。吴公入朝后，随即推了贾谊。正在寻求扩大政坛新生力量的文帝立即召贾谊进京，任为博士。

"博士"之称源自战国，是负责保管文献档案，编撰著述的一个官职。汉初博士的俸禄是比六百石。

贾谊被汉文帝任命为博士时才二十多岁，是朝中少有的青年干部，年龄优势非常明显。每当文帝下达诏令，因军功获得重臣之位的老臣大多不能谈出有价值的意见，贾谊却每每能说出他们想说而没有说出的话，因此朝中老臣个个都觉得自己不如贾谊。汉文帝听了贾谊的意见很高兴，一年之中将贾谊破格提拔到太中

年十八，以能诵诗属书闻于郡中。吴廷尉为河南守，闻其秀才，召置门下，甚幸爱。——《史记·屈原贾生列传》

廷尉乃言贾生年少，颇通诸子百家之书。文帝召以为博士。——《史记·屈原贾生列传》

大夫这样显赫的位置。

从博士到太中大夫绝对是一次破格提拔。

首先，贾谊与陆贾对比。在"破解困局"一章中我们曾讲到，陆贾以太中大夫的身份在汉高祖、汉文帝朝两次出使南越，使南越王赵佗归顺汉朝。陆贾两次建立奇功，其官职不过是一太中大夫。而贾谊二十多岁就被授为太中大夫，可见文帝对贾谊的器重。

再者，从俸禄上看。博士仅为比六百石，太中大夫是千石，其中间有六百石、比八百石、八百石、比千石、千石五级。汉文帝一年之中将贾谊提拔了五级。

贾谊成了文帝朝最为耀眼的新星！

这还不算，文帝竟然提出，要任命贾谊担任公卿。文帝的这一决定立即遭到了功臣派的集体抵制。

倒贾汹汹：权力之争

谁在掀起这场巨大的倒贾风潮呢？

第一是绛侯周勃，第二是颍阴侯灌婴，第三是东阳侯张相如，第四是冯敬。这四位之后还有"之属"二字。什么是"之属"？"之属"即是"之类"。它说明反对文帝任命贾谊的是以此四人为首的一大批功臣派列侯。最后还有"尽害之"三字，说明以这四位大

是时贾生年二十余，最为少。每诏令议下，诸老先生不能言，贾生尽为之对，人人各如其意所欲出。诸生于是乃以为能，不及也。孝文帝说之，超迁，一岁中至太中大夫。——《史记·屈原贾生列传》

天子议以为贾生任公卿之位。绛、灌、东阳侯、冯敬之属尽害之。——《史记·屈原贾生列传》

臣为首的一大批官员集体上阵齐声反对再次越级提拔贾谊。

此事发生于汉文帝前元二年 _(前178)，此时周勃任丞相，灌婴任太尉，冯敬任御史大夫，东阳侯张相如的职位史书未载。但是，从这四位的排序来看，张相如位于丞相、太尉之后，御史大夫之前。丞相、太尉级别相等，御史大夫是副相，张相如的位次说明他亦应当是相当级别的高官。

四员倒贾大将中我们只考察一下排名在前的"绛、灌"。

今存文献中，汉初功臣"绛""灌"二字常常连用：

其一陈平归汉后，深得汉王刘邦的信任。彭城大战失败后，汉王刘邦收聚残兵，驻守荥阳，任命陈平为亚将，隶属韩王信。绛侯周勃、灌婴联合诋毁陈平：陈平虽然长得漂亮，但内心未必亦像其外表一样光鲜。听说陈平在家时，与其嫂子不清不白。他出道后，先后追随魏王、楚王，最后全都叛主。现在到咱们这儿，汉王让他当护军，谁送他钱多，他安排给谁好位置，明摆着就一个反复无常的乱臣，希望大王好好考察考察。这里的"绛、灌"是刘邦老臣的代表。

其二韩信被人诬告谋反，刘邦伪游云梦，将其逮捕，废其楚王，软禁在京，降为淮阴侯。韩信知道这是刘邦害怕自己的军事能力威胁到他，因此称病不

> 绛、灌等咸谗平曰：「平虽美丈夫，如冠玉耳，其中未必有也。闻平居家时盗其嫂，事魏王不容，亡而归楚；归楚不中，又亡归汉。今大王尊官之，令护军。臣闻平使诸将，金多者得善处，金少者得恶处。平，反覆乱臣也，愿王察之。」汉王闻之，愈益幸平，遂与东伐项王。至彭城，为楚所败，引师而还。收散兵至荥阳，以平为亚将，属韩王信，军广武。
>
> ——《汉书·张陈王周传》

至孝惠之世，乃除挟书之律，然公卿大臣绛、灌之属咸介胄武夫，莫以为意。——《汉书·楚元王传》

上朝，并心怀怨恨，羞于和绛侯周勃及灌婴并列。此处的"绛、灌"是列侯的代表。

其三惠帝之时，下令废除挟书律，这是中国文化史上一件惊天动地的大事。但是，公卿大臣"绛、灌之属"都是些武夫，对此大不以为然。这里的"绛、灌"是公卿大臣的通称。

此类例证极多，我们不一一引用。一句话，"绛、灌"是自高祖刘邦开始直至文帝朝的老臣、重臣、列侯的代表，是不折不扣的三朝元老。

作为老臣、重臣、列侯的三朝元老周勃、灌婴等为什么反对越级提拔贾谊呢？

史籍记载了这些老臣、重臣、列侯的三条理由：一是年少初学，二是企图专权，三是扰乱政事。这三条只是功臣派联手反对贾谊的公开观点。其实，功臣派联手反对的核心与贾谊的政治主张有关。

那么，贾谊提出了哪些政治主张呢？

第一，为汉王朝正名。

贾谊认为，从大汉建立至文帝朝已经二十多年了，天下太平，应当改制，并且他还草拟了改制的内容。这些内容包含面极广。

一是"改正朔"。"改"是改变，"正"是正月，一年之首，"朔"是初一，一月之首。此条即是改变历法。

二是"易服色"。"易"是改变，"服"是王朝的服

信知汉王畏恶其能，称疾不朝从。由此日怨望，居常鞅鞅，羞与绛、灌等列。——《汉书·韩彭英卢吴传》

乃短贾生曰："雒阳之人，年少初学，专欲擅权，纷乱诸事。"——《史记·屈原贾生列传》

饰，"易服色"是改变车马、祭牲、服饰的颜色。

还有"法制度""定官名""兴礼乐"，我们不再一一细述。

中国每一个王朝都崇尚一种颜色：夏朝尚黑，商朝尚白，周朝尚赤。贾谊主张汉朝尚黄，"五"为吉祥数字。

总之，贾谊主张全面改变汉代所沿袭的秦朝的规制，包括官名。

贾谊这一套办法究竟想说什么呢？

新王朝的合法性。

一个新王朝建立后，皇帝必须向全国百姓有个交代：你的合法性在哪儿？我们凭什么要向你交粮、纳税？你刘邦草民一个，折腾七年就当皇帝了。我们能不能比葫芦画瓢，也搞几年，把你赶下台，我们也弄个皇帝当当？当年陈胜不是说过"王侯将相宁有种乎"吗？因此，一个新王朝建立后存在两大问题：一是你执政合法吗？二是大家能不能跟风照办？你夺秦朝的天下，我们夺你的天下。刘邦文化水平不高，当皇帝八年只办了一件大事：平叛。异姓诸侯王一个接一个被刘邦除掉，最终刘邦也死于平叛时所受的箭伤。囿于刘邦的经历和认知水平，他根本意识不到新王朝还有一个政权合法性问题，他以为老子打下了天下就该老子坐天下。

惠帝只当了七年皇帝。而且，戚夫人"人彘"事件

汉兴至孝文二十余年，天下和洽，而固当改正朔，易服色，法制度，定官名，兴礼乐，乃悉草具其事仪法，色尚黄，数用五，为官名，悉更秦之法。——《史记·屈原贾生列传》

后，惠帝不理朝政，沉湎于酒色。汉王朝的合法性问题，他想不到，即使想到也顾不上。

惠帝下世后，吕后执政八年。这八年中，吕后为了巩固政权，先是忙于除政敌、情敌戚夫人及赵王刘如意，又忙于诛杀刘邦诸子，后来忙于大封诸吕，她也想不到、顾不上什么政权合法性。

开国功臣们几乎个个是粗人，"关键少数"的张良、萧何、陈平，不具备提出这一重大问题的知识结构、理论水平。贾山开始了对秦朝灭亡的反思，但是，他也未触及汉王朝合法性的大问题。直到贾谊出现，才提出了这一问题。可惜的是，刚刚即位的汉文帝最迫切的问题也是巩固政权，顾不上考虑什么政权合法性之事。最终解决这一问题者要等到汉武帝时期的董仲舒。贾谊在世之时，尚不是提出并解决这一问题的最佳时机。

春天还没有到来，贾谊的理论之花开早了。

这一条对于文化水平不高的列侯们几乎没有感觉，他们不会因此和贾谊硬碰硬对着干。

第二，列侯之国。

贾谊提出的并不仅仅是汉王朝的合法性问题，还触及了当时的一个敏感问题：列侯要回到自己的封地去。

贾谊的"列侯悉就国"提议为什么会得到汉文帝的特别赏识呢？

八个字：见解非凡，切实可行。

汉文帝是怎么登上皇帝宝座的呢？是周勃、陈平、灌婴等在京的功臣派列侯们联手东方的刘姓诸侯王刘襄，灭了诸吕，才选择了他这位远在代国的代王。周勃、陈平、灌婴等功臣，个个是列侯，人人长住京城。这就特别容易结成帮派、搞成圈子。如果让他们回到自己的封地，他们就无法联手，无法形成帮派，政治力量会大打折扣，文帝刘恒的地位无形中就大大得到强化与巩固。文帝没有他父亲高祖刘邦那样的自信，刘邦是这批功臣派的首领，他驾驭这帮功臣派得心应手，吕后对这帮功臣派就已经有些畏忌。因此在刘邦下世后，吕后连续多日秘不发丧，目的就是想诛杀掉这批功臣，翦除这些威胁。吕后的铁腕与血腥尚能震得住这些列侯，可是，列侯对吕后仅仅是畏惧，吕后一死，他们马上联手皇族派灭了吕氏一族，无论男女长幼，全部杀光。

一直以来，文帝对这批父亲辈的功臣派，心存疑虑，唯恐闹出动静。因此，他对贾谊"列侯之国"的主张特别感兴趣。一旦列侯回国，一个庞大的功臣集团就会被分拆到各地去，更为高明的是，贾谊化解功臣列侯的建议让列侯们有苦而说不出来，这让汉文帝对贾谊非常欣赏。

皇帝的赏识伴随着的是破格提拔。文帝提出了让贾谊担任公卿的建议，但是，这个建议遭到了功臣派的一致反对。领头的是绛侯周勃、太尉灌婴、东阳侯张相如、御史大夫冯敬，其他未写入史籍的还有一大批。

这叫犯了众怒！

任命贾谊为公卿为什么会犯了众怒呢？

因为这严重触犯了既得利益集团的利益。

汉初的列侯主体是功臣派，他们是刘邦建汉的既得利益集团。贾谊"列侯之国"的想法，虽然有利于汉文帝巩固皇权，但却触犯了既得利益集团的利益。这一庞大的既得利益集团不敢公开与文帝对抗，拿贾谊开刀就是必然的选择。

列侯之国触犯了利益集团的什么利益呢？

一是京城机会多多。靠近权力中心，容易得到种种机会。远离政治中心，幻想像汉文帝刘恒一样等来一个机会，简直是天上掉馅饼的概率，只可遇而不可求了。

二是京城生活优越。列侯们不喜欢那些远离城市的乡居生活。

三是"列侯之国"不厚道。功臣们选了新皇帝，新皇帝一登基就把选他上台的功臣们赶到偏远之地，太不厚道。

面对来势汹汹的反贾大潮，汉文帝怎么办？

汉文帝让步了。

汉文帝为什么会让步呢？

一是平息大臣非难。

汉文帝对贾谊的政治才华非常欣赏，但是，反对贾谊的老臣是刚刚即位的文帝必须倚重的力量。文帝虽然年轻，但深谙人君之术，如果不疏远贾谊，自己将会遭遇功臣、重臣更大的压力。为了平息这场发难，文帝只能让贾谊当一回人君之术的牺牲品。

二是不愿开罪重臣。

这次反映意见最为激烈的四位列侯，周勃是族诛诸吕的最大功臣，灌婴是最受信任的列侯，从高祖刘邦到惠帝刘盈、吕后、文帝刘恒，无一人不信任灌婴。即使是吕后下世后，齐王刘襄举兵诛杀诸吕，相国吕产派出去领兵十万、镇压刘襄的大将也是颍阴侯灌婴。可见，从刘邦建国至文帝即位，灌婴无不受到格外的信任。东阳侯张相如《史记》无专传。但是，在张释之的传记中记载了汉文帝与张释之的一段精彩对话。张释之问汉文帝：陛下认为绛侯周勃是个什么样的人？文帝回答：长者啊。张释之又问：东阳侯张相如是个什么样的人？文帝回答：也是长者啊！周勃虽是长者，最终还是被汉文帝赶出了朝廷。但是，东阳侯张相如在文帝前元十四年 (前166) 匈奴大举入侵之际，依然出任大将军，成为继灌婴之后又一位担任打击匈奴的大将军。可见，东阳侯张相如在文帝心目中的地位颇为重要。另据史载，张相如还曾担任过文帝时的太子太傅。太子太傅负责教导太子，且有可能成为太子登基后的重要辅佐之臣。可见，汉文帝非常信任东阳侯张相如。

　　冯敬和张相如一样，史无专传，但是，淮南王刘长谋反事发后，汉文帝将淮南王刘长召至京城。经大臣们廷议后，由丞相张苍、典客冯敬等五位大臣联名上奏。冯敬此时的排名仅次于丞相张苍，位列宗正、廷尉之前，这一高位明显和文帝对冯敬的倚重相关。

释之久之前曰：『陛下以绛侯周勃何如人也？』上曰：『长者也。』又复问：『东阳侯张相如何如人也？』上复曰：『长者。』——《史记·张释之冯唐列传》

文帝时，东阳侯张相如为太子太傅。——《史记·万石张叔列传》

事觉，治之，使使召淮南王。淮南王至长安。『丞相臣张苍、典客臣冯敬、行御史大夫事宗正臣逸、廷尉臣贺、备盗贼中尉臣福昧死言……』——《史记·淮南衡山列传》

从以上简单的考察我们可以得知，史书列出的"绛、灌、东阳侯、冯敬"四人，地位非同一般，何况此四人之后还有"之属"二字。可见，反对贾谊升任公卿的列侯大臣绝对不是一般的朝臣，而是当朝的一大批重臣、老臣。

贾谊与诸大臣的矛盾主要是政见不合，同时又有文学之士与武将的认知差距的矛盾。贾谊是指点江山的才子，周勃等人却是不通文墨的武夫。

汉文帝真的会因此止步吗？

不会！

汉文帝刘恒并未罢休。前元二年冬十月，右丞相陈平卒，周勃接任。刘恒继续下诏阐发贾谊"列侯之国"的主张。前元三年十一月，两次日食后，文帝下诏，要求丞相周勃带头，践行"列侯之国"。周勃被文帝强行罢职，成了"列侯之国"的第一位践行者。

颍阴侯灌婴不但不用"列侯之国"，而且接任丞相。更奇特的是，文帝废除了灌婴担任的太尉一职，将太尉的军权一并交由丞相灌婴统辖。大家注意，灌婴也是功臣派中最为重要的列侯。前文我们列举了三个例证，说明"绛、灌"一体。看来，"列侯之国"这样的重大决策最终成为汉文帝选择性执行的一种政策。一项巩固中央集权的大政方针，在汉文帝手中变成了打击政敌的权术，真是一种莫大的讽刺！

三年冬十月丁酉晦，日有食之。十一月丁卯晦，日有蚀之。诏曰："前日诏遣列侯之国，辞未行。丞相朕之所重，其为朕率列侯之国。"遂免丞相勃，遣就国。十二月，太尉颍阴侯灌婴为丞相。罢太尉官，属丞相。——《汉书·文帝纪》

其实，周勃真不是汉文帝的政敌，只是汉文帝的假想敌！

贾谊巩固皇权的主张最终演变成汉文帝打压功臣派首领周勃的权术，是不是只有颍阴侯灌婴一个破例了呢？

不是！

汉文帝前元十四年 (前166)，东阳侯张相如临危受命，以大将军身份出击入侵的匈奴大军。依此而言，东阳侯张相如未进入"列侯之国"的可能性应当很大。如果东阳侯回到自己的封地去了，文帝恐怕很难再想起他来了，更不要说重用他为大将军了。这样看来，究竟有多少列侯像绛侯周勃一样被迫回到封地，因史料记载不详，今人已难有准确统计了。

第三，削藩。

汉高祖刘邦建汉后，总结了秦亡汉兴的教训。他认为强秦的骤亡是因为没有同姓藩国的拱卫。因此，在大开杀戒、翦除异姓诸侯王的同时，大封同姓诸侯王。刘邦的八个儿子除太子刘盈外全部受封诸侯王，此外，他的侄子、本家，亦成为受封的刘姓诸侯王，形成了汉初郡国并行的政治版图。高祖刘邦认为：这样就可以有效防止异姓夺取刘姓江山！

但是，贾谊并不认同高祖刘邦的做法，他上疏文帝，大谈同姓诸侯王的潜在威胁。

于是以东阳侯张相如为大将军，成侯赤为内史，栾布为将军，击匈奴。匈奴遁走。——《史记·孝文本纪》

文帝继位时，西汉开国才二十多年。此时，同姓诸侯王出现了骄纵不法的现象。最有代表性的是淮南王刘长不用汉法，自制法令，拟于天子，加之济北王刘兴居的叛乱。这种行为虽然只是个别刘姓诸侯王所为，但却有可能发展成为一种威胁中央政权的势力。贾谊对此深怀忧虑，认为这是一件可为长叹息的大事。他说：如今陛下的亲弟弟淮南王、亲兄之子济北王刘兴居俱已谋反，吴王刘濞又有这种苗头。陛下正值年富力强之时，执政未有过失，天下尚且如此，何况势力比此更大的诸侯王呢？

贾谊还深刻地揭示了产生这一现象的原因和解决这一问题的办法。

贾谊认为：人的本性就是得寸进尺、欲壑难填，所以，诸侯王的僭拟有可能导致叛乱。考察一下历史，大多是强者先反。楚王韩信最强，最先反叛；韩王信倚仗匈奴，接下来又反；贯高由于有赵国可依靠，所以又谋反；陈豨部队精锐，也反叛了；彭越凭借梁国也反叛了；黥布凭借淮南，也反叛了；卢绾势为最弱，最后反叛。长沙王才二万五千户，力量不足以行逆谋反，功少而最完，势疏而最忠。这不是谁的本性和别人不同，而是形势使他这样！假如让樊哙、郦商、周勃、灌婴拥有数十城而称王，早被灭掉了；假如让韩信、黥布、彭越只封个彻侯，至今仍然可以

今或亲弟谋为东帝，亲兄之子西乡而击，今吴又见告矣。天子春秋鼎盛，行义未过，德泽有加焉，犹尚如是，况莫大诸侯，权力且十此者乎？——《汉书·贾谊传》

存世。

先秦法家认为人性的本质就是"欲利"和"好利恶害"。所以，贾谊认为诸侯王反与不反和亲疏没有关系，只和诸侯王势力的强弱有关。

基于这一认识，贾谊提出"众建诸侯而少其力"的办法。他说：要想让诸侯王忠心耿耿，最好的办法就是让他像长沙国一样国小势弱；要想让一位诸侯王将来不受刑而死，最好的方法是让他像樊哙、郦商、周勃、灌婴一样只当个列侯；要想让天下太平，天子无忧，最好的办法是多封诸侯王，但每一位诸侯王都很弱。贾谊还提出将齐、赵、楚等诸侯国按照他们儿子的多少分成几个小国，再让他们的子孙依次代代分割。

汉文帝时代，只有齐王刘襄、淮南王刘长两个刘姓诸侯王最有可能威胁到中央。其他诸侯王的威胁，汉文帝尚无切肤之痛，即使是济北王刘兴居的叛乱，文帝也没放到心上。但是，朝中大批功臣都是列侯，这些因功而封的列侯让汉文帝感到了切切实实的威胁。因为发动政变铲除诸吕的，就是这些功臣兼列侯。如何防范这些人再给自己带来麻烦是一件大事，而且很难处理。如果听之任之，让他们齐聚京城，他们有可能再生出事端，但如何处理这些功臣，也是一个

臣窃迹前事，大抵强者先反。淮阴王楚最强，则最先反；韩信倚胡，则又反；贯高因赵资，则又反；陈豨兵精，则又反；彭越用梁，则又反；黥布用淮南，则又反；卢绾最弱，最后反。长沙乃在二万五千户耳，功少而最完，势疏而最忠，非独性异人也，亦形势然也。曩令樊、郦、绛、灌据数十城而王，今虽以残亡可也；令信、越之伦列为彻侯而居，虽至今存可也。然则天下之大计可知已。

——《汉书·贾谊传》

欲诸王之皆忠附，则莫若令如长沙王；欲臣子之勿菹醢，则莫若令如樊、郦等；欲天下之治安，莫若众建诸侯而少其力。

——《汉书·贾谊传》

十分棘手的问题，因为他们人数众多，而且多是追随刘邦打天下的，不少人现在仍然是朝中重臣。

刘姓诸侯王中虽有淮南王刘长、济北王刘兴居叛乱，但是，刘姓诸侯王尚有一重大功能不可忽视：他们对朝中功臣派列侯具有巨大的牵制作用。一个显著的例证是，当年功臣派拥立代王刘恒时，许多人反对刘恒进京，独中尉宋昌力排众议。宋昌的理由中有两点：一是高祖封的刘姓诸侯王拥有的土地犬牙交错，这就是刘姓江山的磐石。二是功臣派虽然得势，但是他们内惧朱虚侯、东牟侯，外惧吴、楚、淮南、琅邪、齐、代诸刘姓诸侯王。如果自己现在削藩，势必削弱刘姓的势力，给功臣列侯以可乘之机。虽然刘姓诸侯王将来会有威胁，但两害相较取其轻，保留刘姓诸侯王至少在当下对自己更有利。

因此，汉文帝更看重贾谊的"列侯之国"，对削藩之策尚未提到议事日程上来。加之，公卿大臣集体反对贾谊。于是文帝开始疏远贾谊，不再采纳贾谊的建议，并将贾谊安排到长沙王身边担任太傅。

俊才陨落：花开早了

贾谊的一片忠心被汉文帝搁置了，他被贬至长沙国。

高帝封王子弟，地犬牙相制，此所谓盘石之宗也，天下服其强，二矣。……方今内有朱虚、东牟之亲，外畏吴、楚、淮南、琅邪、齐、代之强。——《史记·孝文本纪》

于是天子后亦疏之，不用其议，乃以贾生为长沙王太傅。——《史记·屈原贾生列传》

贾谊听说长沙潮湿，认为自己不得长寿，心中充满怨愤，又是因为被贬谪外放，渡湘水时，他满怀悲愤地写下了著名的《吊屈原赋》。《史记》的《屈原贾生列传》全文记载了这篇名赋。在此赋之中，贾谊痛斥了"鸾凤伏窜兮，鸱枭翱翔"的现实，并借伤悼屈原表达了自己怀才不遇的感慨。

三年长沙王太傅的任上，贾谊还写作了《鵩鸟赋》，以老庄思想排遣个人遭贬长沙的愤懑。

一年多后，汉文帝召见了贾谊。贾谊来时，汉文帝刚刚派人祭祀完天地五畤，正在宣室坐着接受祭祀剩余的祭品。贾谊来了，文帝向贾谊询问鬼神之事，贾谊详加讲解。文帝听得入迷，夜半时，不知不觉向贾谊的座席靠拢。讲完后，文帝感慨地说：我有几年不见贾生了，自认为超过贾生了，今天一听，才知道还远远不及。不久，文帝改派贾谊担任自己幼子梁怀王的太傅。梁怀王喜爱读书，文帝派贾谊任太傅是想让贾谊教导自己的儿子。但是，非常不幸，几年后，梁怀王骑马时，意外坠地而亡。贾谊非常自责，天天哭泣，一年多后，竟然亡故，死时才三十三岁。

汉文帝宣室问鬼一事太有名了，引发了后世诸多诗人的关注。晚唐著名诗人李商隐《贾生》一诗是悼念贾谊诗歌中的翘楚之作：

贾生既辞往行，闻长沙卑湿，自以寿不得长，又以适去，意不自得。及渡湘水，为赋以吊屈原。

——《史记·屈原贾生列传》

后岁余，贾生征见。孝文帝方受釐，坐宣室。上因感鬼神事，而问鬼神之本。贾生因具道所以然之状。至夜半，文帝前席。既罢，曰：『吾久不见贾生，自以为过之，今不及也。』居顷之，拜贾生为梁怀王太傅。梁怀王，文帝之少子，爱，而好书，故令贾生傅之。文帝复封淮南厉王子四人皆为列侯。贾生谏，以为患之兴自此起矣。贾生数上疏，言诸侯或连数郡，非古之制，可稍削之。文帝不听。居数年，怀王骑，堕马而死，无后。贾生自伤为傅无状，哭泣岁余，亦死。贾生之死时年三十三矣。

——《史记·屈原贾生列传》

宣室求贤访逐臣，贾生才调更无伦。

可怜夜半虚前席，不问苍生问鬼神。

"宣室"是汉文帝的宫殿名，"逐臣"原意是放逐之臣，这里指贾谊。全诗说，汉文帝在宣室接见了放逐在外的贾谊。贾谊的才华无人可比。文帝请教贾谊问题，一直到夜半时分，听得入迷时不知不觉中竟将坐榻向前移动了好多。可惜的是，文帝如此专心致志，请教的不是有关天下苍生的大事，而是虚无缥缈的鬼神之事！

作为汉文帝提拔的政治新锐中的一个重要人物，贾谊完成了他的历史使命。他以敏锐的政治才华，向文帝提出了针砭时弊的"列侯之国"、削藩、改正朔、易服色等一系列建议。文帝执行得并不如贾谊之愿，但是，贾谊的远见卓识从整体上远远超越了同辈之人。他成为文帝朝堂上的顶级人才，他的政治遗产为后人所继承，最终在武帝朝得以全面实现。

除贾谊外，文帝有没有其他重用的政坛新锐呢？

请看：成也认真，败也认真。

文帝即位之初即着力培植的新官僚是一个庞大的群体。贾谊只是这一新官僚群体中的文艺青年，更多的新官僚则是原来不得志的官员，他们因获得了汉文帝的器重而超迁。张释之就是其中的一位。他担任骑郎十年，默默无闻，几欲辞职回家之时终于得到汉文帝的召见。他总结秦亡教训，关注国运兴衰，多次劝谏文帝，屡获升迁。他又忠于职守，秉公执法，是文帝政坛新锐中最成功的一个。

成也认真，败也认真

〈九〉

讲对话很重要

高祖置酒雒阳南宫。高祖曰：『列侯诸将无敢隐朕，皆言其情。吾所以有天下者何？项氏之所以失天下者何？』——《史记·高祖本纪》

在汉文帝着力培植的新官僚中，张释之是另一位不能不提的人。后人曾以"汉庭贤士虽无数，四海遍夸张释之"[明]顾璘《江上送马锦衣按事回》两句诗赞美他。这一评价将张释之置于整个汉代官员之上，不可谓不高。得到后人如此盛赞的张释之是怎么受到汉文帝的赏识的呢？

张释之受到文帝赏识缘于他对汉文帝讲的一个话题：秦亡汉兴。

秦帝国的轰然坍塌对于汉初的影响至巨至大。

刘邦当上皇帝后，曾经向大臣们问过一个非常著名的问题：我为什么能够打败项羽？项羽为什么能够被我打败？

刘邦提的这个问题非常有意思。它表明，已经如愿以偿当上皇帝的刘邦的兴奋点是刘胜项败。至少刘邦自己认为：刘胜项才是自己一生的得意之笔。大谈刘胜项败，全然不谈秦亡汉兴，只能说明刘邦对更为重要的秦亡汉兴这一问题并不在意。这明白无误地告诉我们：刘邦并不是一个深谋远虑的政治家、思想家，他只是一位因缘际会的幸运者。

历史上的刘邦一向以善于识别人才著称，尤其是其重用的萧何、张良、陈平等，但是，这些功臣谋士在刘邦取得帝位后，谁都没有思考一个关乎汉代江山千秋万代的大问题：秦亡汉兴的原因。

其实刘邦手下有一人最早关注了这一重大问题。此人不是灭秦灭项中大出风头的萧何、张良、陈平，而是陆贾。

《史记》将陆贾与郦食其合传，表明司马迁认为陆贾与郦食其一样都是辩士、说客。而陆贾在刘邦集团中，身份是"客"（幕僚），评价是"有口辩士"（善谈），工作是"居左右"，任务是"常使诸侯"。他的真正才干并未受到重视。

刘邦夺得天下后，陆贾经常在刘邦面前大谈《诗》《书》，结果招来刘邦一顿臭骂：老子我是马上得的天下，要什么狗屁《诗》《书》！陆贾毫不客气，一句"居马上得之，宁可以马上治之乎"问得刘邦一愣。陆贾罗列了中国早期的历史：商汤、周武王个个都是逆取而顺守，文武并用，才使王朝长久。相反，吴王夫差、晋国强族智伯，一味亮肌肉，最终全部玩儿完。强秦一向看重刑法，结果亡国。假如秦帝国"行仁义，法先王"，你怎么能够从人家手中夺得天下？这一句非常厉害！从未思考过这一问题的刘邦，敏锐地觉察到陆贾提的这个问题确是一个大问题。他赶快对陆贾说：你给我写写秦为什么会失天下，我为什么会得天下，另外，再给我谈谈古今成败得失之理。陆贾写出了十二篇，每一篇文章上奏，刘邦都大声叫好，这十二篇文章汇成一书，名曰"新语"。

陆贾者，楚人也。以客从高祖定天下，名为有口辩士，居左右，常使诸侯。
——《史记·郦生陆贾列传》

陆生时时前说称《诗》《书》。高帝骂之曰："乃公居马上而得之，安事《诗》《书》！"陆生曰："居马上得之，宁可以马上治之乎？且汤武逆取而以顺守之，文武并用，长久之术也。昔者吴王夫差、智伯极武而亡；秦任刑法不变，卒灭赵氏。乡使秦已并天下，行仁义，法先圣，陛下安得而有之？"。
——《史记·郦生陆贾列传》

这段精彩的对话透露出，汉初个别有远见的思想家已经开始反思秦亡汉兴的原因。

陆贾之后第二位对秦亡汉兴进行深入反思的杰出代表是贾山。

贾山是一位有家学渊源的学者型官员。其祖父贾祛是战国时期魏王博士的弟子，他本人后来成了颍阴侯灌婴的骑兵侍从。但是，贾山的真正贡献是他的《至言》。

据《资治通鉴》记载，汉文帝前元二年十一月出现日食，文帝下诏求言以改正己过，贾山借此机会献上《至言》。

《至言》以反思秦亡为主线，提出了自己的一系列政见，概括之可为"三善"：一是善待百姓，二是善待士人，三是善待自己。

所谓善待百姓，是指君主要轻徭薄赋，减轻老百姓的负担。秦之所以"天殃已加"，就是因为大兴土木，大造宫殿、驰道、秦陵，"赋敛重数，百姓任罢，赭衣半道，群盗满山"，使天下疲敝，百姓苦不堪言。

所谓善待士人，是指君主要礼遇并厚待天下贤臣、贤士，要广开言路，不可闭目塞听。君主能闻己过，方能永固政权。古代圣王在位，史官记其过失，工诵读劝谏，瞽诵《诗》进谏，公卿进言，士传民意，庶人评议，商人议于集市，这样，君主才能知道自己的过失。听到自己的过失而改正，看见美政而坚持，因此长期拥有天下。

古者圣王之制，史在前书过失，工诵箴谏，瞽诵诗谏，公卿比谏，士传言谏，庶人谤于道，商旅议于市，然后君得闻其过失也。闻其过失而改之，见义而从之，所以永有天下也。——《汉书·贾邹枚路传》

贾山的这一观点源自《国语》的《周语上》，《史记·周本纪》亦有载。

> 厉王虐，国人谤王。邵公告曰："民不堪命矣！"王怒，得卫巫，使监谤者，以告，则杀之。国人莫敢言，道路以目。王喜，告邵公曰："吾能弭谤矣，乃不敢言。"邵公曰："是障之也。防民之口，甚于防川。川壅而溃，伤人必多。民亦如之。是故为川者决之使导，为民者宣之使言。故天子听政，使公卿至于列士献诗，瞽献曲，史献书，师箴，瞍赋，矇诵，百工谏，庶人传语，近臣尽规，亲戚补察，瞽史教诲，耆艾修之，而后王斟酌焉，是以事行而不悖。"《国语·周语上》

这是中国古代专制政体下实行对君主监督权的一个重要命题。因此，《国语》的这段话流传极广，影响至巨。

贾谊的《过秦论》（下）也讲过类似的话：

> 当此时也，世非无深虑知化之士也，然所以不敢尽忠拂过者，秦俗多忌讳之禁，忠言未卒于口而身为戮没矣。故使天下之士，倾耳而听，重足而立，拑口而不言。是以三主失道，忠臣不敢谏，智士不敢谋，天下已乱，奸不上闻，岂不哀哉！《史记·秦始皇本纪》

贾谊名气虽然大大超过贾山，一篇《过秦论》更让贾谊被誉为汉初政论散文的代表作家。但是，在剖析秦亡之因这一历史与现实的契合点上，贾山完胜贾谊。贾谊将此最重要的一点一带而过，贾山却写下了一大段。始皇、二世、子婴为什么一错再错，不闻谠言是一大原因。

今人在认识上往往有一个误区，认为帝国制度下君主可以任性而为，但是，从帝国制度开始之前的《国语》，到第一个帝国灭亡之后的有识之士，都认为帝王有权不能任性。任性而为，自以为是，听不到反对之声，必然亡国。

所谓善待自己，是指君主要兴利弊，好仁尽礼，不可残贼天下，穷困万民以满足一己之私欲。

张释之也好，贾山也好，贾谊也好，都是从强秦灭亡中汲取教训，为新兴的汉帝国出谋划策。这样的思路、观点自然会引起汉初统治者的兴趣。

那么张释之怎么会讲到秦亡汉兴这个话题呢？

原来，张释之兄弟二人家中有点家底。吕后执政时期，张释之就因为家里有钱，做了皇帝的随从（骑郎）。但是，十年骑郎，默默无闻。张释之觉得，做了这么长时间的骑郎，花了哥哥大把的钱，内心不安，不如辞职回家。中郎将袁盎知道张释之才干超群，对他即将离职感到非常惋惜，于是向文帝请求补张释之为传达皇帝命令的侍从（谒者）。文帝同意并召见了张释之。张释之借机谈了自己的政见，但是，文帝却说：视点太低，没有高见，讲点现在就可以施行的东西。于是张释之谈了秦所以灭亡，汉所以兴起的原因。文帝一听，大感兴趣，连连称好，于是提拔张释之任谒者仆射。

张廷尉释之者，堵阳人也，字季。有兄仲同居。以訾为骑郎，事孝文帝，十岁不得调，无所知名。释之曰：『久宦减仲之产，不遂。』欲自免归。中郎将袁盎知其贤，惜其去，乃请徙释之补谒者。释之既朝毕，因前言便宜事。文帝曰：『卑之，毋甚高论，令今可施行也。』于是释之言秦汉之间事，秦所以失而汉所以兴者久之。文帝称善，乃拜释之为谒者仆射。

——《史记·张释之冯唐列传》

谒者的俸禄是比六百石，谒者仆射的俸禄是比千石，中间相隔了六百石、比八百石、八百石三级，等于一次对话让张释之升了四级。

一次，张释之陪同文帝打猎。到了养虎的虎圈，文帝向上林苑的主管上林尉询问登记在册的各种野兽，问了十几个问题，上林尉慌得左顾右盼，一个问题也答不上来。站在一旁看管虎圈的小吏（啬夫）一看，迅速代替上林尉回答，文帝想看看"啬夫"有多大本事，问得非常细。没想到那位"啬夫"应声而答，死活问不倒。文帝边听边点头，夸奖他说：当个小吏就应当像这个样子，上林尉太低能了。于是，文帝让张释之起草诏书，打算任命这位能说会道的"啬夫"为上林尉。

可是张释之像没听见一样，沉默了好长一会儿，问文帝：陛下认为绛侯周勃是个什么样的人？文帝回答：长者啊！张释之又问：东阳侯张相如是个什么样的人？文帝再答：长者啊！张释之说，绛侯、东阳侯均被称为长者，但是，他们都不善言辞。谁会去学这个喋喋不休的啬夫？亡秦信任那些舞文弄墨的刀笔吏，官员们争着以快判、严判争高下，结果弄得只有法律的形式，没有人情味儿。因此，秦始皇、秦二世听不到真实的民情，终至二世亡国。陛下今天以"啬夫"的伶牙俐齿而破格提拔他，我担心天下

释之从行，登虎圈。上问上林尉诸禽兽簿，十余问，尉左右视，尽不能对。虎圈啬夫从旁代尉对上所问禽兽簿甚悉，欲以观其能口对响应无穷者。文帝曰：「吏不当若是邪？尉无赖！」乃诏释之拜啬夫为上林令。
——《史记·张释之冯唐列传》

人会追捧这种风气，争着比谁的嘴会说。上行下效，比影之随形、声之回应还要快，陛下不能不慎重啊。文帝连声称赞，下令取消对"啬夫"的任命。

文帝登车回宫，召张释之上车陪行。路上走得很慢，文帝一直追问秦朝的弊端，张释之知无不言，言无不尽，都说到了文帝的心坎里。一回宫，文帝立即下令：拜张释之为公车令。

一个话题是一次机会，一个话题成就了一代名臣。但前提是这一话题关乎国运兴衰，同时能让最高领导感兴趣。

汉文帝的高明，在于他像高祖刘邦一样，只听张释之讲了几句，就知道这是关乎帝国存亡的大话题。于是，他盯着张释之，询问，询问，再询问，并把总结国运兴衰教训的张释之提拔到更高的职位上。

善于关注大问题，善于倾听大问题，是历史上所有明君的共同特点，他们对此似乎有着超乎寻常的敏感。

办事认真更重要

公车令属卫尉，主管宫南阙门（司马门）。文帝

上就车，召释之参乘，徐行，问释之秦之敝。具以质言。至宫，上拜释之为公车令。——《史记·张释之冯唐列传》

释之曰：『夫绛侯、东阳侯称为长者，此两人言事曾不能出口，岂效此啬夫喋喋利口捷给哉！且秦以任刀笔之吏，吏争以亟疾苛察相高，然其敝徒文具耳，无恻隐之实。以故不闻其过，陵迟而至于二世，天下土崩。今陛下以啬夫口辩而超迁之，臣恐天下随风靡靡，争为口辩而无其实。且下之化上疾于景响，举错不可不审也。』——《史记·张释之冯唐列传》

让张释之任此职，完全出于信任。但是，京官不易，宫官更不易。公车令造就了他的迁升，亦酿成了他日后的灾难。关键是张释之是位办事认真的官员，世事往往成也认真，败也认真。

一天，太子刘启与他唯一的胞弟梁王刘武一同坐车入朝。走到司马门，这两位爷都未下车。一向工作认真、秉公执法的张释之追上去，阻止太子、梁王进宫，并上疏弹劾二人犯"不敬"之罪。这事闹大了，连深居内宫的薄太后都听说了，文帝向太后脱帽道歉：教子无方。薄太后派人赦免了太子、梁王，二人这才入宫。此事让汉文帝对张释之刮目相看，任命张释之为中大夫。

为什么此事闹得如此之大？

因为司马门是皇宫外门，入此门即进入皇宫大内。依照礼制，百官入司马门均得下马、下车，步行而入。

三国时期，曹植因才华出众，深得其父曹操的信任，一度成为曹操接班人的最抢手人选。但是，一次意外事件将曹植拉下了马，并因此失去了曹操的信任。

什么意外事件呢？

曹植开司马门外出，并走了驰道。曹操听说后大怒，处死了公车令，对曹植的宠幸也因此大衰。

顷之，太子与梁王共车入朝，不下司马门，于是释之追止太子、梁王无得入殿门。遂劾不下公门不敬，奏之。薄太后闻之，文帝免冠谢曰：『教儿子不谨。』薄太后乃使使承诏赦太子、梁王，然后得入。文帝由是奇释之，拜为中大夫。——《史记·张释之冯唐列传》

植尝乘车行驰道中，开司马门出。太祖大怒，公车令坐死。由是重诸侯科禁，而植宠日衰。——《三国志·魏书·任城陈萧王传》

曹操为什么如此震怒？

因为驰道是天子的专用车道，司马门是进入皇宫的外门，进入司马门即是进入皇宫大内了。儿子曹植擅开司马门，事关自己是否尊重皇权，事关自己是否为天下人诟病，事关自己是否包庇其子，曹操非常重视自己汉臣的身份，不想留给他人一个藐视皇权的把柄。因此，他对曹植的做派极为不满。

曹植私开司马门导致公车令被杀，可见，阻止任何擅闯司马门的人入宫是公车令的职责。所以太子刘启仰仗自己的特殊身份，不下车而擅闯司马门，公车令张释之亲自出面阻止太子兄弟入宫，确实是忠于职守、认真负责的表现。

但是，张释之办事认真肯定得罪了太子刘启，对张释之来说，是福亦是祸，一旦文帝下世，太子刘启即位，他能不计较吗？

当然，文帝非常欣赏张释之的秉公执法，张释之因此一路升迁。不久，被任命为中郎将。中郎将秩比二千石，俸禄颇高，属郎中令。

张释之先后担任的谒者仆射、公车令、中大夫、中郎将都是皇帝的近侍官，可见文帝对他的倚重。

又有一次，时任中郎将的张释之随文帝到霸陵，汉文帝站在霸陵的北面，眺望远方。文帝最为宠幸的慎夫人陪同出行，文帝指着面前的路对慎夫人说：这就是通往你老家邯郸的路啊！接着，让慎夫人弹瑟，自己伴唱，心情颇为惆怅。他对群臣说：如果用北山的石头做椁，用切碎的苎麻丝絮堵住石椁的缝隙，再用漆涂在上面，后人肯定打不开棺椁，陵寝因此可以永固了。张释之听后说：如果墓里有引发人们贪欲的宝物，就是封铸南山为椁，还是有缝！如果墓里没有诱发人们贪欲的宝物，即使没有石椁，也没有什么可担心的。文帝一听，耳目一新，大呼讲得好！此后，再度升迁张释之，任命他担任了主管刑法的廷尉。廷尉是九卿之一的高官。后人对此击节赞叹："灞陵一代无发毁，俭风本是张廷尉。"[唐]鲍溶《倚瑟行》

不久，又发生了一件事。文帝出行，走城北的中渭桥。突然有一人从桥下走出来，惊了文帝的马。受惊的汉文帝大怒，立即派随从抓捕此人，交给廷尉张释之处理。张释之审讯此人，那人说：我是从长安县来的，听到皇上车队的戒严令，便藏到桥下。过了好大一会儿，我认为皇上的车队已经过去了，就出来了。结果出来便看见皇上的车队，于是我撒腿就跑。最后，张释之报告文帝：有人冲撞了皇上的车队，我判了罚钱。文帝一听，气不打一处来，怒气冲冲地说：这个家伙惊了我的马，幸亏我的马性情温顺，如果换一匹烈性的马，还不伤了我啊！廷尉只判他罚款，太轻了吧。张释之回答：法，是天子与百姓共同遵守的规则。现在，法律条文就是这样规定的，皇上要重判，法就会失信于民。如果当时冲撞皇上车队时，您立即抓住并杀了他，那就拉倒了。如今既然已经移交廷尉处理，廷尉是天下公平执法的执行者。如果一次处理失当，

顷之，至中郎将。从行至霸陵，居北临厕。是时慎夫人从，上指示慎夫人新丰道，曰："此走邯郸道也。"使慎夫人鼓瑟，上自倚瑟而歌，意惨凄悲怀，顾谓群臣曰："嗟乎！以北山石为椁，用纻絮斫陈，蔡漆其间，岂可动哉！"左右皆曰："善。"释之前进曰："使其中有可欲者，虽锢南山犹有郄；使其中无可欲者，虽无石椁，又何戚焉！"文帝称善。其后拜释之为廷尉。——《史记·张释之冯唐列传》

整个天下的用法都会出现轻重失当，老百姓怎么办？希望陛下明察。文帝听了，沉默了很长时间才说：廷尉的判决精当啊。

不久，又出了一件事：有人偷了高皇帝庙座前的玉环，案破了，人抓了。文帝一听，勃然大怒，交廷尉处置。张释之据律判刑，犯偷盗宗庙服装、用品者，一律死刑。上报后，文帝大怒，说：我最不能容忍的是老百姓偷盗先帝宗庙的器物。我交给你廷尉处置，就想判一个灭族罪。你现在据法上奏，不合我恭承宗庙的原意。张释之摘下帽子，叩首谢罪，说：法令条文如此，这已是最重的惩罚了，而且判决与其罪过相当。如果偷盗宗庙器物判灭族罪，那么有人跑到长陵盗墓，陛下怎么加重处罚？文帝听了没表态，过了很长一段时间，文帝与太后商议后，同意了张释之的判决。

汉文帝原先坚决主张族诛盗窃高皇帝宗庙东西的犯人，但是，廷尉张释之从执法公平的角度否定了文帝的意见。其实，此时仍然可以族诛那个盗窃犯，但是，文帝听了张释之的意见后，没有马上暴跳如雷地处理这桩案子，而是经历了一段时间后，平静地接受了张释之的意见。

这正是汉文帝高明的地方。

汉文帝的情商并不算高，前面讲的"渭桥惊

释之曰：『法者天子所与天下公共也。今法如此而更之，是法不信于民也。且方其时，上使立诛之则已。今既下廷尉，廷尉，天下之平也，一倾而天下用法皆为轻重，民安所措其手足？唯陛下察之。』——《史记·张释之冯唐列传》

释之免冠顿首谢曰：『法如是足也。且罪等，然以逆顺为差。今盗宗庙器而族之，有如万分之一，假令愚民取长陵一抔土，陛下何以加其法乎？』久之，文帝与太后言之，乃许廷尉当。——《史记·张释之冯唐列传》

马"和"高庙盗窃"两个案件,汉文帝得知廷尉张释之判案的第一反应都是勃然大怒,张释之据法力争之后,汉文帝也非常不满,但都没有立即表态,而是冷静了一段时间之后才赞同张释之的判案结果。张释之不以皇帝意志执法,据法判案,难能可贵。汉文帝冷静思考、权衡利弊之后才表态赞成,亦属不易。没有愿意严格按照法律办事的皇帝与廷尉,依法治国终将成为一句空话。

此时,中尉条侯周亚夫、梁国国相山都侯王恬开看见廷尉张释之执法公平,都和他成为过从甚密的好友。张释之的名声大噪,受到天下人的称赞。班固的《汉书》更将张释之和其后的于定国相提并论:"张释之为廷尉,天下无冤民;于定国为廷尉,民自以不冤。"《汉书·隽疏于薛平彭传》

张释之终成文帝即位后大力培养的新官僚群体中最为成功的政坛新锐之一。

大人不记小人过:错!

文帝病逝,太子刘启即位,史称汉景帝。

新皇帝一即位,廷尉张释之立即感到了巨大的心理压力,因为他担心死亡正威胁着他。他告病,想辞官不干,又想进宫面君,作一解释,简直不知道怎样

是时,中尉条侯周亚夫与梁相山都侯王恬开见释之持议平,乃结为亲友。张廷尉由此天下称之。——《史记·张释之冯唐列传》

才能无后患。最终，张释之采用了王生的建议，私下里见到汉景帝，汉景帝明确表态：不计较文帝朝张释之在司马门不让自己入宫一事。张释之的压力锐减。看来，王生贡献不菲。这位足智多谋的王生未留下名字，可见是个未受历史重视的小人物。史书载其为"处士"，"善为黄老言"，说明王生是一位深通黄老学说的布衣白丁。

这位小人物还干过一件载入史册的奇事。

一次，景帝召他上殿，三公九卿个个都站着。王生自恃年迈，对张释之说：我的袜带松了，你给我系上。身为九卿之一的廷尉张释之，当着王公大臣的面跪下来，亲自为王生系上了袜带。下朝后，有人责备王生：你为什么单单羞辱张释之，让他跪着为你系袜带？王生说：我老了，地位低贱，想来想去，无法助力张廷尉。张廷尉是当今天下的名臣，我故意羞辱他，是想让他美名传扬。大家一听，明白了王生的一片苦心，都认为王生了不得，且更尊重张释之。

一年多后，张释之被调离廷尉，派往淮南国任淮南王国相。为什么呢？还是当年他任公车令阻止太子、梁王入宫一事闹的。

一代名臣张释之被贬出朝后，活了很长时间

后文帝崩，景帝立，释之之恐，称病。欲免去，惧大诛至；欲见谢，则未知何如。用王生计，卒见谢，景帝不过也。王生者，善为黄老言，处士也。
——《史记·张释之冯唐列传》

尝召居廷中，三公九卿尽会立，王生老人，曰『吾袜解』，顾谓张廷尉：『为我结袜！』释之跪而结之。既已，人或谓王生曰：『独奈何廷辱张廷尉，使跪结袜？』王生曰：『吾老且贱，自度终无益于张廷尉。张廷尉方今天下名臣，吾故聊辱廷尉，使跪结袜，欲以重之。』诸公闻之，贤王生而重张廷尉。张廷尉事景帝岁余，为淮南王相，犹尚以前过也。
——《史记·张释之冯唐列传》

才去世。

如果心理失衡，一个人会走得很早很快。但张释之并没有早早郁郁而终，可见他对自己因当年执法公正而开罪太子刘启的事并无悔意，亦无愧意。对得起自己的良心，纵使处江湖之远也能坦然微笑。反倒是刘启即位称帝后虽然表示不计较张释之当年冒犯自己，但终究抵抗不住自己内心的怨恨。司马迁写下"犹尚以前过也"六字，说明汉景帝衔私怨打击张释之已成时人共识，太史公秉笔直书，难能可贵。让我们了解到一位帝王的内心隐秘。

人们常说：大人不记小人过！但是，大人是人，也有感情，以前的"伤害"岂能忘记？在帝国制度下，"小人不记大人过"其实更适合苟活。大人不记小人过，只是一厢情愿。

张释之的儿子张挚，官至大夫，但是，其子继承了张释之刚正不阿的性格，因不能迎合当权者而被免官，终身未再入仕。

除张释之外，汉文帝的新官僚群体中还有谁呢？

请看：谁能解决问题，谁上。

久之，释之卒。——《史记·张释之冯唐列传》

其子曰张挚，字长公，官至大夫，免。以不能取容当世，故终身不仕。——《史记·张释之冯唐列传》

问题谁能解决，谁能上

在汉文帝着力选拔、培植的新官僚队伍中，吴公、张释之都是宦海沉浮数十年终遇伯乐，先后担任了廷尉，成为汉代九卿高官，他们是新官僚队伍中持重沉稳的中坚力量。青年才俊贾谊一鸣惊人，语出不凡，弱冠之年便连升五级，差点列入公卿之位，他代表了本朝最有思想的青年政治家。文帝朝的新官僚队伍是一个庞大的集合体，除了他们，还有哪些人被文帝慧眼相识呢？我认为，至少还有两个人值得我们关注。

见识决定人生

第一位是晁错。

晁错和贾谊是同龄人，他俩大约都出生于公元前200年，只是晁错不像贾谊那么幸运，有廷尉吴公举荐，所以进入文帝视野的时间亦晚于贾谊。

晁错是颍川（治今河南禹州市）人，早年向轵县学者张恢学习法家申不害、商鞅的刑名之学，因为通晓古代学术做了太常掌故。太常掌故是年俸百石的小官。

当时，朝中没有专攻《尚书》的学者。原秦朝博士、齐国伏生专攻《尚书》，但是，他已经九十多岁了，年高体弱，无法进京。于是，文帝让太常派人到伏生之处学习《尚书》，太常派晁错去学习。学完归来，晁错上书称引《尚书》。文帝看到晁错学业有成，任命其担任了太子舍人。晁错善辩，太子刘启特别欣赏他。因此他一路攀升，先后被提拔为门大夫、太子家令，并被誉为"智囊"。

晁错担任太子家令是其得到文帝信任的关键一步。《史记》的记载过于简略，没有写出晁错得到提拔的真正原因，《汉书》的《晁错传》记载了晁错被提拔为太子家令的缘由：一封专论皇太子必须掌握"术数"的奏疏，即《言太子知术数书》。晁

晁错，颍川人也。学申商刑名于轵张恢生所，与雒阳宋孟及刘带同师。以文学为太常掌故。——《史记·袁盎晁错列传》

孝文帝时，天下无治《尚书》者，独闻济南伏生故秦博士，治《尚书》，年九十余，老不可征，乃诏太常使人往受之。太常遣错受《尚书》伏生所。还，因上便宜事，以《书》称说。诏以为太子舍人、门大夫、家令。以其辩得幸太子，太子家号曰"智囊"。——《史记·袁盎晁错列传》

错所说的"术数"即权术，具体而言就是皇帝驾驭臣子的权术。晁错认为皇太子需要掌握的权术包括四方面内容：一是怎么让群臣感到恐惧，二是怎样才能不受臣子之言的蒙蔽，三是怎样安抚天下百姓，四是怎样劝勉臣下尽忠。晁错认为：皇太子读书极多，智商极高，但不懂权术，应当补上这一课。文帝读后非常高兴，于是任命晁错担任太子家令。

晁错讲的四种权术的确是统治术中非常重要的内容。要让臣子害怕自己，还得让臣子忠于自己，同时还不受臣子话语的蒙蔽，最后还得安抚天下的老百姓。前三条是摆平大臣，后一条是摆平百姓。同时摆平大臣与老百姓，这个皇上岂不当得很轻松、很成功吗！

晁错虽然是西汉政府被派往精通《尚书》的伏生处学习儒家重要典籍的学者，但是，晁错的《言太子知术数书》表明晁错本质上是一位精于法家思想的学者，学习儒家《尚书》的经历并没有洗掉他法家的底色。

担任太子家令后，晁错再次上疏专言兵事，这封奏疏后世称为《言兵事疏》。其要点有四：

第一，慎选将领。

晁错认为，汉朝建立以来，匈奴多次入侵边

故人主知所以临制臣下而治其众，则群臣畏服矣；知所以听言受事，则不欺蔽矣；知所以安利万民，则海内必从矣；知所以忠孝事上，则臣子之行备矣。——《汉书·爰盎晁错传》

『皇太子所读书多矣，而未深知术数者，不问书说也。夫多诵而不知其说，所谓劳苦而不为功。臣窃观皇太子材智高奇，驭射伎艺过人绝远，然于术数未有所守者，以陛下为心也。窃愿陛下幸择圣人之术可用今世者，以赐皇太子，因时使太子陈明于前。唯陛下裁察。』上善之，于是拜错为太子家令。——《汉书·爰盎晁错传》

臣闻汉兴以来，胡虏数入边地，小入则小利，大入则大利。——《汉书·爰盎晁错传》

地，小入获小利，大入获大利。一个陇西郡，从高后至今已经三次被匈奴入侵，军民都丧失了战胜敌兵的锐气。现在打了一次胜仗，而且是以少胜多，杀了匈奴一位小王。可见，胜败不是陇西百姓勇敢与怯懦的问题，而是将帅的能力问题。兵法讲：有必胜之将领，无必胜之百姓。安边立功，全在于选择良将，因此，不可不慎审选将。

第二，用兵要道。

晁错认为用兵之道最重要的是三条：一是有利的地形，二是训练有素的士兵，三是精良的武器。以地形而言，有适合步兵作战的步兵之地，有适合车马作战的车骑之地，有适合用弓箭的弓弩之地，有适合用长戟的长戟之地，有适合用矛铤（chán）的矛铤之地，有适合用剑楯的剑楯之地。不同的地形与不同的兵种协调统一，才能最大限度地发挥军队的作用。

兵法讲，兵器不利，等于拿自己的士兵拱手送给敌人屠杀。士兵不能战斗，等于把自己的将军送给敌人。将军不懂得用兵，等于把自己的国君送给敌人。君主不知道选择良将，等于把自己的国家献给敌人。这四条

非陇西之民有勇怯，乃将吏之制巧拙异也。故兵法曰：『有必胜之将，无必胜之民。』繇此观之，安边境，立功名，在于良将，不可不择也。——《汉书·爰盎晁错传》

自高后以来，陇西三困于匈奴矣，民气破伤，亡有胜意。——《汉书·爰盎晁错传》

臣又闻用兵，临战合刃之急者三：一曰得地形，二曰卒服习，三曰器用利。——《汉书·爰盎晁错传》

是重要的用兵原则。

第三，互有长短。

晁错认为，长短、优劣、强弱都是相对的。汉匈之间互有长短。匈奴军队的长处有三：一是匈奴的战马体质好，二是匈奴的骑兵善于骑射，三是匈奴士兵更善于忍饥挨饿。汉军士兵长处有五：一是平原作战，汉军的战车可以突破匈奴的军阵；二是中原士兵的强弩射程远超匈奴；三是汉军的坚甲锐兵，轻车劲弩搭配得当，匈奴士兵无法抵挡；四是汉军的强弩部队以劲箭发射，匈奴军队的劣质铠甲根本无法抵挡；五是下马搏杀，短兵相接，匈奴士兵的步法远不如汉军灵活。

汉军的长处总体上超过匈奴军队，加上汉军人数众多，我们的优势很明显。只要扬长避短，知己知彼，就能克敌制胜。

第四，以夷制夷。

如今有数千降于匈奴的义渠部落已经归汉，他们的饮食习惯、骑射本领和匈奴完全相同。可以赐给他们坚甲、劲弓、利箭，加上边郡的劲兵，让能够了解他们习俗、凝聚民心的将领统领他们。如果遇到险阻，可以派他们参战；遇到平原，可让中原的强弩部队参战，二者互为表里，

故兵法曰：『器械不利，以其卒予敌也；卒不可用，以其将予敌也；将不知兵，以其主予敌也；君不择将，以其国予敌也。四者，兵之至要也。』——《汉书·爰盎晁错传》

今匈奴地形技艺与中国异。上下山阪，出入溪涧，中国之马弗与也；险道倾仄，且驰且射，中国之骑弗与也；风雨罢劳，饥渴不困，中国之人弗与也：此匈奴之长技也。若夫平原易地，轻车突骑，则匈奴之众易挠乱也；劲弩长戟，射疏及远，则匈奴之弓弗能格也；坚甲利刃，长短相杂，游弩往来，什伍俱前，则匈奴之兵弗能当也；材官驺发，矢道同的，则匈奴之革笥木荐弗能支也；下马地斗，剑戟相接，去就相薄，则匈奴之足弗能给也：此中国之长技也。以此观之，匈奴之长技三，中国之长技五。——《汉书·爰盎晁错传》

各用其长，加上我们军队数量庞大，这就是万全之策。晁错"以夷制夷"这一手，从古至今，屡试不爽。

晁错的这封奏疏集中阐述了他对匈奴作战的策略，凝聚着一位思想家对西汉现实问题的深入思考。晁错并不是一位兵家，但读了他的《言兵事疏》，从中可以看出他的兵学功力，较之贾谊，晁错更务实。而且，晁错的文章中，涉及先秦兵家著作如《孙子兵法》中观点的只有选将和利用地形，其余应是晁错的独创之论。这些论述使晁错成为汉初著名的军事思想家。

晁错之所以会有如此高超的军事素养，当和他的法家思想密不可分。法家和兵家有着天然的联系，只是重点不同。法家重在政治，兵家重在军事，但是，在势和术方面，二者是相通的。

汉文帝对晁错的《言兵事疏》大为欣赏，特别赐玺书嘉奖：太子家令上书言兵事三章均已阅。你把自己的上书称为"狂夫之言"，请"明主择之"，事实是，"言者不狂"，"择者不明"，国家的心腹大患正在于此，让"不明"之主择于"不狂"之言，听多少都会错。

文帝的答诏有戏谑成分，但戏谑之中更透露出对晁错的喜爱。

今降胡义渠蛮夷之属来归谊者，其众数千，饮食长技与匈奴同，可赐之坚甲絮衣，劲弓利矢，益以边郡之良骑。令明将能知其习俗和辑其心者，以陛下之明约将之。即有险阻，则以此当之；平地通道，则以轻车材官制之。两军相为表里，各用其长技，衡加之以众，此万全之术也。——《汉书·爰盎晁错传》

文帝嘉之，乃赐晁错玺书宠答焉，曰：『皇帝问太子家令：上书言兵体三章，闻之。书言「狂夫之言，而明主择焉」。今则不然。言者不狂，而择者不明，国之大患，故在于此。使夫不明择于不狂，是以万听而万不当也。』——《汉书·爰盎晁错传》

晁错受文帝嘉奖的鼓励，又上了《守边劝农疏》。

晁错认为，秦朝派人戍边，因为不服水土，戍卒死于边地，运输者死于路途。因此，秦民视戍边如同判了死刑一样恐惧。因此，秦朝派人戍边，有万死之害而无点滴回报，这也是为何陈胜大泽乡起事，天下从之如流水的原因。

匈奴人吃肉喝奶，穿皮衣，不住城市，没有土地，居如飞鸟走兽。看见水甘草肥则止，草尽水完则移。往来转移，时至时去，这是匈奴人的生活方式，而汉人不会轻易离开自己的土地。

这种生存特征决定了匈奴人到处迁徙的生活方式，他们或至燕代，或到上郡、北地、陇西。时时窥伺汉兵，一旦发现某地兵少，则会大举入侵。陛下不救援，边民绝望则降敌，救援的话，兵少则不足御敌，多发兵待到达之时，匈奴人又已离开。大量屯兵，费用甚大，屯兵人少，敌兵又至。连年如此，政府疲于奔命，百姓不得安宁。如何解决这一难题？

晁错提出：最好的办法是选择能够长期

秦之戍卒不能其水土，戍者死于边，输者偾于道。秦民见行，如往弃市，因以谪发之，名曰『谪戍』。——《汉书·爰盎晁错传》

今秦之发卒也，有万死之害，而亡铢两之报。——《汉书·爰盎晁错传》

胡人食肉饮酪，衣皮毛，非有城郭田宅之归居，如飞鸟走兽于广野，美草甘水则止，草尽水竭则移。以是观之，往来转徙，时至时去，此胡人之生业，而中国之所以离南亩也。——《汉书·爰盎晁错传》

今使胡人数处转牧行猎于塞下，或当燕代，或当上郡、北地、陇西，以候备塞之卒，卒少则入。陛下不救，则边民绝望而有降敌之心；救之，少发则不足，多发，远县才至，则胡又已去。聚而不罢，为费甚大；罢之，则胡复入。如此连年，则中国贫苦而民不安矣。——《汉书·爰盎晁错传》

居住边地的百姓，鼓励他们移居边地。

具体怎么做呢？

首先要修好坚固的城防，准备好房屋、生活用品、农具。

其次可以先迁居罪犯。罪犯迁居可以免罪，给安家费。

再让富人家迁居奴婢，富人有罪可因此免罪，无罪者可以赐以爵位。

最后，可以提高优惠条件鼓励平民迁居，赐给高爵，免除全家的终身赋税。

不仅如此，没有配偶者，政府要出钱为其解决，因为人无配偶无法长期安居。迁居边地，没有特别优厚的待遇，谁也不会愿意长期待在危险之地。遇到匈奴入侵，谁能抢回匈奴抢走的财物，一半归抢回者个人所有，以此激发人们的参战热情。

晁错的这封奏疏考虑得十分周详，有关移民戍边的安全、人员构成、优惠措施等全部考虑在内。汉文帝采纳了晁错的建议，招募百姓迁往边郡。

晁错还有一个重大贡献，他在著名的《论贵粟疏》中提出了"入粟拜爵"。

晁错认为，文帝时的社会状况是农贫商

选常居者，家室田作，且以备之。——《汉书·爱盎晁错传》

先为室屋，具田器，乃募罪人及免徒复作令居之；不足，募以丁奴婢赎罪及输奴婢欲以拜爵者；不足，乃募民之欲往者。皆赐高爵，复其家。予冬夏衣，廪食，能自给而止。——《汉书·爱盎晁错传》

其亡夫若妻者，县官买予之。人情非有匹敌，不能久安其处。塞下之民，禄利不厚，不可使久居危难之地。胡人入驱而能止其所驱者，以其半予之。——《汉书·爱盎晁错传》

上从其言，募民徒塞下。——《汉书·爱盎晁错传》

富，而且这种状况已经发展为商人兼并农民，农民被迫流亡的严重社会问题了。

当前的要务是促使农民务农。要使农民务农，唯一的办法是提高粮食的价值。提高粮食价值的最佳方案是让农民用粮食换取爵位，有了爵位就可以免罪。这样，富人有爵位，农民有钱，粮食有出路，一举而三得：国家有粮，农民减赋，鼓励种粮。

更重要的是，"入粟拜爵"可以延伸到边郡。鼓励天下人将粮食输送到边地，再授以爵位，有了爵位可以免罪。坚持三年，边郡的军粮必然大大增多。边郡的军粮大增，防御匈奴扰边的军力也大大增强。

于是，文帝采纳晁错的建议，下令：能向边地输送六百石粮食者授爵"上造"，输送四千石粮食者授爵"五大夫"，输送一万二千石粮食者授爵"大庶长"。总之，按照向边地输送粮食的多少，授予不同的爵位。

汉文帝前元十五年 (前165)，文帝下诏选贤良文学，平阳侯曹窋、汝阴侯夏侯灶、颍阴侯灌何、廷尉宜昌、陇西太守公孙昆邪联名推荐晁错。晁错一鼓作气，又写了一篇洋洋洒洒的奏疏。当时贾谊已经过世，对策者有一百多

方今之务，莫若使民务农而已矣。欲民务农，在于贵粟；贵粟之道，在于使民以粟为赏罚。今募天下入粟县官，得以拜爵，得以除罪。如此，富人有爵，农民有钱，粟有所渫。夫能入粟以受爵，皆有余者也；取于有余，以供上用，则贫民之赋可损，所谓损有余补不足，令出而民利者也。顺于民心，所补者三：一曰主用足，二曰民赋少，三曰劝农功。——《汉书·食货志上》

使天下人入粟于边，以受爵免罪，不过三岁，塞下之粟必多矣。——《汉书·食货志上》

于是文帝从错之言，令民入粟边，六百石爵上造，稍增至四千石为五大夫，万二千石为大庶长，各以多少级数为差。——《汉书·食货志上》

人，唯有晁错的对策最受文帝青睐，故选晁错为第一，迁升中大夫。至此，晁错的人生揭开了新的一页。

晁错成为文帝的新官僚队伍中的一员虎将。

措施决定人生

第二位是周亚夫。

汉文帝前元十一年（前169），已经赋闲在家八年的大功臣周勃下世。至此，汉初的著名功臣全部辞世，文帝最为担心的功臣派，特别是发动诛除诸吕政变的周勃，终于在时间的流驶中走完了自己的一生。

文帝以"武侯"的谥号赠给辞世的周勃，并让周勃之子周胜之继承侯爵。原来被文帝视为对自己皇位最有威胁的周勃早已不构成任何威胁，对其死后进行褒奖，尚可得到一个奖掖功臣的好名声，文帝当然不吝任何褒奖措辞了。何况，对周勃的褒奖仅仅是一个名分，丝毫不涉及权力。

周胜之继承了父亲的侯爵，成为周勃诸子中最幸运的一位。而六年后，周胜之与公主的感情不和谐。接着又因杀人，封地被除。一年后，文帝挑选周勃之子中的贤者，接续绛侯周勃的侯爵，河内太守周亚夫被选中，受封条侯。

周亚夫在未封条侯前任河内太守时，一位擅长相

时贾谊已死，对策者百余人，唯错为高第，繇是迁中大夫。——《汉书·爰盎晁错传》

子胜之代侯。六岁，尚公主，不相中，坐杀人，国除。——《史记·绛侯周勃世家》

面的老妇许氏为周亚夫相面时说：您三年后将会封侯，封侯八年后担任宰相，执掌国政，地位显赫，大臣中无人可比。此后九年，你将饿死。周亚夫大笑：我的哥哥已代父封侯，假如他有不测，其子当继任为侯，我怎么可能封侯呢？既然你说我封侯，我又怎么会饿死呢？请您明示。许氏指着周亚夫的嘴说：您的嘴角有条竖纹直通口中，这是饿死的面相。周亚夫听后，非常惊讶。

许氏这番相面之言，纯属子虚乌有。但是，这毕竟是周亚夫死后，民间流传甚广的一个附会历史的段子。否则，司马迁亦不会无端将其写入《史记》。

汉文帝后元六年（前158），军臣单于率匈奴军大举入侵。三万大军进攻上郡，三万大军进攻云中郡，边地的烽火一直传到京城。文帝紧急应对，派三路大军屯驻北方，防备匈奴深入。但是，文帝仍然不放心，于是，在京城周边大规模屯兵。任命宗正刘礼为将军，驻军霸上；祝兹侯徐厉为将军，驻军棘门；河内太守周亚夫为将军，驻守细柳。三路大军共同拱卫京城。

为了确保京城安全，文帝亲自到京城周边的三大军营视察。到了霸上、棘门军营，文帝的车队直接驰入大营，两位将军和手下将士亲自迎送。

最后文帝来到周亚夫的细柳营。军营门口的士

绝一岁，文帝乃择绛侯勃子贤者河内守亚夫，封为条侯，续绛侯后。条侯亚夫自未侯为河内守时，许负相之，曰：『君后三岁而侯。侯八岁为将相，持国秉，贵重矣，于人臣无两。其后九岁而君饿死。』亚夫笑曰：『臣之兄已代父侯矣，有如卒，子当代，亚夫何说侯乎？然既已贵如负言，又何说饿死？指示我。』许负指其口曰：『有从理入口，此饿死法也。』——《史记·绛侯周勃世家》

兵个个身披铠甲，手执利刃，弓满弦，箭待发。文帝的前队先期到达，但无法入营。打前站的随从说，天子马上到军营大门了，营门的都尉说：将军有令，军中只知将军的命令，不知天子的诏书。一会儿，文帝来到军营门口，还是无法入营。于是，文帝派使者手持皇帝的符节下诏：我要入营慰问。周亚夫这才传令打开营门。营门的士兵郑重传令：将军有令，军营之中不得纵马驰骋。于是，天子让侍者按辔徐行。到了军营，周亚夫全身戎装，恭恭敬敬地说：身着甲胄，不得行跪拜之礼，唯用军礼拜见。文帝见此，大为震惊，从车上站起来，身伏车轼，派人向周亚夫致敬说：将军辛苦了，皇帝特来慰劳。慰问结束，走出军营，群臣都感到震惊。文帝说：天啊！这才是真正的将军啊！刚才，霸上、棘门的军队，简直像儿戏一样，那样的将军可以一战而虏。至于周亚夫，谁敢惹他？文帝此后感慨了好几个月。可见，周亚夫给汉文帝留下了极为深刻的印象。一个多月后，匈奴退兵，长安周围的三位将军全部回京。文帝立即召见周亚夫，任命他为主管京城军权的中尉，负责京城警卫。文帝临终时，郑重告诫太子说：一旦天下有事，一定要用周亚夫统兵。

上自劳军。至霸上及棘门军，直驰入，将以下骑送迎。已而之细柳军，军士吏被甲，锐兵刃，彀弓弩，持满。天子先驱至，不得入。先驱曰：「天子且至！」军门都尉曰：「将军令曰：『军中闻将军令，不闻天子之诏。』」居无何，上至，又不得入。于是上乃使使持节诏将军：『吾欲入劳军。』亚夫乃传言开壁门。壁门士吏谓从属车骑曰：「将军约，军中不得驱驰。」于是天子乃按辔徐行。至营，将军亚夫持兵揖曰：『介胄之士不拜，请以军礼见。』天子为动，改容式车。使人称谢：『皇帝敬劳将军。』成礼而去。既出军门，群臣皆惊。文帝曰：『嗟乎，此真将军矣！曩者霸上、棘门军，若儿戏耳，其将固可袭而虏也。至于亚夫，可得而犯邪！』称善者久之。

——《史记·绛侯周勃世家》

周亚夫因细柳营严谨治军而一举成名，终成文帝朝新官僚群体中的重要成员。

周亚夫的成名在于他刚正不阿，不屈从皇权，一旦履职，必尽忠守职。当然，周亚夫的幸运离不开文帝的宽容，文帝的宽容又是由文帝的求贤心切所致。周亚夫对文帝的做法确实有损君威，但是，文帝在位二十多年，饱受匈奴之害，迫切希望有新生代将领能够抵御匈奴，特别是文帝后元六年（前158）匈奴的入侵严重威胁到汉帝国京城的安危。文帝为此安排了大量兵力，还亲自劳军，鼓舞士气。因此，文帝对周亚夫有损君威的做派或许也有不快之感，但与抗击匈奴相比无足轻重，周亚夫是文帝重点打压的功臣派首领绛侯周勃之子。其时周勃已经过世，对文帝的影响早已荡然无存。既然任何威胁都不存在，周勃之子又是一位难得的将才，为什么不起用他呢？当然要重用。这就是文帝临终之前郑重嘱托太子国家有难重用周亚夫的原因。文帝亦因为发现与重用周亚夫，完成了自己绘制的新官僚图的最后一笔。

汉文帝构建的新官僚群体，整体上非常成功，但并非没有瑕疵。

文帝曾听人说，河东太守季布很能干，便萌发了让季布到朝中担任御史大夫的想法。但是，有人向文帝说，季布太勇，一喝酒就很任性，所以文帝心里又很犹豫。此时，季布已经奉诏进京，住了一个多月，文帝未召见。季布主动面见文帝说：我在河东任职，陛下突然召我进京面君，这一定是有人说了欺骗陛下而赞美我的话。我到了京城，陛下不安排召见，这一定是有人说了诋毁我的话。陛下因一人之赞美召我，又因一人之毁谤疏远我，我担心此事会让天下有识之士窥见陛下的内心隐秘。文帝听完后深感惭愧，沉默了好长时间才说：河东是我的一个关键郡，因此才召你进京。季布辞君赴任。

文帝此事做得非常失策。这让季布看到了文帝的偏听偏信。笔者想：文帝在构建自己的新官僚队伍时，确实想过重用季布，但是，他的优柔寡断毁掉了一位重臣。

汉文帝作为中国历史上著名的明君、仁君，作为中国历史上第一个盛世的开创者，他的一生绝不仅仅是巩固权力，构建自己力量这两点所能概括得了的。汉文帝在历史上真正的贡献是什么？他为"文景之治"做了什么呢？

请看：一个小女子废了一部法。

季布为河东守，孝文时，人有言其贤者，孝文召，欲以为御史大夫。复有言其勇，使酒难近。至，留邸一月，见罢。季布因进曰：『臣无功窃宠，待罪河东。陛下无故召臣，此人必有以臣欺陛下者；今臣至，无所受事，罢去，此人必有以毁臣者。夫陛下以一人之誉而召臣，一人之毁而去臣，臣恐天下有识闻之有以窥陛下也。』上默然惭，良久曰：『河东吾股肱郡，故特召君耳。』布辞之官。

——《史记·季布栾布列传》

一个小女子废了一部法

汉文帝前元十三年 (前167)，西汉京城长安发生了一件永垂史册的事件。此事本身并不算大，不过是一个无名的小女孩为了救自己犯了罪的父亲，给汉文帝上了一封奏疏。子女出于孝心为父母求情本在情理之中。幸运的是，这封奏疏真的送到了汉文帝的手中。汉文帝阅读了这封奏疏后，对此事的处理可不简单，他做了一个中国刑法史上具有里程碑意义的决定，这个决定，对推动古代法律制度的改革有巨大贡献。这到底是件什么事呢？

民女上书，皇帝废法：一个小女子的惊人之举

这件事与一位名医淳于意有关。

淳于意自小喜爱医术，但让他成为一代名医的却是当时同郡的一位老中医阳庆。阳庆七十多岁了，没有孩子，他看上了淳于意的为人，想把自己一生行医的经验传授给淳于意，条件是淳于意必须彻底抛弃过去学会的那些医方，然后自己才能将私藏多年的珍贵医方毫无保留地传给他。其中有黄帝、扁鹊的脉书，包括据病人面部的颜色诊病等。淳于意接受了这个条件。三年后，淳于意为人看病、断定生死已经十分准确了。但是，淳于意喜爱游医，往来于各诸侯国，不爱宅在家中，不少病人找他治病找不到，便怨恨他。

这年五月，有人告发此时担任齐太仓令（管理齐国都城粮仓之官）的淳于意犯法，判肉刑。按律，应当将其逮捕送往京城长安。淳于意得知自己将入京接受肉刑，悔恨、懊恼交织在一起，自己最大的遗憾是一辈子生了五个女儿，竟然没生一个男孩。临行时，淳于意对着五个一个劲儿哭泣的女儿骂道：生了一窝女娃儿，现在有事儿了，一个也指望不上！小女儿缇萦听到父亲的抱怨，非常伤心，她站出来说：爸，我跟

少而喜医方术。高后八年，更受师同郡元里公乘阳庆。庆年七十余，无子，使意尽去其故方，更悉以禁方予之，传黄帝、扁鹊之脉书，五色诊病，知人死生，决嫌疑，定可治，及药论，甚精。受之三年，为人治病，决死生多验。然左右行游诸侯，不以家为家，或不为人治病，病家多怨之者。

——《史记·扁鹊仓公列传》

你去！淳于意打量了一下自己从未多加关注的小女儿缇萦，心里掠过一丝安慰。缇萦于是随父一块儿上路，风餐露宿。到了京城长安，缇萦立即给汉文帝上了一封奏疏。真是幸运！这封来自一位无名小女子的奏疏竟然上达天听。缇萦在奏疏中说：民女的父亲在齐地为官，人人都说他为政廉洁、公平。不幸他触犯法律，判罚肉刑，我心里非常难受。人死不能复生，受了肉刑不能再成为正常人，即使他想改过自新，也没有机会了。我自愿做官婢，为我父亲赎罪，让他有机会改过自新。

汉文帝看到缇萦的上书，心里一震，从未听说过女儿自愿为官婢救父之事，于是下诏：

盖闻有虞氏之时，画衣冠异章服以为僇，而民不犯。何则？至治也。今法有肉刑三，而奸不止，其咎安在？非乃朕德薄而教不明欤？吾甚自愧。故夫驯道不纯而愚民陷焉。《诗》曰："恺悌君子，民之父母。"今人有过，教未施而刑加焉，或欲改行为善而道毋由也。朕甚怜之。夫刑至断支体，刻肌肤，终身不息，何其楚痛而不德也，岂称为民父母之意哉！其除肉刑。《史记·孝文本纪》

大意是：古代贤帝在位，即使在衣冠上画个图作

人上书言意，以刑罪当传西之长安。意有五女，随而泣。意怒，骂曰：『生子不生男，缓急无可使者！』于是少女缇萦伤父之言，乃随父西。上书曰：『妾父为吏，齐中称其廉平，今坐法当刑。妾切痛死者不可复生而刑者不可复续，虽欲改过自新，其道莫由，终不可得。妾愿入身为官婢，以赎父刑罪，使得改行自新也。』——《史记·扁鹊仓公列传》

为刑罚，百姓也不犯法，为什么呢？因为那是一个大治的社会。现在有三种肉刑，但是，犯法之事却未消失，原因在哪儿呢？难道不是我的德薄，教育不够吗？我深感惭愧。教育百姓的事做不好，才会让百姓陷入牢狱。《诗》说：君子是百姓的父母。现在，人有过失，没有教育好就用刑，即使他想向善，但已经无法实现了，我对此深感不安。肉刑斩断肢体，刻画肌肤，让人终生受辱，这种痛苦如此不道德，我这还符合百姓父母的称呼吗？自今而后，废除肉刑。

这就是中国历史上大名鼎鼎的"缇萦救父"与文帝废除肉刑。

缇萦上书涉及的不仅仅是肉刑，而且涉及曾经犯罪的人未来能否回归社会的大问题。文帝废除肉刑也涉及教育与惩罚的相互结合。

一位小女子为什么能够废除一部法令呢？缇萦真有这么大的能耐吗？

瓜熟蒂落，水到渠成：凡事皆有因

汉文帝废除肉刑是中国刑法史上的大事件。但是，这么一个重大事件的产生绝非讲史者津津乐道的"缇萦救父"那样简单。

一部法制史的演变自有其深刻的背景与原因。

肉刑——肉体与精神的双重伤害。

肉刑包括黥(qíng)、劓(yì)、刖(yuè)、宫四类，这是中国古代最为残酷的刑罚。黥刑，脸上刺字涂墨，终生无法去除。劓刑，割鼻，是毁容最严重的刑法之一。刖刑，砍去受刑者左脚、右脚或双脚。宫刑，阉割受刑男性的生殖器。

肉刑极为残酷，最初多用于部族征战时对待敌对部落人员的惩罚。国家产生后，肉刑演化为国家刑罚。肉刑使人变为残疾，严重影响了社会生产力，而且，肉刑对人的精神伤害与肉体伤害都极深极大，历代百姓对它都深恶痛绝。

大家熟知的《史记》作者司马迁，在《报任安书》中讲过一段极为沉痛的话：

> 仆以口语遇遭此祸，重为乡党戮笑，污辱先人，亦何面目复上父母之丘墓乎？虽累百世，垢弥甚耳！是以肠一日而九回，居则忽忽若有所亡，出则不知所如往。每念斯耻，汗未尝不发背霑衣也。**《汉书·司马迁传》**

司马迁这篇千古名文《报任安书》洋洋洒洒几千字，实际只写了一个字：辱。全文诉遭辱之由，讲受辱之痛，陈忍辱之因，千载之下，感人脏腑。为什么司马迁在这篇名文中只写一个"辱"字？因为他受了肉刑中最羞辱人格的宫刑。宫刑让他成为不是男人的男人。不但生前受到乡人嘲笑，死后也不得进入祖坟。百代之后，羞辱尚有增无减。因此，司马迁才会肝肠寸断。

这便是肉刑给人重大伤害的第一点：耻辱。

成书于秦汉之际的《孝经》有一段传世两千余年的名言，道出了肉刑给人重大伤害的第二点：不孝。

> 身体发肤，受之父母，不敢毁伤，孝之始也。立身行道，扬名于后世，以显父母，孝之终也。**《孝经》卷一**

人自出生始，从父母那儿获得了完整的身体，一生都不能有丝毫的损伤，这是孝道的开始。能够立身行道，扬名于世，使父母脸上有光，这是孝道的终结。接受肉刑之人，"身体发肤"已经受到损伤，这是最大的不孝。

而肉刑中的宫刑，更是最大中的最大。因为，宫刑意味着亏体辱身，不能有后，有辱先人。

司马迁这篇名文揭露了肉刑对受刑人精神上的巨大戕害与摧残。

肉刑——对社会的巨大伤害。

秦帝国建国前后，盲目崇拜严刑峻法，最终成为秦末大起义的重大导火索，成为导致秦帝国二世亡国的重要原因之一。高祖时期的陆贾已经清楚地意识到秦帝国灭亡的两大原因：

秦非不欲治也，然失之者，乃举措太众、刑罚太极故也。《新语·无为》

秦帝国何尝不想长治久安？自始皇至二世、三世，直至万世。但是，事与愿违，秦帝国的失误，一是暴政（举措太众），二是苛法（刑罚太极），暴政与苛法导致整个社会人心思叛。

陈胜何德何能？陈胜最大的本事是他第一个点燃了这个巨大的火药库。"轰"的一声巨响，遍及秦帝国的火药库全爆了。

汉高祖刘邦懂得秦法严酷伤害秦民甚深的道理。当年他一入秦关，率先提出"约法三章"，震惊了关中百姓。"约法三章"毫无操作性可言，刘邦当了皇帝后也不再提"约法三章"，而是全面继承秦法。但是，在灭秦之前，刘邦这个"约法三章"吸引了全国百姓的眼球。谁不想让这位仁君称帝呢？对于政治家来说，赢得眼球就是赢得人心！

我们今天有幸能够直观地比较汉律和秦简记载的秦法，并从中得知：汉律丝毫不比秦法宽松。

秦汉律令唯一不同的是汉初帝王虽然执行的是秦法，但是他们已经意识到秦法的大弊。这是汉初帝王的一种本能。毕竟，强大的秦帝国在秦始皇去世后仅三年就轰然崩塌，这对汉初帝王的刺激太大太强。他们出于一种生存的本能，不能不思考一个问题：怎样才能让自己的帝国不重蹈强秦的覆辙？怎样才能做大做强的同时能够做长？

省刑约法。

高祖刘邦在位时未曾顾及省刑约法。但是，惠帝即位后即下诏，有爵者可以减刑，高龄及低龄者可以减刑：

> 上造以上及内外公孙耳孙有罪当刑及当为城旦舂者，皆耐为鬼薪白粲。民年七十以上若不满十岁有罪当刑者，皆完之。《汉书·惠帝纪》

惠帝的这封诏书涉及许多古代法制术语，我们先讲讲这道诏令涉及的专有名词。

"上造"是秦汉二十等爵的第二级，仅高于"公士"。

"公孙"指国君太子（公子）之外的儿子的后裔。

"耳孙"，泛指血缘关系较远的孙子。

"耐"，指剃须两年。

"城旦、舂"，指受罚筑城的男人与受罚舂米的女人。

"鬼薪"，指为宗庙采薪的男人；"白粲"，指为祭祀挑选白米的女人。

"完"，指只罚做劳役而不伤及肌体。

明白了这些词汇，可以得知惠帝下诏：对获得低级爵位，或者是与皇亲有血缘关系的后人，都要减刑。该受罚筑城、舂米的男女，只罚他们为宗庙打柴，为祭祀选米。七十岁以上或未成年者，只罚劳役，不伤及肌体。

惠帝、高后时期的省刑约法收到了极好的社会效果：

故惠帝垂拱，高后女主称制，政不出房户，天下晏然。刑罚罕用，罪人是希。民务稼穑，衣食滋殖。《史记·吕太后本纪》

惠帝不费力气就能治理好天下，高后执政不出宫廷。刑罚罕用，罪犯减少。百姓致力于农事，社会财富增加。这一时期，社会安定，天下和乐。良好的社会效果让最高统治者对省刑约法有了信心。

因此，文帝下诏废除肉刑，是对省刑约法的继续实行，丞相张苍、御史大夫冯敬议后修改法律为：

当黥者，髡钳为城旦舂；当劓者，笞三百；当斩左止者，笞五百；当斩右止，及杀人先自告，及吏坐受赇枉法，守县官财物而即盗之，已论命复有笞罪者，皆弃市。《汉书·刑法志》

修改后，判"黥"（刺字涂墨）刑者改为"髡钳"（剃发并铁圈束颈）；判"劓"（割鼻）刑者改为"笞"（拷打臀部）三百；判"斩左止者"（剁左脚）改为"笞五百"；

判"斩右止"（剁右脚）者，杀人自首者、贪赃受贿、监守自盗者，一律执行死刑（弃市）。

汉文帝的这次改革，以劳役刑（髡钳、城旦舂）、笞刑（笞三百、笞五百）和死刑（弃市）代替了肉刑（黥、劓、斩左止、斩右止），这是一个极大的进步，刑法的再一次改革，则是自由刑的出现。

班固为此写《咏史》诗一首，盛赞缇萦救父、文帝废除肉刑。

咏史

三王德弥薄，惟后用肉刑。

太仓令有罪，就递长安城。

自恨身无子，困急独茕茕。

小女痛父言，死者不可生。

上书诣阙下，思古歌鸡鸣。

忧心摧折裂，晨风扬激声。

圣汉孝文帝，恻然感至情。

百男何愦愦，不如一缇萦。

最是难得一仁心

仁心促成废除肉刑。

高祖八男中，唯皇四子刘恒入承大统后显示了高超的政治权谋：他利用功臣派、皇族派诛除诸吕后的政治真空，空降京城，登上九五之尊。即位后立即在"重用"功臣派的同时，果断地培养新官僚，培植代国亲信。对势力庞大的功臣派，他选择了打击周勃、重用灌婴、利用陈平的谋略。伴随着陈平下世、周勃入狱，功臣派走下政坛。

汉文帝起用"治平天下第一"的河南郡守吴公，重用新锐贾谊。遭到功臣派联手阻击后，立即抛弃贾谊，信用张释之、晁错、周亚夫。在政坛上，左右逢源，不断换牌。

这套运用自如的权术出自一位二十三岁的小伙子之手，出自一位功臣派一致认为的"弱势皇子"之手，令人目不暇接、目瞪口呆。

如果汉文帝刘恒仅仅是一位高超的权谋家，那么他的历史地位、名望都将大打折扣。其实，刘恒还有另一面：仁心。正是这一面，让这位年轻（二十三岁）即位、中年（四十六岁）过世的名君开启了"文景之治"。

仁心，是因缇萦救父而废除肉刑的另一重要原因。

文帝是一位仁君。他二十三岁从代王位入承大统，在位二十三年，宫殿未增修一处。他曾经打算修建一所露台，找工匠一核算，需要百金。文帝说：百金是十户中产人家一年的收入。我奉先帝宫室，常常担心做得不到位，怎么能把修露台的事放在民生工程之前呢？

他自己常穿厚缯（丝织品）制成的衣服，并且严格管束身边的人，包括他最宠幸的慎夫人。刘恒让慎夫人的衣服长不拖地，帏帐不绣花，以示俭朴，为天下百姓作表率。

上常衣绨衣，所幸慎夫人，令衣不得曳地，帏帐不得文绣，以示敦朴，为天下先。——《史记·孝文本纪》

他的陵墓皆用瓦器，不得用金银铜锡作装饰，因山为陵，不起坟，务必节省，不烦扰百姓。

他的遗诏明确规定：反对厚葬，三天之后，一律脱去丧服，不得为此禁止百姓的婚姻、饮酒、吃肉，甚至丧服的规制亦明确规定从简。

这种丧事从简的做法，在中国古代极为罕见。

仁心惠及百姓。

前元二年 (前178) 九月，汉文帝特别下诏，重申农业是天下之根本，为减轻农民负担，规定当年田租减半。

前元十二年 (前168)，文帝再次下诏：免除农民当年租税之半。

高祖刘邦有鉴于汉初的经济困难，实行"十五而税一"的政策。如果再减半，则形成"三十而税一"。这些惠民之举，在一定程度上减轻了农民的负担，为"文景之治"奠定了经济基础。

仁心促成一系列苛法废除。

文帝以仁孝闻名天下。任代王时，母亲薄太后卧病三年，他经常目不交睫、衣不解带，亲自照料。母亲所服汤药，必亲口尝过才让母亲服用。正是这种仁心，促成他废除了一系列恶法。

第一，废除连坐法。

文帝前元元年十二月，刚刚入承大统三个月的刘恒，下诏废除《收孥相坐律令》：

> 法者，治之正也，所以禁暴而率善人也。今犯法已论，而使毋罪之父母妻子同产坐之，及为收孥，朕甚不取。其议之。《史记·孝文本纪》

文帝说：法律是治理天下最公正的工具，它可以惩治恶人，引导善人。如今，犯法者已经受到了惩罚，他家中无罪的父母、妻子、子女、兄弟姐妹还受株连。我极不认同，请大臣们议一议。

大臣周勃、陈平等商议后回复：不行！

为什么不行呢？

周勃、陈平认为，百姓做不到自我约束，必须制定严刑峻法限制他们的行为。当他们知道自己犯法会株连到亲人时，才会重视法令。而且，连坐法自古有之，行之有效，不宜废除。

文帝回复说：法律公正，百姓会守法。处罚恰当，百姓会遵从。治理天下，引导百姓向善是官员的责任。既不能正确引导百姓，又用不公正的法令惩罚他们，这是坑害百姓的施暴者，犯罪怎么能禁？我没看到收孥

有司皆曰：『民不能自治，故为法以禁之。相坐坐收，所以累其心，使重犯法，所从来远矣。如故便。』——《史记·孝文本纪》

连坐有什么好处，你们再合计一下。

两个回合较量下来，周勃、陈平等才同意废除《收孥相坐律令》。

第二，废除诽谤妖言罪。

前元二年（前178）五月，文帝下诏废止"诽谤妖言罪"：

古之治天下，朝有进善之旌，诽谤之木，所以通治道而来谏者。今法有诽谤妖言之罪，是使众臣不敢尽情，而上无由闻过失也。将何以来远方之贤良？其除之。《史记·孝文本纪》

古代帝王治理天下，朝中设有进善言的专用旗，想进善言者可站在旗下；朝中立有木板，揭露恶事者可以写于木板上。为的就是沟通治道，吸引善言。现在有"诽谤妖言罪"，大臣不敢说心里话，皇上无法得知自己的过失。这怎能吸引天下的贤人？于是立即废止"诽谤妖言罪"。

文帝鼓励人们向朝廷提意见。对诅咒皇上的人，官员都认为是大逆不道之罪，说其他的，又定为诽谤罪。文帝认为：这是小民无知，从今而后，一律不追究刑责。

"诽谤"，原是一个中性词，并无贬义。秦始皇兼并六国后，采纳李斯的建议，设"诽谤罪"，"诽谤"成为

上曰："朕闻法正则民悫，罪当则民从。且夫牧民而导之善者，吏也。其既不能导，又以不正之法罪之，是反害于民为暴者也。何以禁之？朕未见其便，其孰计之。"——《史记·孝文本纪》

民或祝诅上以相约结而后相谩，吏以为大逆，其有他言，而吏又以为诽谤。此细民之愚无知抵死，朕甚不取。自今以来，有犯此者勿听治。——《史记·孝文本纪》

一个贬义词,"诽谤罪"也成为一种大罪。刘邦入关后,"约法三章"前曾说:

> 父老苦秦苛法久矣,诽谤者族,偶语者弃市。《史记·高祖本纪》

可见,秦代"诽谤罪"是族诛大罪。《史记·乐书》记载了汉武帝时,中尉汲黯批评武帝为追求西域天马而作歌,时任丞相的公孙弘陷害中尉汲黯表达不同意见是诽谤,要灭族:

> 黯诽谤圣制,当族。

这里的"圣制"即是汉武帝的诗歌。

惠帝朝即已申明废止"三族罪""妖言令"。但由于惠帝早逝,此令不了了之。高后元年 (前187) 正月,再次重申废除"三族罪""妖言令":

> 元年春正月,诏曰:"前日孝惠皇帝言欲除三族罪、妖言令,议未决而崩,今除之。"《汉书·高后纪》

吕后亲自废除的"三族罪"在其死后两个月得以重演,吕氏一门无论男女老幼,全部被杀。这是赤裸裸的族诛。

文帝朝再次申明废除"诽谤罪",可是武帝朝的丞相仍然用"诽谤罪"加害汲黯。可见,历代最高统治者多么钟爱以言杀人。

第三，废除其他苛法。

秦法苛刻，终酿秦末大乱。汉高祖虽大喊"约法三章"，实则全面继承秦法。但是，秦帝国亡于暴政苛法还是给汉初统治者留下了深刻的印象。文帝除废除上述苛法外，还废除了一些其他苛法。

前元七年十月，文帝下诏：

令列侯太夫人、夫人、诸侯王子及吏二千石无得擅征捕。《汉书·文帝纪》

列侯之妻称夫人；列侯死，子复为列侯，原夫人称太夫人。这道诏令明确规定：列侯太夫人、夫人、诸侯王之子、二千石的高官，都不能擅自抓捕百姓。

可见，在此之前，上述有权有势之人都有擅自抓捕百姓的特权。文帝废除了他们的特权。

未废宫刑：一个遗憾

缇萦上书，文帝废刑，开启了终止肉刑的第一步，成就了文帝在历史上的英名。但是，我们从《史记·孝文本纪》看到的是文帝废除的肉刑似乎只有黥、劓、刖三类。肉刑中的宫刑是否同时废除了呢？

我们先看两则史料：

第一则：文帝前元十五年（前165）九月，晁错上书曰：

今陛下配天象地，覆露万民。……除去阴刑，害民者诛。《汉书·爰盎晁错传》

这段话中的"阴刑"指的是什么？张晏注曰：宫刑也。如张晏注正确，说明文帝已经废除了宫刑。

第二则：景帝前元元年冬十月，景帝下诏称颂文帝，明确说文帝废肉刑时废了宫刑：

除宫刑，出美人，重绝人之世也。《汉书·景帝纪》

以上两则史料都明确说出文帝废除了宫刑。但是，有些文献并不支持这一论断。

第一则：汉文帝在废除肉刑的诏书中明确说道：

今法有肉刑三，而奸不止，其咎安在？非乃朕德薄而教不明欤？《史记·孝文本纪》

可见，文帝废除的是三种肉刑：黥、劓、刖，不包括宫刑。如果包括宫刑，则应说"肉刑四"而不应说"肉刑三"。

第二则：《汉书·景帝纪》曰：

四年春三月，起德阳宫。……夏，蝗。秋，赦徒作阳陵者死罪；欲腐者，许之。

此处的"欲腐者"，显然指的是宫刑。可见，景帝朝还在施行宫刑。如果汉文帝废除了宫刑，景帝恢复宫刑必须有新诏书，但是，今存史料中并未有景帝恢复宫刑的文献。

第三则：武帝天汉三年 (前98)，司马迁因言获罪，受宫刑。这是大家都再熟悉不过的事情，如果文帝在前元十三年 (前163) 就废除了宫刑，几十年后的太史公怎会遭此横祸、受此大辱呢？这再次证明文帝废肉刑但未废宫刑。

实惠：判定法令优劣的唯一标准

文帝前元十三年，汉文帝一举废除肉刑。此举备受后世称赞，但是，受刑人得到实惠了吗？

《汉书·刑法志》记载了文帝废除肉刑的结果：

> 是后，外有轻刑之名，内实杀人。斩右止者又当死。斩左止者笞五百，当劓者笞三百，率多死。

"外有轻刑之名，内实杀人"是汉人对文帝废除肉刑的评价。

今天我读到这两句心里每每一沉：一个在法制史上彪炳史册的伟大之举怎么会得到如此差评？其实原因很简单："斩右止者"改判为死刑了；"当劓者笞三百"，多被打死，"斩左止者笞五百"呢？肯定死透了。

这样看来，除了黥刑，肉刑中的"当劓者"与"斩左止者"都被打死了。这是加重处罚，还是从轻发落？即使没有被打死，亦因为笞刑过重成了无法照料自己独立生活的废人了。

为什么会出现这种情况？文帝的仁心怎么变成了这个样子？

据史籍所载，奉旨废除肉刑及制定新刑的主要官员是丞相张苍、御史大夫冯敬，两人都是废除肉刑的坚定反对者。只是由于文帝的坚持，他俩不得不拟订新法。慑于皇权威力不得不放弃坚守肉刑的两位高官，自然会定出这种"外有轻刑之名，内实杀人"的新刑法。文帝不懂得笞刑的厉害，不懂得这些名为赞同实则反对的官员是如何绑架了皇帝的意志，在顺从的表象下完成了换汤不换药的"改革"，这也让我们从历史上领教了"上有政策、下有对策"的官员的厉害！

景帝刘启对其父文帝废除肉刑之弊端早已知晓，因此，即位的当年下诏，将笞"五百"改为笞"三百"，笞"三百"改为笞"二百"。

景帝中元六年 (前144)，景帝又将笞"三百"改为笞"二百"，笞"二百"改为笞"一百"。明确诏告天下："笞"的目的是教化，不仅仅是惩罚。增加笞刑的次数，和重刑完全一样。受刑人即使幸运不死，也成为废人。

『加笞与重罪无异，幸而不死，不可为人。其定律：笞五百曰三百，笞三百曰二百。』犹尚不全。至中六年，又下诏曰：『加笞者，或至死而笞未毕，朕甚怜之。其减笞三百曰二百，笞二百曰一百。』又曰：『笞者，所以教之也。』
——《汉书·刑法志》

更有看点的是汉景帝对行刑的刑具、行刑的部位都作了具体规定：

"笞者，棰长五尺，其本大一寸，其竹也，末薄半寸，皆平其节。当笞者笞臀。毋得更人，毕一罪乃更人。"自是笞者得全。《汉书·刑法志》

笞刑的刑具长五尺 (115厘米)，宽一寸 (2.3厘米)，用竹子制成，末端只能有半寸厚 (约1.15厘米)，竹节要全部削平。笞刑只能施于犯人的臀部，而且，行刑不得中途换人，一人受刑完毕，才能再换行刑人。绝对不允许一个行刑者累了，换一个不累的人再打。

从此之后，获笞刑者得以保全性命。

这才是一个完整版的"缇萦救父"！

它拯救的不仅是一代名医淳于意，更是千千万万个惨遭肉刑的人。

一个小女子废了一部恶法，历史记住了这个小女子。

以仁孝著称的汉文帝还有哪些鲜为人知的故事呢？

请看：多面人生。

汉文帝刘恒作为"文景之治"的开创者，他恭俭有德、轻刑约法，是中国古代历史上的一代仁君，他打压功臣派、皇族派，甚至为了巩固皇权不惜除掉自己的弟弟，又慧眼识英才，大力培植政坛新力量，是一位有思想、有手段的明君。不过，文帝是皇帝，也是凡人，脱离了皇帝的立场去看他，他又有怎样的一面呢？

多面人生

十二

忠言不逆耳：站在谁的立场很重要

在西汉的历史上，袁盎的地位非常独特。有人赞美他，有人臭骂他，但是，司马迁为袁盎立传时保存了他与汉文帝有交集的几个小故事。从中我们可以看到一个活灵活现的袁盎，也可以看到一个既具常人心态又有过人之处的汉文帝。

一般来说，给领导纠错是一件出力不讨好的活儿。但是，有人硬是把这件出力不讨好的活儿干得漂漂亮亮，把纠错的话讲得皇帝非常愿意听，这就不简单。常言道"忠言逆耳利于行"，如果将忠言讲得不逆耳呢？效果会怎么样？

文帝即位后，宦官赵谈（《史记》称"赵同"，司马迁避父讳改"谈"为"同"）得到皇帝宠幸。但是，赵谈可不甘寂寞，他屡屡在文帝面前说袁盎的坏话，袁盎因此大伤脑筋。袁盎的侄子袁种担任常侍骑，持节随侍皇帝。他告诫袁盎：你要在公众场合整整赵谈了，让他遭受一次重挫，让皇帝不再宠信他。袁盎记住了。一次，文帝外出，赵谈与文帝乘同一辆车。袁盎立即跪在文帝的车前进言：我听说天子身边陪坐的都是天下英豪，大汉再无人才，陛下也不能和一个阉宦同坐一车。文帝听后哈哈大笑，让赵谈下车。赵谈灰溜溜地哭着下了车。赵谈受了一次重大羞辱。

宦者赵同以数幸，常害袁盎，袁盎患之。盎兄子种为常侍骑，持节夹乘，说盎曰：『君与斗，廷辱之，使其毁不用。』孝文帝出，赵同参乘，袁盎伏车前曰：『臣闻天子所与共六尺舆者，皆天下豪英。今汉虽乏人，陛下独奈何与刀锯余人载！』于是上笑，下赵同。赵同泣下车。——《史记·袁盎晁错列传》

袁盎拦车劝谏，貌似不恭，实际上捧了文帝，指出只有天下豪杰才配和文帝同车。这当然让文帝欣喜异常。这是袁盎打击赵谈成功的重要因素，也是他劝谏成功的重要原因之一。

乍一看，袁盎这次做得有些刻薄，但他找准了赵谈身份卑贱、与天子同车两个七寸，果断出手，沉重打击了干预朝政的阉宦。西汉皇帝多宠幸阉宦，至东汉遂成痼疾，终至亡汉。

文帝善于纳谏于此可见一斑。即使自己再宠幸阉宦，只要大臣讲得对，自己立即就改。

打击阉宦，袁盎干得漂亮！如果打击的是文帝本人呢？袁盎还能成功吗？

一次，文帝从霸陵上山，打算从西边乘车直奔下坡。袁盎骑马扈从，立即上前紧拉住文帝车马的缰绳，止车不进。文帝问袁盎：将军害怕了？袁盎答道：我听说家有千金的富人，坐的时候不近屋檐。家有百金的富人，站的时候绝对不倚高台栏杆。圣主不会因侥幸而乘有危险的车。陛下要乘六马之车狂奔下坡，如果马惊车毁，您再不在乎自己的生命，让高皇帝、太后怎么办？文帝一听，立即缓行下山。

文帝从霸陵上，欲西驰下峻阪。袁盎骑，并车揽辔。上曰：『将军怯邪？』盎曰：『臣闻千金之子坐不垂堂，百金之子不骑衡，圣主不乘危而徼幸。今陛下骋六骓，驰下峻山，如有马惊车败，陛下纵自轻，奈高庙、太后何？』上乃止。——《史记·袁盎晁错列传》

年轻的汉文帝原打算冒险乘车快速下山，被袁盎成功劝阻。

这一次，袁盎劝谏的是汉文帝本人的不慎！按说，纠皇帝本人之错，难度很大，但是，袁盎这次又干得极为漂亮。他站在文帝本人的立场上，站在高皇帝、皇太后的立场上，结果劝阻成功。

文帝非常愉快地接受了这次劝谏。

如果袁盎劝谏涉及汉文帝平时最喜爱的女人呢？他还能成功吗？

一次，文帝驾临上林苑，皇后、慎夫人随行。平时在宫中，备受文帝宠幸的慎夫人常常与皇后平起平坐。这次外出，慎夫人又打算像平时一样与皇后比肩而坐。郎署长准备好坐席，袁盎却引导慎夫人坐在了后排，慎夫人当场发火，气呼呼地站着不坐。文帝看到这个场面，也很生气，一句话不说站起来走了。袁盎随即入宫对正在生气的文帝说：我听说，尊卑有序才能上下和合。陛下已经立了皇后，慎夫人只是个妾。作为主子的皇后岂能与作为奴才的妾同坐一席？陛下真喜欢慎夫人，可以多赏给她钱财。如果陛下认为，像今天这样不分尊卑是对慎夫人好，那恰恰是害了慎夫人。陛下难道没有看到高皇帝宠幸的戚夫人最终成了"人彘"吗？"人彘"一词深深刺痛了文帝刘恒，他心中亮堂了，立即招来慎夫人，对其讲了一番话。慎夫人听后，非常感谢袁盎，赏了袁盎金五十斤。

袁盎这次的成功是因为他又站到了皇帝的立场

上幸上林，皇后、慎夫人从。其在禁中，常同席坐。及坐，郎署长布席，袁盎引却慎夫人坐。慎夫人怒，不肯坐。上亦怒，起，入禁中。盎因前说曰：『臣闻尊卑有序则上下和。今陛下既已立后，慎夫人乃妾，妾主岂可与同坐哉！适所以失尊卑矣。且陛下幸之，即厚赐之。陛下所以为慎夫人，适所以祸之。陛下独不见「人彘」乎？』于是上乃说，召语慎夫人。慎夫人赐盎金五十斤。——《史记·袁盎晁错列传》

上，站到了皇帝最宠幸的女人的立场上，处处为文帝考虑，时时为文帝宠幸的女人考虑。这样进谏，当然容易成功了。

袁盎三次进谏，文帝采纳三次。其中固然有袁盎懂得劝谏与奉迎相结合，极富说话的艺术等因素，但也不能忽视文帝的理智、宽容之心。尽管文帝有时意气用事，认为袁盎不给自己面子，但他却能在最生气的关头不表态，等气消了、明白了，才去处理问题，展现了汉文帝的常人一面与过人一面。

人才：专制体制下的弱势群体

三个故事告诉我们，文帝刘恒有一大过人之处，发脾气时绝不处理具体问题，事后冷静了，再处理。对张释之，对袁盎，都有类似之例。

再讲一个例子，这次是对一位位卑而有逆鳞的老者。

此人叫冯唐。

事发于冯唐任中郎署长任上。这一天，文帝乘辇（一种宫中的轻型车）从中郎署经过，偶一抬头，看见年迈的冯唐。于是，文帝停下车，好奇地问：老先生怎么这么大年纪还当个郎？老家在什么地方？

汉代郎官历来都是年轻人担任，冯唐老迈，竟居郎署，引发了文帝关注。

冯唐老老实实作了回答，并说家在代地。

文帝说：原来是代地啊！当年我在代国时，我手下的尚食监（主管餐饮的官员）高祛给我讲过赵将李齐如何如何有本事，在巨鹿之战中如何如何英勇善战。现在，我每次吃饭的时候，还神往着李齐在当年巨鹿之战中的英姿。老先生知道这个人吗？

乍一听，文帝这番话与冯唐的回答不搭，而且，很不搭。冯唐回答自己为何年迈而居郎署，文帝怎么会扯到当年自己在代国欣赏赵将李齐呢？

问题出在冯唐的回答上。

原来，冯唐的祖父是赵国人，从父亲开始移居代国。冯唐讲到自己是代国人，勾起了文帝对当年代国往事的回忆。

刘恒此时回忆自己在代国的经历是可以理解的，因为他在偏远的代国基层干了十七年。但是，他为什么对一位小小尚食监屡屡赞不绝口的李齐大感兴趣呢？

李齐在我们今存的传世文献中，仅仅在《史记》《汉书》记录冯唐事迹时一见，其他文献中已绝无踪迹。可见，此人生前、身后并不著名。曾在代国做过十七年代王的刘恒竟然对廉颇、李牧这样的赵国名将一无所知，反而将湮没在史籍中的李齐时时挂在口上。这一现象说明了什么？

一是司马迁《史记》的巨大贡献。如果没有《史记》，恐怕连廉颇、李牧这样一些战国名将也有可能被湮没在历史长河了。

二是西汉初年历史典籍非常匮乏。经历了秦火、战乱的西汉初年，身为代王的刘恒对六十多年前的赵国历史知之甚少。尤其值得一提的是文帝朝的青年才俊贾谊在其名文《过秦论（上）》中明确提出："吴起、孙膑、带他、兒良、王廖、田忌、廉颇、赵奢之朋制其兵。"《汉书·陈胜项籍传》比文帝刘恒更年轻的贾谊已经知道春秋战国时期包括廉颇在内的诸多名将。但是，文帝不知道，除文献记录缺失外，应与文帝不大关注历史文献有关。

三是现实迫使文帝刘恒关注名将。

文帝一朝发生过三次匈奴大规模入侵，第二次是汉文帝前元十四年（前166），老上单于率十四万铁骑入侵朝那、萧关。文帝与冯唐有交集的时段正是匈奴第二次大举寇边之际。因此文帝才会说出"今吾每饭，意未尝不在巨鹿也"的话。

冯唐如何回答呢？

冯唐说：李齐远不如廉颇、李牧。

文帝听到冯唐如此贬损自己的偶像李齐，大为惊讶：你为什么这么说？冯唐说：我祖父在赵国为将时，特别欣赏李牧。我父亲曾做过代国国相，与李齐关系非常好，非常熟悉李齐。因此，我既熟知李牧，又熟悉李齐。

文帝一听说廉颇、李牧为将之事，非常兴奋，一拍大腿说：啊呀呀！我要是有廉颇、李牧为将，我还担忧什么匈奴呢？冯唐冷冰冰地抛出一句话：陛下即使有廉颇、李牧这样的名将，恐怕也用不了。一句话如同冰水，浇得文帝浑身透凉。于是文帝勃然大怒，起身扬长而去。

能把皇上气跑，冯唐本事不小。

冯唐者，其大父赵人。父徙代。汉兴徙安陵。唐以孝著，为中郎署长，事文帝。文帝辇过，问唐曰：『父老何自为郎？家安在？』唐具以实对。文帝曰：『吾居代时，吾尚食监高祛数为我言赵将李齐之贤，战于巨鹿下。今吾每饭，意未尝不在巨鹿也。父知之乎？』唐对曰：『尚不如廉颇、李牧之为将也。』上曰：『何以？』唐曰：『臣大父在赵时，为官率将，善李牧。臣父故为代相，善赵将李齐，知其为人也。』上既闻廉颇、李牧为人，良说，而搏髀曰：『嗟乎！吾独不得廉颇、李牧时为吾将，吾岂忧匈奴哉！』唐曰：『主臣！陛下虽得廉颇、李牧，弗能用也。』上怒，起入禁中。——《史记·张释之冯唐列传》

　　回到宫中，文帝越想越气，一个老家伙，一把年龄，当个郎官，我好意问问，他竟然说我有名将也用不了，实在不识抬举！当着那么多人的面让我下不来台，实在可气。可是再想想，觉得还得再问问，毕竟事关名将。匈奴屡屡欺我大汉，我却手中无大将。于是，文帝将冯唐召进宫来，一见面，劈头就问：你为什么要当众羞辱我？难道就没个单独和我聊聊的机会吗？冯唐赶快道歉：我实在是不知避讳，请皇上谅解。

　　此时，老上单于率匈奴十四万大军寇边，文帝正为此事发愁。于是，又问冯唐：你怎么知道我不会起用廉颇、李牧那样的良将？

　　冯唐回答："我听说古代国君选派大将，要举行隆重的仪式，亲自为大将推车，并明明白白地告诉出征将领，国门以内的事我说了算，国门以外的事你说了算。军功爵赏全部归将军掌握，回朝向我报告一下即可。这不是假话。我祖父说，李牧担任赵国守边大将，市场的税收全用来犒赏士兵，一切赏赐李牧说了算，国君从不过问。委将重任，只看成功，因此，李牧充分发挥他的聪明才智，选出一千三百辆精良的战车，一万三千名善于骑射的骑兵，十万能征惯战的步兵。所以，李牧能够北逐匈奴，大破东胡，消灭澹林，西拒强秦，南服韩、魏。此时的赵国，简直可以称霸天下。后来，亡国之君赵迁被立为赵王，信用佞臣郭开。郭开屡进谗言，赵王迁冤杀李牧，派了一位不懂打仗的颜聚代替李牧。最终导致赵军大败，赵为秦所灭。

一席话说得文帝哑口无言。

冯唐又说：云中郡守魏尚能拿出全部市场税收犒赏士卒，还自掏腰包，五天一杀牛，犒赏士卒及手下。因此，匈奴人都躲着魏尚，不敢靠近云中郡。一次，匈奴入侵，魏尚率战车士兵追击，杀敌极多。那些士兵都是普通农家子弟，干农活儿出身，谁懂什么军规军纪？他们天天奋力作战，只想着杀敌斩首，上报立功。但是，他们一句话说得与事实有出入，就被执法的小吏们绳之以法，赏赐没了，还受严惩。我认为，陛下法令太严，奖赏太轻，处罚太重。何况云中郡守魏尚仅仅是上报的敌军首级错了六个，皇上将其打入大牢，削去爵位，严加惩处。由此看来，皇上即使得到廉颇、李牧这样的良将，也不会用。我为人不懂禁忌，冒犯皇上，甘受死罪。文帝听后非常兴奋，当天就派冯唐持节赦免魏尚，再次任用魏尚为云中郡守。同时，升冯唐为车骑都尉，主管中尉和郡国的车士。

冯唐终于在晚年靠幸运迎来了一次机会。

良久，召唐让曰：『公奈何众辱我，独无间处乎』唐谢曰：『鄙人不知忌讳。』当是之时，匈奴新大入朝那，杀北地都尉印。上以胡寇为意，乃卒复问唐曰：『公何以知吾不能用廉颇、李牧也』唐对曰：『臣闻上古王者之遣将也，跪而推毂，曰阃以内者，寡人制之；阃以外者，将军制之。军功爵赏皆决于外，归而奏之。此非虚言也。臣大父言，李牧为赵将居边，军市之租皆自用飨士，赏赐决于外，不从中扰也。委任而责成功，故李牧乃得尽其智能，遣选车千三百乘，彀骑万三千，百金之士十万，是以北逐单于，破东胡，灭澹林，西抑强秦，南支韩、魏。当是之时，赵几霸。其后会赵王迁立，其母倡也。王迁立，乃用郭开谗，卒诛李牧，令颜聚代之。是以兵破士北，为秦所禽灭。』

——《史记·张释之冯唐列传》

『今臣窃闻魏尚为云中守，其军市租尽以飨士卒，出私养钱，五日一椎牛，飨宾客军吏舍人，是以匈奴远避，不近云中之塞。虏曾一入，尚率车骑击之，所杀甚众。夫士卒尽家人子，起田中从军，安知尺籍伍符。终日力战，斩首捕虏，上功莫府，一言不相应，文吏以法绳之，其赏不行而吏奉法必用。臣愚，以为陛下法太明，赏太轻，罚太重。且云中守魏尚坐上功首虏差六级，陛下下之吏，削其爵，罚作之。由此言之，陛下虽得廉颇、李牧，弗能用也。臣诚愚，触忌讳，死罪死罪！』文帝说。是日令冯唐持节赦魏尚，复以为云中守，而拜唐为车骑都尉，主中尉及郡国车士。

——《史记·张释之冯唐列传》

文帝会办事，通过重用魏尚激励了一批边将效忠大汉，抵御匈奴。司马迁《史记》为冯唐立传，虽然仅仅将冯唐写在了合传之中，但是，这一记载使冯唐青史留名。

后代文人对冯唐的际遇反应强烈，尤其是感慨冯唐长期不受重用。西晋左思在《咏史》诗中咏叹：

冯公岂不伟，白首不见招。

"初唐四杰"之一的王勃在其名作《滕王阁序》中写下了千古名句：

冯唐易老，李广难封。

苏轼的《江城子·老夫聊发少年狂》：

持节云中，何日遣冯唐？

苏轼这两句词是表达对自己横遭贬谪的不满。

其实，我们更应看到，冯唐的命运，折射出在专制体制下，人才亦是弱势群体的普遍性。

邓通：唯一的任性

文帝在位二十三年，一直兢兢业业，从不任性用权。但是，有一个人却让文帝对权力任了一次性。此人是谁呢?

邓通。

文帝为什么对邓通如此任性呢?

一天晚上,汉文帝梦中觉得自己要升天了,但是,就差那一点点,自己始终没上去。关键时刻,一位头缠黄布的小伙子从后面推了自己一把,上去了。上天后,回头一看,只见那位黄头郎衣服后面有一个破洞。一梦醒来,文帝信步走到渐台,按照梦中记忆暗中访查那位黄头郎。刚好看见邓通的衣服后面有一个洞,十分像梦中的黄头郎。于是,询问他的姓名,姓邓名通,文帝大为高兴。为什么呢?因为"邓""登"谐音,"通"者,通达于天。这不正是自己要找的黄头郎吗?文帝从此对邓通关爱有加。邓通因为长于划船,在宫中担任划船的黄头郎。但他生性孤僻,不喜交游,即使是放假的沐浴日也不愿外出。文帝既然找到梦中的黄头郎,便常去邓通家玩,而且一反自己节俭、后宫佳丽节俭的习惯,赏赐邓通财产无数,并连续提拔其至上大夫。邓通没什么本领,只会献媚皇上。文帝曾专门找了一位擅长相面的人为邓通相面,相者最后说:邓通会饿死。文帝一听,大为光火,气呼呼地说:能让邓通富贵的人是我!他怎么可能穷呢?于是,大笔一挥,赏给邓通蜀地严道一座铜矿,让他自己开矿铸钱。邓氏钱因为成色足,质地优,天下流通,邓通的富有,天下闻名。

于是文帝赏赐通巨万以十数,官至上大夫。文帝时时如邓通家游戏。然邓通无他能,不能有所荐士,独自谨其身以媚上而已。上使善相者相通,曰『当贫饿死』。文帝曰:『能富通者在我也。何谓贫乎?』于是赐邓通蜀严道铜山,得自铸钱,『邓氏钱』布天下。其富如此。

——《史记·佞幸列传》

此时，天下最富有的有两位，一位是邓通，一位是吴王刘濞。邓通之富，缘于铸钱。吴王之富，除铸钱外，还兼煮海水为盐。所以，此时天下流行最多的是吴、邓钱。这显然与其商业模式有关，也与吴、邓钱的质量高相关。

人都有一个怪毛病，一受宠就忘了自己姓啥，邓通亦不例外。邓通得到的是最高领导皇上的青睐，因此，忘乎所以的毛病不知不觉地就患上了，而且差点引发杀身之祸。

这又从何说起呢？

原来，此时的丞相是申屠嘉。申屠丞相非常正直，家中从不接待私下拜访。一次，申屠嘉上朝，邓通正在皇上身边。邓通倚仗皇上权势，对丞相很不尊重。申屠丞相奏事完毕，借机对文帝说：陛下爱幸臣，可以让他富贵通天，但是，对于朝廷礼制，不可不严整。文帝赶快说：爱卿不要说了，我只是私下喜欢他。退朝后，申屠丞相坐在丞相府中，立即发檄文召邓通到丞相府，如果不来，即杀之。秦汉时的丞相位高权重，杀个邓通，小菜一碟。邓通接到丞相檄文，立即感到大事不妙，先入宫报告了文帝。文帝说：你只管去，我保你没事。邓通到了丞相府，脱帽光脚，一个劲磕头谢罪。申屠嘉端坐在那儿，有意不理他，责问道：朝廷是高皇帝的朝廷，你一个小臣，胆敢在朝廷大殿上无礼，这是大不敬之罪，判你斩首，立即执行。邓通听后，吓得不停地磕头，头都磕出血来了，申屠嘉仍然不放过他。汉文帝估计邓通此时已被丞相所困，派使者持节到丞相府召邓通入宫，并对丞相说：这是我的弄臣，请您抬抬手放了他。邓通回到宫中，哭着对文帝说：今天丞相差点儿杀了我。

有汉文帝的保驾护航，邓通在文帝朝一直幸福并快乐着。但是，邓通晚年却一贫如洗地死去。天下的首富怎么会穷困而死呢？

因为汉景帝的刻意打压。

在中国帝国时代的专制制度下，个人的财富并不受法律保护，权力可以剥夺你的财富。皇权是天下最大的权力，汉景帝的刻意打压，当然会让邓通活不下去。

但是，汉景帝为什么要与邓通过不去呢？

这事还得从文帝患病讲起。

文帝曾长过毒疮，毒疮在今天只是小病，但在当时，殊为难治。为了减少文帝的痛苦，每当文帝毒疮发作时，邓通都用嘴为文帝吮吸脓血。一来加快排毒，二来减少患者的痛苦。文帝看到邓通为自己吸脓血，身上的痛苦轻了很多，但心里一直闷闷不乐。一次，他随口问了邓通一句：

嘉为人廉直，门不受私谒。是时太中大夫邓通方隆爱幸，赏赐累巨万。文帝尝燕饮通家，其宠如是。是时丞相入朝，而通居上傍，有怠慢之礼。丞相奏事毕，因言曰：『陛下爱幸臣，则富贵之；至于朝廷之礼，不可以不肃！』上曰：『汝第往，吾今使人召之。』通至丞相府，免冠，徒跣，顿首谢。嘉坐自如，故不为礼，责曰：『夫朝廷者，高皇帝之朝廷也。通小臣，戏殿上，大不敬，当斩。吏今行斩之！』通顿首，首尽出血，不解。文帝度丞相已困通，使使者持节召通，而谢丞相曰：『此吾弄臣，君释之。』邓通既至，为文帝泣曰：『丞相几杀臣。』

——《史记·张丞相列传》

天底下谁最爱我？邓通不假思索地回答：当然是太子啊！这次谈话后，太子入宫问候父皇，文帝让太子为自己吸脓血，太子照办了，但脸上明显不快。出宫后非常奇怪，父皇怎么会提出这种要求，一打听，才知道邓通经常为父皇口吸脓血。太子心中内疚，但恨死了邓通。等到文帝仙逝，景帝一即位，立即罢免了邓通，将其赶回老家。不久，有人告发邓通私自在外地铸钱，景帝立即将其抓起来审问，完全属实。于是，将邓通的家财全部抄没，并处以重罚，邓通因此欠了一大笔债务。其实，邓通铸钱是文帝批准的。长公主刘嫖得知后，赐给邓通一笔钱，法官随即全部抄走，连一根簪子都不给他留。长公主只好变通一下，借给邓通衣食费用，但又未能到邓通手上，最终，邓通客寄他人家中而死。

佞臣邓通常常被人说成是汉文帝的男宠，从现有文献看，似乎证据不足。文帝宠幸邓通的根本原因在于他将现实生活中的邓通视为实现自己登天之梦的"黄头郎"。但是，一位爱才惜才的伯乐，一位自己非常节俭勤勉，同时严格要求家人（如慎夫人）节俭勤勉的皇帝，对无甚才华，只知献媚取悦的邓通赏赐如此大方，实在令人费解。

文帝尝病痈，邓通常为帝唶吮之。文帝不乐，从容问通曰：『天下谁最爱我者乎？』通曰：『宜莫如太子。』太子入问病，文帝使唶痈，唶痈而色难之。已而闻邓通常为帝唶吮之，心惭，由此怨通矣。及文帝崩，景帝立，邓通免，家居。居无何，人有告邓通盗出徼外铸钱，下吏验问，颇有之，遂竟案，尽没入邓通家，尚负责数巨万。长公主赐邓通，吏辄随没入之，一簪不得著身。于是长公主乃令假衣食。竟不得名一钱，寄死人家。——《史记·佞幸列传》

新垣平：一朵奇葩

秦始皇曾受方士徐福的欺骗，而且被骗两次，又立为国家项目，又拨重金支持，最终徐福一走了之，雄才大略的秦始皇因此备受后人诟病。秦始皇之后另一位雄才大略的汉武帝，被李少君、栾大骗得七荤八素，徒留笑柄。一向精明、谨慎的汉文帝在这方面做得如何呢？

文帝也栽在了一个大神棍的手上。

此人为赵人，名叫新垣平，最大的本事是望气，而且特有名气，这是文帝朝一个大神棍。他诡称长安东北有神气，文帝接受其意见，修建渭阳五帝庙。新垣平因此受封上大夫，赐钱累计千金。

第二年，尝到甜头的新垣平先派人拿了一个玉杯，准备献给文帝。自己装作什么都不知道，对文帝说："阙下有宝玉气。"文帝派人一查，果然有人献玉杯。玉杯上刻有"人主延寿"四字。文帝看后龙颜大悦，据《史记·孝文本纪》载，文帝因此更改年号，将前元十七年改为后元元年。

新垣平虽已富贵，但仍然折腾不止。他说：我看见东北方向有金宝气，大概是沉没在泗水中的周鼎将要现身。文帝为此派人整修庙宇，等待周鼎出。此时，有人告发新垣平说的都是谎言。文帝将新垣平下

其明年，新垣平使人持玉杯，上书阙下献之。平言上曰："阙下有宝玉气来者。"已视之，果有献玉杯者，刻曰"人主延寿"。——《史记·封禅书》

大牢审理，族诛新垣平。一个大神棍走完了他的一生。

拒收千里马：明白人

文帝在位时，有人向文帝献了一匹千里马。文帝说：天子出行，仪仗隆重，前有鸾旗引导开路，后有车马随行扈从。骑马巡游一天以五十里为限，行军打仗一天以三十里为限。我要骑上千里马，一个人就会跑到最前面去，这对我有什么用？于是，退还千里马，并给了献马人路费。下诏曰：我不接受千里马，今后各地也不要再向我进献。

人的一生，想要的东西太多，就像普希金著名童话《渔夫和金鱼的故事》中的老太婆，从新木盆到新房子，从新房子到贵夫人，从贵夫人到女皇，再到女霸王，贪得无厌，最终回归到一无所有。贪欲无止境，懂得舍弃，才算清醒。文帝贵为天子，富有天下，他能懂得知足，委实不易。

文帝仙逝，太子登基，他将会怎样完成文景之治呢？

平言曰：『周鼎亡在泗水中，今河溢通泗，臣望东北汾阴直有金宝气，意周鼎其出乎，兆见不迎则不至。』于是上使使治庙汾阴南，临河，欲祠出周鼎。人有上书告新垣平所言气神事皆诈也。下平吏治，诛夷新垣平。——《史记·封神书》

时有献千里马者。帝曰：『鸾旗在前，属车在后，吉行日五十里，师行三十里；朕乘千里马，独先安之？』于是还其马，与道里费；而下诏曰：『朕不受献也。其令四方毋求来献。』——《资治通鉴》卷十三

请看：机遇，还是机遇。

文帝后元七年（前157），汉文帝刘恒走完了他四十六年的人生历程，驾鹤仙逝。太子刘启登基，史称汉景帝。如果说汉文帝入承大统纯属机遇，那么汉景帝的即位就更是机缘巧合了。什么机缘呢？做太子的机缘。原来刘启并非代王刘恒的王后所生的嫡子，在他之前还有四位哥哥。可是命运就是这样眷顾刘启及他的母亲，终于成就了景帝与窦太后。这一切是怎么回事呢？

还是机遇，机遇

上苍的眷顾：薄太后

代王刘恒从来没有奢望过自己能当皇帝，他的上位纯属机遇造就。其实，刘恒来到人间也是一次机遇所致。

这一机遇与其母薄太后关系甚密。

刘恒的母亲薄姬是其父与魏王宗室女魏媪的私生女，但是，薄姬的母亲魏媪天生是一个不会放过任何机会的女人。秦灭魏国后，作为魏王宗室的魏媪失去了人生的一些机会，但是，秦末大乱中她又发现了一个属于自己的机会。

秦末大乱中出现了两股新兴力量，一是起于草根的反秦义军，一是六国后裔东山再起的反秦武装。魏国公子魏豹正是在这场大动乱中当上了魏王，成为当时六国诸侯后裔中反秦武装的一股重要力量。

魏媪凭借自己的敏感发现了这一机遇。因为她有一位虽非绝色但正在青春期的女儿，她果断地将自己的女儿送入了魏豹的王宫。魏媪送女进入魏宫，是拿女儿的青春赌一把。此时正是楚汉相争之际，孰胜孰败，难以定论。魏豹虽为魏王，但势力、影响远不如汉王刘邦与西楚霸王项羽，成败不明，生死不定，但是，魏媪的客观条件只允许她把赌注押在魏豹的身上了。

押上赌注后，薄姬的母亲魏媪还亲自找到当时最有名气的相面"大师"许负为女儿算了一命，许负看了薄姬的面相后说：

当生天子。《史记·外戚世家》

这四个字给魏媪的鼓舞太大了！因为这意味着她的赌注押对了。

这句话对身为魏王的魏豹鼓舞也很大！薄姬现在是我魏豹的女人，她如果"当生天子"，自己岂不是"天子"的爹？"天子"的爹是什么？也是天子啊！此时，正是刘邦彭城大败之后项羽的势力如日中天之时。魏豹原来归属汉王刘邦集团，现在看到项羽的力量更强大，更重要的是许负"当生天子"四个字，像给魏豹打了鸡血一样，于是魏豹立即叛汉，先独立，再联手项羽对付汉王刘邦。刘邦此时正和项羽鏖战荥阳，魏豹军的地理位置处于荥阳的北面，严重威胁到刘邦的生存。刘邦先劝降，不成，再派韩信率兵出战。随同韩信出征的曹参大获全胜，并俘获了魏豹。刘邦生擒了这位叛将，但并没有杀他，为了团结魏国的反秦势力，他让魏豹在自己手下为将。

魏豹玩儿完了，薄姬便成了刘邦的战利品，被送到汉王刘邦的作坊织布。可以想见，此时魏媪的内心一定十分纠结：赌输了！但是，赌场历来风云变幻，只要赌局未结束就有机会。

不久，发生了两件意想不到的事。

一是魏豹驻守荥阳时被刘邦的手下所杀，二是刘邦一次意外视察织布作坊时发现了有点姿色的薄姬，于是下令将薄姬送入自己的后宫。可是，在织布作坊颇有点姿色的薄姬进入美女如云的汉王后宫，立马失去了耀眼的光环，刘邦竟然一年多都没有想到这位"当生天子"的女人，刚刚拨开乌云的薄姬似乎又要暗无天日了。

此时，又一个偶然的机遇彻底改变了薄姬的命运。

薄姬小时候有两个闺蜜，一位是管夫人，一位是赵子儿。三人曾相约：

先贵无相忘。《史记·外戚世家》

此时，薄姬的两位闺蜜都得到汉王刘邦的宠幸。两人在一块儿谈起人生的命运，说起当年和薄姬的约定。私房话无意中让汉王刘邦听见了，汉王怜香惜玉，立即询问薄姬的情况，两位闺蜜据实以告。刘邦一声长叹，当晚召薄姬陪侍。久受冷落的薄姬像她母亲一样决不放过任何机会，她对第一次召幸她的刘邦说：昨夜，我梦见一条苍龙盘在我肚子上。刘邦高兴地说：这是富贵的象征，我今晚成全你。天下竟然有这样的巧事，偶然听见的一席话，引发了汉王的宠幸，薄姬竟然怀上了孩子，生下了刘恒，刘恒后被刘邦封为代王。此后，刘邦再也没召见薄姬，毕竟薄姬不是女神。福兮祸伏，祸兮福倚。高祖下世，凡是刘邦生前宠幸过的女人，吕后一律将她们幽禁深宫，不许外出。备受刘邦宠幸的戚夫人母子则惨遭杀害。唯独薄姬，因之前很少被召见，便被放出宫到代国与儿子刘恒相聚，成为代国王太后。

后来，薄姬的儿子刘恒幸运地被选为皇帝，应验了"当生天子"的预言。

想想可怜的魏豹，薄姬"当生天子"四个字让他热血沸腾，叛汉联楚，结果搭上了一条命。魏豹至死

已而管夫人、赵子儿先幸汉王。汉王坐河南宫成皋台，此两美人相与笑薄姬初时约。汉王闻之，问其故，两人具以实告汉王。汉王心惨然，怜薄姬，是日召而幸之。薄姬曰：『昨暮夜妾梦苍龙据吾腹。』高帝曰：『此贵征也，吾为女遂成之。』一幸生男，是为代王。其后薄姬希见高祖。高祖崩，诸御幸姬戚夫人之属，吕太后怒，皆幽之，不得出宫。而薄姬以希见故，得出，从子之代，为代王太后。——《史记·外戚世家》

都不明白: 薄姬注定要生天子, 但不一定是和你魏豹生。魏豹在天之灵如果知道薄姬为刘邦生了一个天子, 一定会捶胸顿足, 大放悲声。上苍真是和自己开了个不该开的玩笑。

上苍的再一次眷顾: 窦太后

薄姬很幸运, 儿子称帝, 她成了皇太后。儿子刘恒很幸运, 一次意外的选举竟当上了皇帝。这还不算, 薄姬的儿媳也很幸运!

薄姬的儿媳是谁?

她有什么幸运?

薄姬的儿媳是汉代初年大名鼎鼎的窦太后。

窦太后是赵国人, 吕后时, 她以良家子的身份入宫, 成为侍奉吕后的侍女。

吕后为了笼络受封的刘姓诸侯王, 特意从自己身边的侍女中选了一批小美女, 每位诸侯王获赠五位, 窦姬幸运入选。窦姬是赵国人, 一听说有此机会, 她首先想到的是希望借此机会将自己分到赵王身边, 这样离家乡近一点。她特意找到主管宦官, 请其帮帮忙, 将自己分到"赵王战队"。主管宦官当时答应了, 可事后忘了, 误将窦姬的名单列入"代王战队"。名单报上, 少帝批了。临出发时, 窦姬才知道, 她抱怨主管宦官, 哭哭啼啼不想去, 但是, 名单皇帝既已经批准, 不可能再更改, 她不得不来到代国。

万万没有想到的是, 来到代王身边的五位侍女, 只有窦姬受到代王的宠幸, 一下子为代王刘恒生了三个孩子。老大是女儿, 就是后来的长公主刘嫖。老二刘启，老三刘武，都是儿子。在母以子贵的年代，能为代王生下两个儿子，窦姬的地位立刻今非昔比了。

遗憾的是代王此前已经有了王后，而且，这位王后还生了四个儿子。王后是正妻，窦姬再受宠幸，仍然是妾，主与仆的身份地位差远了。

命运再一次眷顾了窦姬。

就在窦姬生了两个儿子却无法扶正的尴尬时刻，代王王后突然得急病死了，而且此事与窦姬一毛钱的关系都没有，纯属偶然。虽然王后死了，但是王后所生的四个儿子都在，而且论身份，论年龄，都远在刘启、刘武之上，如果代王继位称帝，太子肯定没有刘启的份儿。

更幸运的是，代王刘恒入承大统后几个月，原代王王后所生的四个儿子相继病死，此事与窦姬没有一毛钱的关系。

这样，代王刘恒入京称帝后数月，公卿大臣要求立太子时，只有窦姬的儿子刘启年龄最长，顺利地被立为太子，窦姬顺理成章地被立为皇后，女儿刘嫖成为长公主。

刘启幸运地成为太子，父死子继，又成为皇帝。刘启的四位兄长全死，但他还有三个弟弟，大弟刘武与自己一母同胞，都是窦太后所生。另外两个弟弟刘参、刘胜皆为其他嫔妃所生，没有窦太后关照，自然就差了

至代，代王独幸窦姬，生女嫖，后生两男。而代王王后生四男。先代王未入立为帝而王后卒。及代王立为帝，而王后所生四男更病死。孝文帝立数月，公卿请立太子，而窦姬长男最长，立为太子。立窦姬为皇后，女嫖为长公主。——《史记·外戚世家》

许多。刘武先被立为代王，后又改封梁王，史称梁孝王。

有多少幸运就有多少麻烦：薄太后干婚，窦太后干政

汉景帝刘启继位时，身为太皇太后的薄太后尚在世，这位"当生天子"的薄姬早已不是当年在织布坊的小女人了，而是有权有势的太皇太后。景帝于公元前156年六月即位，公元前155年四月薄太后下世。景帝在位仅十个月太皇太后就下世。但是，位高权重的薄太后早在刘启被文帝立为太子时就插了一手，她选了一位娘家的薄姓女子为太子妃。

这桩婚姻纯粹是权力外溢的结果。当年的薄姬熬成了皇太后，孙子的婚姻她认为理所应当要插手，硬将自己娘家的一位薄姓女子选为太子妃。

刚刚上位的太子刘启，尽管心里一百个不愿意，但是，仍然接受了这位薄姓太子妃。景帝即位称帝，太子妃顺理成章地被立为皇后。景帝非常不喜欢薄皇后，但是，只要这位风烛残年的老太后一息尚存，汉景帝就不敢动这位薄皇后。遗憾的是，太皇太后年龄太大了，自然规律让她对孙子的婚姻管不了太久就该撒手西行了。更遗憾的是薄皇后无子，这是最要命的一条。一旦太皇太后下世，薄皇后的大限就到了。果然，太皇太后一去世，景帝就废了薄皇后。

景帝为太子时，薄太后以薄氏女为妃。及景帝立，立妃曰薄皇后。皇后毋子，毋宠。薄太后崩，废薄皇后。——《史记·外戚世家》

　　这里，我们看到了汉景帝的耐心，他知道该忍的时候一定要忍，不到自己发力时一定不能发力。比较一下此前吕后时代的赵王刘恢，更可见出景帝的老到。赵王刘恢因为吕后分配给自己的王后并非自己所爱，自己所爱的女人又被霸道的吕姓王后所杀，悲观至极，最终自杀。赵王刘恢和景帝刘启都有一个来自太后甚至太皇太后派来的王后，而且自己都不喜欢这个分配来的王后。一个选择自杀，一个选择耐心等待，最终自杀者一无所有，而汉景帝在可以独立表达自己的意志时苦尽甘来。

　　景帝熬走了薄太后，又迎来了窦太后。

　　太皇太后下世后，窦太后的地位凸显出来了。这位老太太不但幸运，而且与薄太后相比，她不是一盏省油的灯。薄太后至多是干婚：为孙子选个太子妃，让娘家有人在后宫当家。窦太后不同，当年吕后身边的小丫头，现在成了大汉的皇太后，没少给景帝添堵——干政。

　　窦太后给景帝添的最大乱子源于小儿子梁孝王刘武。

　　刘武是窦太后的至爱。

　　爱到什么程度呢？

　　她要让刘武接老大刘启的班当皇帝。

　　窦太后的想法很简单：现任皇帝是长子刘启，继任者应当是幼子刘武。

　　一次，梁孝王进京朝见，景帝在宫中举办了一场家宴。此时，汉景帝尚未立太子。酒酣耳热之时，汉景帝突然冒出一句语惊四座的话：

千秋之后传梁王。《史记·魏其武安侯列传》

窦太后一听，乐翻了。正乐着，突然杀出一个不谐和音，参加这次宫中家宴的窦婴端着酒杯站起来对景帝说：

天下者，高祖天下，父子相传，此汉之约也，上何以得擅传梁王！《史记·魏其武安侯列传》

窦婴这话说得有道理。汉景帝刚刚说的是讨母亲喜欢，而心里并不认同的话。道理极简单：窦太后爱幼子，因此要让幼子接班当皇帝。但是，汉景帝也爱儿子啊！景帝当然希望传子不传弟。传弟之言，纯属逗你玩儿呢！作为窦太后的娘家侄儿，窦婴能参加这么私密的宴会，可以看出他在窦太后心中地位甚重。这句话立即惹恼了窦太后：

太后由此憎窦婴。《史记·魏其武安侯列传》

备受姑姑器重的侄子立即被姑姑恨死了。窦婴借口有病辞官，窦太后借机取消了窦婴入宫的准入证。为了小儿子刘武当上皇储，窦太后与侄子窦婴闹

梁孝王者，孝景弟也，其母窦太后爱之。梁孝王朝，因昆弟燕饮。是时上未立太子，酒酣，从容言曰：『千秋之后传梁王。』太后欢。窦婴引卮酒进上，曰：『天下者，高祖天下，父子相传，此汉之约也，上何以得擅传梁王！』太后由此憎窦婴。窦婴亦薄其官，因病免，太后除窦婴门籍，不得入朝请。

——《史记·魏其武安侯列传》

到势不两立。

窦太后、窦婴、汉景帝三人一比较，景帝明显是高手，他能言不由衷、口是心非，说一套做一套，标准的政客做派。窦太后、窦婴都是性情中人，只会说心里话，不会说假话、空话、大话，因此都成不了政客。

梁孝王明知哥哥说的不是心里话，仍然心中暗喜，窦太后同样乐不可支——两个糊涂虫！

景帝前元二年（前155）四月，薄太后下世。

景帝前元六年，景帝废薄皇后。

景帝前元七年十一月，汉景帝突然下诏废太子刘荣为临江王。正如废薄皇后之后没有马上立皇后一样，废了栗太子刘荣后长达四个多月，景帝亦未宣布太子人选。

栗太子刘荣被废，窦太后立即跳出来。景帝此时已有了太子人选，迟迟未宣布，实际上是在等窦太后发难。

窦太后对儿子从不隐讳，性格与身份决定了窦太后一定是直接要求立梁王刘武为继承人。

《史记·外戚世家》载，景帝废栗太子后，窦太后心中想让梁王刘武为继承人。但是，窦太后不是一位仅仅"心欲"之人。《史记·梁孝王世家》载，袁盎等大臣为梁王刘武当继承人一事专门找过窦太后。而且，经过一次谈话后，窦太后不再干涉此事了：

十一月，上废栗太子，窦太后心欲以孝王为后嗣。大臣及袁盎等有所关说于景帝，窦太后义格，亦遂不复言以梁王为嗣事由此。《史记·梁孝王世家》

这段记载透露了三大问题：

一是汉景帝向大臣通报了窦太后的立储意见。

二是袁盎等大臣面谏窦太后。

三是窦太后放弃立梁王刘武为储君的意见。

如果汉景帝不向大臣透露窦太后的立储意见，袁盎等大臣何以会面谏窦太后？《资治通鉴》中"帝以访诸大臣"六字证实了我们的推断：

栗太子之废也，太后意欲以梁王为嗣，尝因置酒谓帝曰："安车大驾，用梁王为寄。"帝跪席举身曰："诺。"罢酒，帝以访诸大臣，大臣袁盎等曰："不可。"《资治通鉴》卷十六

从汉景帝忍耐薄皇后可知景帝极有城府，时机不到，心中再怨恨亦绝不发作。窦太后当面要求景帝驾鹤西去后传位梁王，景帝"跪席举身"，满口答应。一转身，立即召见大臣咨询，袁盎等大臣反对。

这是景帝事前准备好的一步棋！

老母爱小弟，希望兄终弟及，景帝心知肚明，他当面应允，再借朝议，用朝臣之口封太后之嘴。

怎么封住一位强势太后的嘴呢?

讲故事。

讲什么呢?

《史记·梁孝王世家》说，这事讲得太私密，世人不知道。

《史记·梁孝王世家》褚少孙的补文揭开了袁盎等大臣的谏言：春秋时宋宣公逝世前，曾做了一个大胆的决定，他死后传位其弟，其弟死后再传位给自己的儿子。这一决定看起来照顾了弟弟和儿子两个方面。但是，在具体操作时出了问题。宋宣公的弟弟死后，决定传给宋宣公的儿子，可他自己的儿子不干，认为自己应当继位，于是违背父愿，杀了堂兄，自己当了国君。此事引发宋国大乱，整整折腾了五代才恢复平静。窦太后不懂历史，但她听明白了，一旦传位于小儿子，自己的孙子们就会为帝位杀来杀去，兄弟相残，永无止息。于是，她立即打发一直等在京城的小儿子回封国去了。

褚少孙的补文有道理吗？

我看有道理。

窦太后极为强势，让她收回成命只有让她明白利害。

袁盎等大臣抓住了兄终弟及的最大隐患是

以事秘，世莫知。
——《史记·梁孝王世家》

『殷道亲亲者，立弟。周道尊尊者，立子。殷道质，质者法天，亲其所亲，故立弟。周道文，文者法地，尊者敬也，敬其本始，故立长子。周道，太子死，立嫡孙。殷道，太子死，立其弟。』帝曰：『于公何如？』皆对曰：『方今汉家法周，周道不得立弟，当立子。故《春秋》所以非宋宣公。宋宣公死，不立子而与弟。弟受国死，复反之与兄之子。弟之子争之，以为我当代父后，即刺杀兄子。以故国死，祸不绝。故《春秋》曰：「君子大居正，宋之祸宣公为之」。』臣请见太后白之。』袁盎等入见太后，『太后言欲立梁王，梁王即终，欲谁立？』太后曰：『吾复立帝子。』袁盎等以宋宣公不立正，生祸，祸乱后五世不绝，小不忍害大义状报太后。太后乃解说，即使梁王归就国。
——《史记·梁孝王世家》褚少孙补

骨肉相残，一招击中了窦太后的软肋。这是窦太后态度大变的根本原因。

一心一意要当储君的梁王被自己最大靠山窦太后赶出了京城。因为窦太后想明白了，长子、幼子都是儿子，万万不能兄弟相残。

梁王明白了吗？

明白了。

明白了什么？

第一，明白自己没戏是因为袁盎等大臣从中"作梗"造成的。

第二，梁王曾打算从自己的"驻京办"修一条专用车道直通窦太后的长乐宫，此事又被袁盎阻止了。

两件事一叠加，梁王恼了，一怒之下决定派人刺杀袁盎。但是，刺杀行动并不顺利。第一位杀手到京一打听，人人都说袁盎好。杀手良心发现，找到袁盎，告诉他自己受雇于梁王前来刺杀袁盎一事，并告诫袁盎，杀手有十几批，千万小心。袁盎心中不快，最终还是被梁王派来的杀手所杀。

不仅袁盎被杀，其他议臣十余人皆被杀，这事震惊了景帝刘启，京城大搜捕一无所获。

怎么追查到凶手了呢？

袁盎虽家居，景帝时时使人问筹策。梁王欲求为嗣，袁盎进说，其后语塞。
——《史记·袁盎晁错列传》

梁王以此怨盎，曾使人刺盎。刺者至关中，问袁盎，诸君誉之皆不容口。乃见袁盎曰：『臣受梁王金来刺君，君长者，不忍刺君。然后刺君者十余曹，备之！』袁盎心不乐，家又多怪，乃之棓生所问占。还，梁刺客后曹辈果遮刺杀盎安陵郭门外。
——《史记·袁盎晁错列传》

王又尝上书：『愿赐容车之地，径至长乐宫，自使梁国士众筑作甬道朝太后。』袁盎等皆建以为不可。
——《资治通鉴》卷十六

文献有两条记载：一是司马迁的《史记·梁孝王世家》，二是《史记·梁孝王世家》的褚少孙补文。

《史记·梁孝王世家》载，京城刺杀大臣系列案爆发后，景帝意识到此事可能与梁王刘武有关，一查，果然是梁王指使。于是，派了一批接一批的使者到梁国追捕凶手，重点查处梁王手下公孙诡、羊胜两人，这两个家伙是刘武最贴心的亲信、跟班，这次的刺杀事件就是他们亲手雇的杀手。面对中央政府的严查追捕，这两个穷途末路的跟班藏到了梁王刘武的王宫。中央办案人员碍于梁王刘武的特殊身份，不便进入梁王王宫搜捕凶手，梁王又不愿配合抓捕，办案陷入僵局。

于是天子意梁王，逐贼，果梁使之。乃遣使冠盖相望于道，覆按梁，捕公孙诡、羊胜。公孙诡、羊胜匿王后宫。使者责二千石急。
——《史记·梁孝王世家》

褚少孙的补文更富有传奇性。

当杀手闯入袁盎住所后，袁盎对刺客说：我是袁将军，先生不会杀错人吧？杀手说：没错！杀的就是你。刺杀袁盎后，凶手将凶器扔到了现场。办案人员勘查现场时，发现这把剑是新打造的。于是，遍访长安城中的铸剑工，工匠认出这把剑后说，是梁王派人来本店打造的这把剑。因此，汉景帝知道刺客是梁王派的，于是派人到梁国追捕凶手。窦太后听说后立即绝食，而且白天黑夜不停地哭，闹得昏天黑地。

袁盎顾之曰：『我所谓袁将军者也，公得毋误乎？』刺者曰：『是矣！』刺之，置其剑，剑著身。视其剑，新治。问长安中削厉工，工曰：『梁郎某子来治此剑。』以此知而发觉之，发使者捕逐之。独梁王所欲杀大臣十余人，文吏穷本之，谋反端颇见。太后不食，日夜泣不止。
——《史记·梁孝王世家》褚少孙补

梁王刘武因为继承大统无望，胆敢派刺客成

批地杀戮大臣，这是闻所未闻的谋反大罪啊！窦太后知道刘武闯了大祸，绝食、哭闹都是为保梁王刘武一命而向景帝施压。

事情闹到这般地步，怎么收场呢？

文献也有两种记载：

一见《史记·梁孝王世家》：

梁相轩丘豹及内史韩安国进谏王，王乃令胜、诡皆自杀，出之。上由此怨望于梁王。梁王恐，乃使韩安国因长公主谢罪太后，然后得释。

梁国国相轩邱豹和内史韩安国双双进谏梁王，梁王却下令让羊胜、公孙诡自杀，然后交出两人的尸体。老大的跟班最终都是牺牲品，下场令人唏嘘，亦让人深思。

二见《史记·梁孝王世家》褚少孙补：

景帝见窦太后绝食救梁王，向大臣问计，大臣建议派懂得经术的官员审此案。结果，田叔、吕季主被选中。这两位深懂经术的大臣怎么处理呢？一把火将梁王谋反的证据全烧了，空着两手回朝复命。景帝问：查得怎么样？两人回答：梁王根本不知此事。就是公孙诡、羊胜两人合谋干的，现在这两个家伙全被处死了，梁王好着呢，没事！

这事处理得那叫一个绝！

两位号称通经术的大臣，其实通的是人道，通的是将幕后真凶与台前操作者区分开来。杀了知情人，毁了证据，保了梁王，解了太后之困，景帝只能做到这个程度。因此，景帝高兴地说：赶快告诉太后。窦太后一听，立即进食，身体康复。

两段记载都让公孙诡、羊胜做了炮灰，但在处理梁王时则大不同：一是梁王下令让两人自杀，并恐惧自己小命不保而通过长公主向太后请罪；另一是梁王对刺杀一事毫不知情，故羊胜、公孙诡伏法，梁王悠哉无恙。看来，梁王是否因此事而有所畏惧及警醒，是两段记载的最大不同。

要让胆大妄为的梁王有所畏惧，绝对不是一件简单的事——老娘护犊。如果有此靠山，梁王不可能低头认输。因此，判断记述高下的标准是，谁记述了梁王懂得畏惧的原因，谁的记述就更可靠。

褚少孙没有记述。

司马迁在《史记·韩长孺列传》中记述了。

当景帝得知公孙诡、羊胜谋划刺杀了袁盎等大臣，立即下令抓捕，而且势在必得。十几批查案人员逐一到岗，从国相以下开始，大搜捕搞了数月，仍未抓到他们。身为内史的韩安国听说被追捕的两人藏在梁王王宫里，立即入宫哭谏梁王：主上受辱，臣下当死。大王手下无良臣，事情才闹到今天这个地步，既然抓不到公孙诡、羊胜，请赐死我吧。梁王大惑不解地问：何至于此？韩安国说：大王考虑一下，您和皇帝的关系，与太上皇和高皇帝、皇帝和临江王的关系，哪一个更亲？梁王说：肯定不如他们的关

景帝甚忧之，问公卿大臣，大臣以为遣经术吏往治之，乃可解。于是遣田叔、吕季主往治之。此二人皆通经术，知大礼。来还，至霸昌厩，取火悉烧梁之反辞，但空手来对景帝。景帝曰：『何如？』对曰：『言梁王不知也。造为之者，独其幸臣羊胜、公孙诡之属为之耳。谨以伏诛死，梁王无恙也。』景帝喜说，曰：『急趋调太后。』太后闻之，立起坐餐，气平复。——《史记·梁孝王世家》褚少孙补

系亲。韩安国说：太上皇和高皇帝，皇帝和临江王都是父子。但是，高皇帝说"提三尺剑取天下的是朕"。因此，太上皇不能过问政事，只能住在栎阳宫中。临江王是皇帝的嫡长子，因其母一句话说得不合体，被罢黜太子之位。后来，又因为占用祖庙之地，最终在中尉府自杀。为什么会这样？因为治理天下最终不会因私乱公。人们常说："即使是亲生父亲，怎么知道他不会变成老虎？即使是亲哥哥，怎么会知道他不会变为恶狼？"如今，大王位列诸侯，却喜欢一个邪臣的胡说，触犯皇上禁令，阻挠法令执行。天子因为顾及太后，不愿对大王用法。太后日夜啼哭，希望大王能改过自新。如果大王就是不觉悟，万一太后有了不测，大王靠谁啊？话未讲完，梁孝王落泪，对韩安国说：我现在就交出公孙诡、羊胜。公孙诡、羊胜得知后，立即自杀。汉使还报景帝，此事得以顺利解决，韩安国发挥了很大作用。

司马迁写出了梁王刘武交出公孙诡、羊胜两人的真正原因是担心窦太后这座大靠山可能会坍塌，这一记载显然比褚少孙的补文让人信服。

梁王刘武刺杀袁盎等大臣一事，由于窦太后绝食折腾，景帝只能以追杀公孙诡、羊胜告一段落。

内史安国闻诡、胜匿孝王所，安国入见王而泣曰：『主辱臣死。大王无良臣，故事纷纷至此。今诡、胜不得，请辞赐死。』王曰：『何至此？』安国泣数行下，曰：『大王自度于皇帝，孰与太上皇之与高皇帝及皇帝之与临江王亲？』孝王曰：『弗如也。』安国曰：『夫太上、临江亲父子之间，然而高帝曰「提三尺剑取天下者朕也」，故太上皇终不得制事，居于栎阳。临江王，嫡长太子也，以一言过，废王临江，用宫垣事，卒自杀中尉府。何者？治天下终不以私乱公。语曰：「虽有亲父，安知其不为虎？虽有亲兄，安知其不为狼？」今大王列在诸侯，悦一邪臣浮说，犯上禁，桡明法。天子以太后故，不忍致法于王。太后日夜涕泣，幸大王自改，而大王终不觉寤。有如太后宫车即晏驾，大王尚谁攀乎？』——《史记·韩长孺列传》

到此，梁王雇凶刺杀袁盎等大臣一事似乎结束了，窦太后的绝食护犊似乎也结束了。但是，事情有它自身的逻辑。因为此事，汉景帝对梁王刘武特别恼火。梁王为了自身利益，决定进京灭火，但他的进京灭火又生出一桩事端。

梁王刘武先派韩安国进京游说太后，灭了太后的火。景帝得知后，火也消了不少。然后，梁王请求入朝。到了函谷关，梁王刘武听信手下官员的主意，乘了一辆低规格的车子，悄悄入京，藏在姐姐长公主刘嫖家中。景帝派出使者迎接梁王，在函谷关外只见梁王的马车，不知梁王在何处。窦太后一听梁王失联，顿时哭成一团：皇帝杀了我儿子。景帝虽一头雾水，但很担心。正在大家都不知梁王下落时，梁王亲到宫前谢罪。窦太后、汉景帝猛然一喜，相拥而泣，景帝下诏，召梁王的随从入关。但是，兄弟二人的关系并未真正修复，景帝此后越发疏远梁王，不再让梁王与自己同车而坐了。

梁王刘武这一手，乍一看，是给哥哥一个惊喜，但兄弟二人的矛盾却越结越大。

景帝中元六年冬十月，梁王刘武进京上疏，言想在京城多住几日，景帝不同意，梁王闷闷不乐地返回梁国。六月，梁王中暑而亡。窦太后听说刘武死了，哭得死去活来，再次绝食，说：皇上杀了我儿子。汉景帝很郁闷，与姐姐长公主刘嫖商议后，将梁国一分为五，封刘武五个儿子为王，五个女儿都有自己收取赋税的私邑。窦太后这才改怒为喜。

梁孝王刘武一死，窦太后因幼子干政的事算告一段落，但并未结束太后干政。而且，一个更大的威胁正一步步逼近。

这是什么威胁呢？

请看：麻烦来了。

及闻梁王薨，窦太后哭极哀，不食，曰：『帝果杀吾子！』景帝哀惧，不知所为。与长公主计之，乃分梁为五国，尽立孝王男五人为王，女五人皆食汤沐邑。于是奏之太后，太后乃说，为帝加壹餐。

——《史记·梁孝王世家》

麻烦来了

汉景帝当上皇帝，很大程度上依靠的是他的幸运，他的父亲幸运，他的母亲幸运，他自己更不必说。可是，景帝甫一即位，幸运之神似乎就离他远去了，薄太后干婚让他不得不忍气吞声接受一个自己不喜欢的女人，窦太后干政则让他在家事与政事的矛盾中大费脑筋。不过，这些都不算什么，一个真正的大麻烦正日益逼近。这才是可能会把他从皇帝的宝座上拉下来的大危机。这个大麻烦是什么？它是怎么形成的呢？

夺命棋局：麻烦之由

剥夺一个人的生命，古今中外都是一大事件。

汉景帝为太子之时夺走过一条人命。

按常理，太子身为储君，一般不插手时政，主要任务是当好"候补"，随时准备上场"打主力"。这样的生活应当舒舒服服，怎么会和命案扯到一块儿呢？

事情缘于一场棋局。

景帝为太子时，吴王刘濞的太子进京拜会刘启。皇太子与吴太子一同吃饭，下棋，气氛挺融洽。两位年轻的太子下棋时发生了争执，这也正常，有输赢就有争斗。但是，争着争着动了手。动手确实出格了，但要看为什么动手，谁先动手，怎么动手。史书对此一无记载，只写皇太子拿着围棋棋盘向吴太子的头上砸下去。这一砸，意外发生了，吴太子当场被砸死。为什么会出现如此惨烈的结局呢？《史记·吴王濞列传》载，吴太子与其师傅都是楚人，性格强悍，一向骄纵，下棋遇到争议，表现得颇为不恭，遭皇太子痛扁致死。

孝文时，吴太子入见，得侍皇太子饮博。吴太子师傅皆楚人，轻悍，又素骄，博，争道，不恭，皇太子引博局提吴太子，杀之。——《史记·吴王濞列传》

史书追记历史，一定有选择和倾向。事实如何，今天肯定无从得知了，吴太子和其师傅是否真的强悍、骄横、不恭呢？但是无论如何，文帝的太子刘启和吴王刘濞的太子因下棋发生争执，太子刘启用棋盘砸死了吴王的太子。

儿子打死人，老子擦屁股。

文帝派人将吴太子的遗体送回吴国，但是吴王刘濞不接收，气呼呼地说：天下刘姓一家人，死在长安就葬在长安，何必给我送回来？文帝只好将吴太子的遗体运回长安下葬。吴王刘濞自此不再遵从藩臣之礼，自称有病，再也不到长安朝见天子了。

吴王刘濞拒不收葬其子有意气用事的一面，也有丧子之痛的一面，还有不为人知的另一面。

刘濞是高祖刘邦的二哥刘仲的儿子。其父刘仲曾于高祖七年（前200）被立为代王，后因匈奴攻打代国时刘仲没能坚守，弃国而逃，私回洛阳，高祖刘邦念手足之情，不愿加罪于二哥，于是废代王刘仲为合阳侯《史记·吴王濞列传》中作"郃阳侯"）。

高祖十二年（前195）秋，淮南王黥布叛乱，刘邦亲自率兵平叛。刘仲的儿子刘濞时年二十岁，年富力强，跟随刘邦大败黥布。荆王刘贾在黥布叛乱之初被黥布所杀，没有儿子继位。刘邦担心吴地民风彪悍，没有一位年长的刘姓诸侯王无法镇守此地，但自己的儿子除刘肥已封齐王，刘盈为太子外，其他的年龄都小，只好立刘濞为吴王，治理三郡五十三城。

封王拜印后，刘邦召见刘濞，他细细端详了一番刘濞的面相后，突然说：你有反相！心里后悔不该封刘濞为吴王，但是，已经赐王授印，不便反悔。于是，又手抚刘濞之背说：五十年后东南有反叛者，难道是你？记

于是遗其丧归葬。至吴，吴王愠曰：『天下同宗，死长安即葬长安，何必葬焉！』复遗丧之长安葬。吴王由此稍失藩臣之礼，称病不朝。——《史记·吴王濞列传》

住，小子，天下刘姓是一家，千万不要叛乱。刘濞面对高深莫测、喜怒无常的汉高祖刘邦，连连叩头：不敢！不敢！

　　高祖看了刘濞的面相，突然冒出五十年后东南有反叛的预言，不知道刘邦是怎么看出来的。当年，刘邦还是一位小小亭长之时，曾有两个人为他相了面：第一位是刘邦的老泰山吕公。吕公因为看到刘邦的面相特别好，竟然主动提出要把自己的女儿吕雉许给刘邦为妻。第二次是一位老者为吕雉及两个儿女看相后，大呼皆贵。刘邦闻讯后，追上老人为自己相面。老人说：夫人、孩子的富贵皆来自你，你的面相贵不可言。刘邦高兴得疯了，信誓旦旦地许愿：如果您的预言实现了，我不敢忘记您的大恩大德。

　　我们真不知道被人看过两次重要面相的刘邦何时自己也学会了看面相。看了刘濞的面相，刘邦不放心，说五十年后东南有人谋反，其实应是敲打一下刘濞。

　　刚刚受封的年轻吴王刘濞，面对威权无限的高祖刘邦不敢有丝毫的反叛之心，应当是真实的。

　　惠帝、高后执政时，天下刚刚安定，各个郡县、诸侯国都忙于安抚百姓、发展生产。刘濞的吴国有豫章郡的铜山，可以自铸钱。刘濞召集天下亡

已拜受印，高帝召濞相之，谓曰：『若状有反相。』心独悔，业已拜，因拊其背，告曰：『汉后五十年东南有乱者，岂若邪？然天下同姓为一家也，慎无反！』濞顿首曰：『不敢。』——《史记·吴王濞列传》

吕公曰：『臣少好相人，相人多矣，无如季相，愿季自爱。臣有息女，愿为季箕帚妾。』——《史记·高祖本纪》

老父曰：『乡者夫人婴儿皆似君，君相贵不可言。』高祖乃谢曰：『诚如父言，不敢忘德。』——《史记·高祖本纪》

命之人，加速铸钱，加上煮海水制盐，经济状况在当时各诸侯国中是最好的。吴国百姓因此可以不交税，仍然国用富饶。此时，应是吴王刘濞一生最辉煌的时期。

文帝即位后，刘濞的压力比高祖朝轻了很多。刘濞与刘恒是堂兄弟，自己的地位相对于高祖刘邦时提高了一些，毕竟是同辈人。此时，应是吴王刘濞一生中最顺心的时期。

可是不久便发生了文帝刘恒的太子误杀吴太子一事，此事让吴王刘濞的生活一下子失去了所有的平静。刘濞因儿子被杀心中大为不快，从此称病不入朝。朝廷经过查验，发现吴王并未生病。因此，吴国使者一到京城便被关押责问，吴王心怯，想加速谋反。适逢诸侯进京参加秋季朝聘，刘濞派使者进京，文帝专门责问吴国使者，吴国使者回答说：吴王确实未病。朝廷多次扣押吴国使者，因此，吴王称病。常言道："看清深水中的鱼并不吉利。"现在吴王刚刚称病，发现朝廷要严肃查问自己，因此会刻意隐瞒真情，担心皇上杀了自己，称病实际上是无奈之举，希望皇上给吴王一个重新开始的机会。文帝听后，赦免全部扣押的吴国使者回国，赐给吴王刘濞坐几和手杖，允许他作为老者，可以不进京朝聘。吴王得到赦免，谋反一事遂放下了。

会孝惠、高后时，天下初定，郡国诸侯各务自拊循其民。吴有豫章郡铜山，濞则招致天下亡命者盗铸钱，煮海水为盐，以故无赋，国用富饶。

——《史记·吴王濞列传》

京师知其以子故称病不朝，验问实不病，诸吴使来，辄系责治之。吴王恐，为谋滋甚。及后使人为秋请，上复责问吴使者，使者对曰：『王实不病，汉系治使者数辈，以故遂称病。且夫「察见渊中鱼，不祥」。今王始诈病，及觉，见责急，愈益闭，恐上诛之，计乃无聊。唯上弃之而与更始。』于是天子乃赦吴使者归之，而赐吴王几杖，老，不朝。吴得释其罪，谋亦益解。

——《史记·吴王濞列传》

你看，汉文帝追查吴王真病假病时，吴王正准备谋反呢（为谋滋甚）。

在这一触即发的关键时刻，文帝放回被扣押的吴国使者，赐给吴王坐几、手杖，准许他不进京朝聘，被自己的作为及愈闹愈僵的形势逼得要反的吴王刘濞，看到一丝生机，立即放弃了叛乱。

汉文帝用非常平和的方法暂时化解了一场叛乱。

此后，吴王刘濞仰仗吴国铸钱、煮盐带来的财政丰盈优势，做了许多笼络吴国人心的事：

一是百姓不交税。

作为农业立国的国家，征税是历届政府天经地义之事。吴王刘濞的不征税，对吴国百姓来说当然是天大的好事。

二是士卒服役，吴国发给他市场价的代役金。

汉代兵役称为"更"，应服兵役者自己服役谓"践更"；自己不愿服兵役，愿意出钱雇人代服兵役者谓"过更"。吴王因为财政丰盈，凡是"过更"者，费用由国家出钱，而且待遇优厚。这是吴王笼络吴国百姓的又一重大举措。

三是慰问有才之士。

吴王每年按时慰问本国的有才之士，连普通百姓也可以得到吴王赏赐。

四是吴国人犯法受到吴王保护。其他郡国来人抓

佗郡国吏欲来捕亡人者,讼共禁弗予。——《史记·吴王濞列传》

捕吴国犯法之人时,吴王一律不让抓捕。

这四大笼络民心的措施,吴王坚持了三十多年("四十多年"见于《史记》,《汉书》改为"三十余年",今从《汉书》),深得民心。因此,吴王刘濞具备了调动吴国民力的巨大能量。

如此者四十余年,以故能使其众。——《史记·吴王濞列传》

吴王刘濞是否早有反叛之心,我们不便妄下结论。但是,吴王刘濞三十多年致力于笼络民心却是一以贯之。

吴王刘濞为什么要这样做?至少,留了紧急情况下动员百姓为自己服务的后路。

吴王结盟:风雨将至

此时,晁错担任太子家令,很受太子刘启赏识,他多次给太子讲应当削减吴国封地,还上书文帝请求此事。但是文帝未采纳晁错的意见。

文帝为什么不采纳晁错的削藩之策?《史记·袁盎晁错列传》讲文帝为人仁慈,不愿处罚吴王刘濞,除此之外,可能还有三个原因:

一是吴王刘濞的反叛意图尚不明显。

二是文帝刘恒因皇太子误杀吴太子之事而内心歉疚。

三是文帝不想扩大事态。

文帝下世,景帝即位,晁错继续坚持自己的削藩之策。晁错认为：

第一，吴王之封是汉初不得已之举。

西汉初年，高祖刘邦的兄弟太少，仅有代王刘仲、楚元王刘交两位，自己的儿子们都太小，因此，高祖大封同姓诸侯王时，封了三位刘姓诸侯王：一是庶长子刘肥，掌管齐地七十多城；二是小弟楚元王，掌管四十多城；三是侄子吴王刘濞，掌管吴地五十多城。这三位诸侯王掌管天下一半的土地。晁错这话说得过了，因为此时天下全部诸侯王的土地加起来，刚刚超过西汉中央政府掌管的土地。

其实，刘邦还封了自己的二哥刘仲为代王。但是，刘仲面对匈奴袭扰，临阵脱逃回洛阳，刘邦不便处罚自己的二哥，只好将其降为合阳侯。

第二，吴王是当今天下最大的隐患。

这是由三大原因决定的：一是吴太子被杀后吴王故意不朝聘，按法当诛；二是文帝不追究吴王死罪，反而赐其坐几、手杖，吴王未改过自新；三是吴王铸钱、煮盐，召诱天下亡命之人，图谋叛乱。

晁错的结论是什么呢？

今削之亦反，不削之亦反。削之，其反亟，祸小；不削，反迟，祸大。《史记·吴王濞列传》

及孝景帝即位，错为御史大夫，说上曰：『昔高帝初定天下，昆弟少，诸子弱，大封同姓，故孽子悼惠王王齐七十余城，庶弟元王王楚四十余城，兄子濞王吴五十余城。封三庶孽，分天下半。』——《史记·吴王濞列传》

代王刘仲弃国亡，自归雒阳，废以为合阳侯。——《史记·高祖本纪》

今吴王前有太子之郄，诈称病不朝，于古法当诛。文帝弗忍，因赐几杖，德至厚，当改过自新，乃益骄溢，即山铸钱，煮海水为盐，诱天下亡人，谋作乱。——《史记·吴王濞列传》

景帝听后有何反应？

史书未载。但是，据文献来看，景帝听进去了。

怎么判断景帝听进去了？

因为景帝前元三年 (前154)，连续出现了三起削藩事件。

第一起：景帝前元三年冬，楚王刘戊 (楚元王刘交之孙) 朝聘。晁错告发楚王在去年薄太后服丧期，各地诸侯进京参加丧事之时竟在守丧的庐棚内奸淫宫女，按法当诛。景帝因此下诏，赦其死罪，削楚国东海郡。

三年冬，楚王朝，晁错因言楚王戊往年为薄太后服，私奸服舍，请诛之。诏赦，罚削东海郡。——《史记·吴王濞列传》

第二起：景帝前元二年 (前155)，赵王 (刘邦子刘友之孙) 犯罪，削其常山郡。

第三起：胶西王刘卬 (刘邦庶长子刘肥之子) 因为卖爵有不法行为，被削去六个县。

胶西王卬以卖爵有奸，削其六县。——《史记·吴王濞列传》

景帝为什么能听进去？

首先是感情因素。

晁错从景帝任太子时即追随他，两人建立了很深的感情。景帝即位后，提拔晁错任内史，主管京城，地位重要。晁错常常在景帝闲暇时谈论国事，每次都会被景帝采纳，甚至也因其进言而多次更改法令。晁错的受宠超过了九卿高官，引发了丞相申屠嘉的严重不满，但申屠嘉又无法制裁他。恰在此时，晁错犯下一个大罪。

景帝即位，以错为内史。错常数请间，言事，辄听，宠幸倾九卿，法令多所更定。丞相申屠嘉心弗便，力未有以伤。——《史记·袁盎晁错列传》

原来，晁错的内史府在太上皇庙外围的小墙内，大门面东，进出很不方便，晁错私自凿开了太上皇庙的外围小墙，修了两个向南的门。丞相申屠嘉一听，大怒，想上奏景帝，把晁错发到廷尉审理处死。但晁错消息很灵通，提前得知了此事，连夜入宫，请求景帝单独接见并当面汇报。第二天，丞相申屠嘉向景帝上奏疏指责晁错时，景帝对申屠嘉说：晁错凿开的不是太上皇庙的庙墙，是庙的外围小墙，不算犯法。申屠嘉万万没想到这一铁证竟然未告倒晁错，赶快向景帝道歉。退朝后，申屠嘉气得对长史发火：我该先杀了这个家伙再向皇上报告！现在我先上奏了，被晁错耍了。申屠嘉因此大病而死。

私凿太上皇庙外围小墙之事在景帝朝共出现两次。第一次是晁错，第二次是汉景帝的废太子临江王刘荣。晁错被告，未受处理；临江王刘荣被告，送至京城，终致自杀。可见，景帝对晁错是何等眷顾。

其次是理智因素。

汉初分封的同姓诸侯王经过数代后，与皇室的血缘关系日益疏远。受罚的楚王刘戊是初封的楚元王刘交之孙，赵王刘遂是刘邦子刘友之孙，胶西王刘卬是刘邦庶长子刘肥之子，血缘关系的疏远导致了感情上的疏离。因此即使削藩也不至于产生亲情上的不舍与良心上的不安。

景帝即位前就全面接受了晁错削藩的建议，荣

内史府居太上庙壖中，门东出，不便，错乃穿两门南出，凿庙壖垣，丞相嘉闻，大怒，欲因此过为奏请诛错。错闻之，即夜请间，具为上言之。丞相奏事，因言错擅凿庙垣为门，请下廷尉诛。上曰：『此非庙垣，乃壖中垣，不致于法。』丞相谢。罢朝，怒谓长史曰：『吾当先斩以闻，乃先请，为儿所卖，固误。』丞相遂发病死。——《史记·袁盎晁错列传》

登大宝后，削藩是接受这一建议的实践。

景帝连续削藩震惊天下诸侯。后人认为原本要叛乱的仅仅是吴王刘濞一人，由于连续削藩，吴王刘濞叛乱时才有其他六国参与，形成一股强大的叛乱力量。此评不无道理。但是，汉景帝不是一位思考缜密的政治家，他并未料到吴王刘濞会发动七国叛乱。吴楚七国之乱爆发之初，景帝竟然听信谗言，想通过杀晁错平息叛乱，这一举措说明景帝全无应对之策。因此，削楚、赵、胶西诸王之地确是景帝本心，但其削藩大策具有很大的随意性，景帝并非全面评估了诸多因素后才出手。他此时既未想到暂不削楚、赵、胶西诸王之地以全力对付吴王刘濞，也没想到若没有对楚、赵、胶西诸国削地，吴王刘濞也不会因担心被削地而叛乱。

总之，景帝时代，强大的诸侯国与中央政府摊牌的时机已经逐渐成熟，差的只是一个擦枪走火的机会。

恰在此时，机会来了。

削了楚、赵、胶西三国部分封地，晁错的地位凸显，升任御史大夫，晁错尝到了削藩给自己带来的实际利益，他的削藩主张日益明晰、大胆。他搜集了诸侯王的各种罪证，力主更大规模地削地。景帝将晁错的奏疏发给公卿、列侯、宗室商议，竟然没有一人敢顶撞晁错，只有窦婴一人反对，晁错从此与窦婴结怨。晁错主持修改法令三十章，引得天下诸侯舆论哗然，诸侯无不怨恨晁错。

错以此愈贵。迁为御史大夫，请诸侯之罪过，削其地，收其枝郡。奏上，上令公卿列侯宗室集议，莫敢难，独窦婴争之，由此与错有郤。错所更令三十章，诸侯皆喧哗疾晁错。——《史记·袁盎晁错列传》

终于，吴王刘濞忍不了了，一场汉初以来最大规模的叛乱开始了，中央政府与诸侯王之间真正的角力拉开帷幕：吴王刘濞准备叛乱。

刘濞知道单靠自己一人无法完成这一目标，他要寻找一个合伙人。

刘濞选中了谁？

胶西王刘卬。

为什么胶西王刘卬成了吴王刘濞的第一合作人？

古今中外，凡被选中参与重大事件的人，一定有其独到之处。或因其能力独到，或因其身份独特，或因其关系可用。

吴王刘濞看中胶西王刘卬什么了？

一是胆大。

二是爱逞血气之勇。

三是喜欢用兵。

四是兄弟们都怕他。

惠帝六年 (前189)，刘邦的庶长子刘肥下世，他的儿子刘襄继位，史称齐哀王。刘襄在诛除吕氏集团中立有大功，但因周勃、陈平等功臣派和皇族派刘泽忌讳其兄弟三人之才未被立为新君。文帝即位当年，刘襄下世，其子刘则继位，史称齐文王。文帝前元十五年 (前165)，齐文王下世。文帝刘恒采用贾谊"众建诸侯而少其力"的办法，一次封齐悼惠王仅存的六个儿子均为王：杨虚侯

汉廷臣方议削吴。吴王濞恐削地无已，因以此发谋，欲举事。——《史记·吴王濞列传》

刘将闾为齐王，安都侯刘志为济北王，武城侯刘贤为菑川王，白石侯刘雄渠为胶东王，平昌侯刘印为胶西王，扐侯刘辟光为济南王。

六位新晋诸侯王中唯独胶西王刘印胆大，爱逞血气之勇，喜欢用兵，其他兄弟都怕他。

吴王刘濞的眼光很毒，胶西王刘印这四大特点都有用。胆大，敢于参与叛乱；爱逞血气之勇，可以为反叛服务；喜欢用兵，正好派上用场；兄弟们怕他，可以利用胶西王胁迫其他五位齐地诸侯王参加叛乱。摆平一人，增加五个诸侯国，而且是齐地六王，实力不可小觑。

当然不能放弃！

吴王刘濞看准后，怎么做呢？

先派他手下的中大夫应高试探一下胶西王。

应高未带吴王信函，孤身一人来到胶西国，对胶西王展开攻势：吴王不才，朝夕忧愁，不敢把自己当成外人，特地让我来表达对您的喜爱。胶西王说：先生有何指教？应高回答：当下皇上任用奸臣，只顾眼前小利，轻率地改变国家法令，侵夺诸侯王封地，向诸侯国的征调越来越多，诛杀善良之人，这种情况越来越严重。俗话说"吃完糠就会吃米"。吴国、胶西国都是著名诸侯，一旦被盯上，恐怕就没有安宁了。吴王身体有病，二十多年不能进京朝聘，曾担心受猜疑，无法还自己一个清白，所以一直小心翼翼，仍担心不被理解。现在听说大王因为卖爵一事受罚削地，您犯的罪不至于受此处罚，而且，处罚恐怕不会到削地就结束。"胶西王问："确实如此。你说怎么办？"

应高出使胶西，目的是挑动胶西王率先加盟，手法是古今中外一以贯之的挑拨离间，基础是胶西王刚刚受罚削地。所以，应高指出削地处罚无止休，刺激了胶西王的内心柔软之处。

胶西王问怎么办，这是胶西王被说动的一个信号。

应高立即抓住了这一机会：对付共同的敌人应相互帮助，爱好相同者应相互关心，情感相同者应相互成就，愿望相同者当彼此相助，利益相同者可以为彼此而死。如今，吴王认为我们担心的是同一个问题，因此，我们可借此有利时机，顺应天理，不惜牺牲自己而消除天下灾难，想来大王会同意吧？胶西王此时才明白应高求见的目的。尽管胶西王胆大、爱逞血气之勇，但是，听应高公开策动谋反，仍然大吃一惊：我岂敢如此？皇上尽管逼得我无路可走，我只有一死，岂敢反叛？

胶西王的表态说明此时的胶西王尚无心、

于是乃使中大夫应高誂胶西王。无文书，口报曰："吴王不肖，有宿夕之忧，不敢自外，使喻其欢心。"王曰："何以教之？"高曰："今者主上兴于奸，饰于邪臣，好小善，听谗贼，擅变律令，侵夺诸侯之地，征求滋多，诛罚良善，日以益甚。里语有之，'舐糠及米'。吴与胶西，知名诸侯也，一时见察，恐不得安肆矣。吴王身有内病，不能朝请二十余年，尝患见疑，无以自白，今胁肩累足，犹惧不见释。窃闻大王以爵事有适，所闻诸侯削地，罪不至此，此恐不得削地而已。"王曰："然，有之。子将奈何？"——《史记·吴王濞列传》

高曰："同恶相助，同好相留，同情相成，同欲相趋，同利相死。今吴王自以为与大王同忧，愿因时循理，弃躯以除患害于天下，亿亦可乎？"王瞿然骇曰："寡人何敢如是？今主上虽急，固有死耳，安得不戴？"——《史记·吴王濞列传》

无意、无胆叛乱。应高当然不会铩羽而归，不仅是身负主命，更重要的是他已经说动了胶西王，绝不能半途而废。于是，应高将矛头指向了晁错：御史大夫晁错迷惑天子、侵夺诸侯、蔽塞忠良，朝臣怨恨，诸侯皆生背离之心，人心向背已到了极点。如今，彗星出现，蝗灾屡生，此为万年不遇之时机。百姓蒙难，正是圣人起事夺取天下的好机会。

应高的话并非全无道理。晁错的快速削藩，的确在一定程度上诱发了天下诸侯的叛离之心，至于天象之言，如彗星现、蝗灾生，今人一定不信，但彼时人们相信这是上天警示。

果然，应高这一番巧舌如簧的话胶西王听进去了，因为他未反驳应高。

应高一鼓作气，继续宣讲吴王起兵的光荣梦想：吴王想以讨伐晁错为借口起兵，追随大王，驰骋天下，大军所向者降，所指者服。希望大王同意与吴王共襄大事，吴王愿率楚王直取函谷关，据守

『御史大夫晁错，荧惑天子，侵夺诸侯，蔽忠塞贤，朝廷疾怨，诸侯皆有倍畔之意，人事极矣。彗星出，蝗虫数起，此万世一时，而愁劳圣人之所以起也。』——《史记·吴王濞列传》

荣阳，一举夺取敖仓的粮食，给您安排好住所，等您光临。如此，天下可唾手而得，大王与吴王共分天下，您以为如何呢？

应高这番话，纯属说客之辞。吴王实力远在胶西王之上，怎么可能与其平分天下？吴王冲锋陷阵，打下荣阳，修好豪宅等候胶西王，这可能吗？应高的这种说法虽为谎言，但听者入耳啊！

胶西王听后，一口答应：好！

应高的目的达到。

事情到此，该画句号了，但是，吴王刘濞不放心，担心胶西王会变卦。于是，他亲自去了胶西国，当面与胶西王订立了盟约。

景帝连续削藩，吴王与胶西王结盟：一场叛乱即将发生了！

这场地动山摇的战乱将会怎样爆发呢？

请看：七国反了。

「故吴王欲内以晁错为讨，外随大王后车，彷徉天下，所乡者降，所指者下，天下莫敢不服。大王诚幸而许之一言，则吴王率楚王略函谷关，守荣阳敖仓之粟，距汉兵。治次舍，须大王。大王有幸而临之，则天下可并，两主分割，不亦可乎？」——《史记·吴王濞列传》

吴王犹恐其不与，乃身自为使，使于胶西，面结之。——《史记·吴王濞列传》

七国反了

汉景帝即位，重用晁错，力推"削藩"，利益受损的吴王刘濞、胶西王刘卬、楚王刘戊、赵王刘遂等率先结盟密谋叛乱。以诸侯王的身份反叛中央政权，实属造反谋逆，非同小可，那么，吴王刘濞等人采取了哪些措施来摆脱政治上的困境呢？七国勾结，涉及颇广，声势浩大，他们是怎样走到一起的呢？他们真的会始终团结一心对抗朝廷吗？

胶西王疯了

吴王刘濞和胶西王刘卬订立了共同起兵的盟约，让刘濞非常受用：他终于将胶西王绑在了自己的战车上。就在吴王、胶西王共庆盟约生效之时，胶西国刮起了一股强大旋风。

这是一股什么风呢？

胶西国群臣知道了吴王与胶西王结盟叛乱一事后，集体向胶西王进谏：决不能和吴王结盟叛乱！

理由只有一点：划不来，犯不上！

胶西国群臣认为：拥戴一位皇帝是诸侯王的最佳选择，也是安心享受快乐岁月的最好方式。

与吴王结盟必然产生两大弊端：

其一，事成必争。

胶西国与吴国结盟，事成了，定然是两主相争，岂非大祸开始？吴王刘濞岂是好惹的主儿？事成怎么可能与其平分成果呢？划得来吗？犯得上吗？

其二，力量悬殊。

参与叛乱的诸侯之地不及朝廷之地的十分之二，朝廷地广势大，诸侯地狭力弱，而且这会让王太后担惊受怕，绝不是长久之计。

胶西国的群臣此时有意将汉初诸侯王的封地说小了，目的是阻止胶西王参与谋反，实际上汉初诸侯

胶西群臣或闻王谋，谏曰：『承一帝，至乐也。』——《史记·吴王濞列传》

今大王与吴西乡，弟令事成，两主分争，患乃始结。——《史记·吴王濞列传》

诸侯之地不足为汉郡什二，而为畔逆以忧太后，非长策也。——《史记·吴王濞列传》

国的封地并不小。

胶西王听进去了吗？

没有！为什么呢？胶西王疯了。他为吴王刘濞为自己规划的美好前程而疯狂，为自己将要主宰天下而疯狂。疯狂的人还有理智吗？

胶西王不但不听，还联络了他的五位兄弟：齐王、菑川王、胶东王、济南王、济北王。五位齐地诸侯王全部允诺参加，但是，他们排除了城阳王。第一任城阳王是诛灭吕氏的皇族派功臣刘章，此时的城阳王是刘章之子刘喜。为什么要排除城阳王刘喜呢？因为刘章是诛灭诸吕的大功臣，因受文帝打压郁郁而终，五兄弟不想让刘章之子再受什么牵连，但他们允诺：事成后，分给他好处。

利令智昏是古今中外一切做傻事者的共同特点，现在吴王刘濞拉来的第一位盟友又拉来了五位盟友，可谓"万事俱备，只欠东风"了。

吴王反了

就在吴王刚刚说服了胶西王之时，"东风"来了。

汉景帝下达了削吴会稽、豫章二郡的诏书。于是吴王刘濞立即起兵，杀了汉廷派驻吴国二千石以下的官员。

王弗听。遂发使约齐、菑川、胶东、济南、济北，皆许诺，而曰『城阳景王有义，攻诸吕，勿与，事定分之耳』。——《史记·吴王濞列传》

吴王刘濞虽然成功策反了胶西王，但他深知起兵叛乱毕竟是非常之举。刘濞为此做了非常充分的部署。

首先是总动员。

动员足够多的兵员是叛乱成败的关键。为了达到此目标，刘濞下了两手棋：

第一手棋：吴国总动员。六十二岁的吴王刘濞，亲自挂帅出征；其十四岁的幼子亦从军。循此例，吴国百姓上与吴王刘濞年龄相当者，下与其幼子年龄相当者都得应征，共征得二十万大军。这是吴王刘濞的嫡系部队。

第二手棋：诸侯总动员。吴王刘濞向胶西王、胶东王、菑川王、济南王、赵王、楚王、淮南王、衡山王、庐江王、故长沙王子等各国诸侯奉书，动员他们集体加盟叛军。

天下诸侯能否响应吴王刘濞的号召至关重要，如果不能让天下诸侯，至少是天下诸侯中的一大批人站到自己一边，吴王刘濞就死定了。因此，吴王刘濞为动员诸侯王下了大功夫。

他抓住了四个要点：

一是贼臣晁错力主削藩。

汉廷出了晁错这样的贼臣，他自己对江山社稷无功，专门侵夺诸侯土地，派员审讯惩治诸侯，专门以侮辱诸侯为本事，不用诸侯王的礼仪对待刘氏骨肉，欲抛

七国之发也，吴王悉其士卒，下令国中曰：『寡人年六十二，身自将。少子年十四，亦为士卒先。诸年上与寡人比，下与少子等者，皆发。』发二十余万人。——《史记·吴王濞列传》

弃先帝的功臣,重用坏人恶人,扰乱天下,想危害刘氏江山。

削藩危及的不是某一位诸侯王。今天削的不是你,不等于未来削的不是你。这是天下诸侯的最大痛点。不仅被削者感同身受,而且未被削地者内心亦恐惧,不知道哪一天削地的厄运会降临到自己头上。"汉有贼臣""侵夺诸侯地""欲危社稷"是最能动员天下诸侯的第一句话。

刘濞将自己的叛乱说成是要除掉贼臣晁错,将自己置于道德的制高点上,这样可以最大限度地调动天下刘姓诸侯王的情绪。以臣叛君,大逆不道,这是许多诸侯王一个很大的心理障碍。刘濞不将自己的起兵说成是叛乱,而说成是除贼臣,这将大大减轻天下诸侯王的心理负担,再将晁错削藩说成是危害刘姓江山,自己就更光明正大了。

二是景帝有病不能觉察。

尽管提出削藩主张的是晁错,但下诏削藩的却是汉景帝。刘濞起兵时在说法上有意放过汉景帝,将削藩说成是皇上多病,精神失常,不能明察,有意不将矛头对准汉景帝。这种说法的最大好处是让天下诸侯放下包袱,轻装上阵,起兵不是叛君,是诛贼臣。这是打动天下诸侯的第二句话。

三是夸大自己的能量。

吴国从十四岁的娃娃兵到六十二岁的老人兵，这么大的年龄跨度，总共才动员了二十万人，这是吴国总人口数量所决定的，也是吴国的致命伤。刘濞深知如不能调动天下诸侯王一块儿起兵，仅靠吴国这点兵力，叛乱必然有死无生。因此，他写给天下诸侯王的信中片面夸大自己的力量，这是打动天下诸侯的第三句话。

刘濞夸大自己的力量主要集中于两个方面：一方面是吴国兵力。本来拼凑了二十万，他却夸大为五十万。另一方面是南越国兵力。他夸口自己和南越王友好相处三十多年，此次南越王二话不说，襄助我军三十余万人。

> 敝国虽狭，地方三千里；人虽少，精兵可具五十万。寡人素事南越三十余年，其王君皆不辞分其卒以随寡人，又可得三十余万。——《史记·吴王濞列传》

四是宣布军事部署。

动员诸侯王的成败在于让人感到你必胜，这是所有参与者最关心的。如果一参加就必定失败而遭灭族，谁肯跟着自己干？怎么让人感到你能成功呢？非常重要的一点是军事部署。吴王刘濞向各诸侯王宣布了自己四路并进的全局部署：

第一路：南越国的军队由长沙王诸子率领，首先拿下长沙以北的地盘，然后向西，攻占蜀地、汉中。

第二路：东越王、楚王及淮南的淮南、衡山、庐江三王和我一起西进。

第三路：齐地诸王（胶西、胶东、菑川、济南等）及赵王出兵拿下河间、河内，一部分人进入临晋关，一部分和我同聚洛阳。

第四路：燕王、赵王本来与匈奴有约。燕王可向北攻下代地、云中郡，统领匈奴军团从北面进入萧关，匡扶天子，稳定朝廷。

希望诸王勉力去做。楚元王的儿子，淮南的淮南、衡山、庐江三王，已经攒了十多年的劲儿了，怨恨深入骨髓，想要有所动作已经很久了，只是我尚不知诸王的心意，不敢听命。现在诸位王侯如能保存将要灭绝的国家，扶弱锄强，安定刘氏，这是宗庙社稷所希望的。

我们吴国虽然贫穷，我节衣缩食，积蓄金钱，修治兵器甲胄，积聚粮食，夜以继日地努力有三十多年了，为的就是今天，希望诸王努力利用这些条件。

吴王刘濞的叛乱梦，并未得到实现。但是，刘濞在起兵伊始就向天下诸侯王宣布这么一个宏大的军事部署，政治宣传的价值远远超过军事实战的价值。因为吴王刘濞这个宏大的计划一旦付诸实施，中央政府应对起来是有相当难度的。

其次是颁重赏。

古今中外谋大事者都深知重赏的巨大激励作用。

刘濞布告天下诸侯：能够斩杀抓捕汉军大将者，赐金五千斤，封邑万户；能杀死或抓捕将军者，

越直长沙者，因王子定长沙以北，西走蜀、汉中。告越、楚王、淮南三王，与寡人西面；齐诸王与赵王定河间、河内，或入临晋关，或与寡人会雒阳；燕王、赵王固与胡王有约，燕王北定代、云中，转胡众入萧关，走长安，匡正天子，以安高庙。——《史记·吴王濞列传》

愿王勉之。楚元王子、淮南三王或不沐洗十余年，怨入骨髓，欲一有所出之久矣，寡人未得诸王之意，未敢听。今诸王苟能存亡继绝，振弱伐暴，以安刘氏，社稷之所愿也。敝国虽贫，寡人节衣食之用，积金钱，修兵革，聚谷食，夜以继日，三十余年矣。凡为此，愿诸王勉用之。——《史记·吴王濞列传》

赐金三千斤，封邑五千户；能杀死或抓捕副将者，赐金二千斤，封邑二千户；能杀死或抓捕二千石高官者，赐金千斤，封邑一千户；能杀死或抓捕一千石官员者，赐金五百斤，封邑五百户。完成上述每一项者均封列侯。其他能率领军队或城邑投降者，士兵达万人，城中有万户人家，视同杀死或抓捕大将；人口达五千户，视同杀死或抓捕将军；人口达三千户，视同杀死或抓捕副将；人口达到千户，视同杀死或抓捕二千石官员；抓到小吏者，一律按等级赏爵授金。其他方面立功者的封赏都超过常规一倍：原有爵禄封地者，一律增加而不是照旧。

刘濞还公开许愿：我吴王在天下多处都有钱，取赏不必到吴国来，你们尽管用也用不完。有应赏赐的你们尽管告诉我，我亲自去颁赏。

这才是真正的财大气粗！

吴王刘濞在战前动员上下的功夫可以说是相当到位。目的只有一个：让天下诸侯和百姓觉得跟着他干，值！

无论是吴王还是胶西王，都能让我们明白：触动利益比触动灵魂更厉害。他们哪位不是因自身利益才铤而走险的？

吴王刘濞、胶西王刘印铁了心要反。楚王呢？他会响应吗？

能斩捕大将者，赐金五千斤，封万户；列将，三千斤，封五千户；裨将，二千斤，封二千户；二千石，千斤，封千户；五百石，五百斤，封五百户，如得大将；人户五千，如得列将；人户三千，如得裨将；人户千，如得二千石；其小吏皆以差次受爵金。佗封赐皆倍军法。其有故爵邑者，更益勿因。——《史记·吴王濞列传》

寡人金钱在天下者往往而有，非必取于吴，诸王日夜用之弗能尽。有当赐者告寡人，寡人且往遗之。——《史记·吴王濞列传》

反成的和未反成的

史称此次叛乱为"吴楚七国之乱"，楚国是绝对少不了的。此时的楚王是刘戊，他是楚元王刘交的孙子。

楚元王刘交是高祖刘邦同父异母的小弟，刘邦起兵反秦，留其二哥刘仲照顾太公，把小弟刘交一直带在身边，当时可以自由出入刘邦大帐的仅有刘交与卢绾两人。高祖六年（前201），刘邦用陈平之谋，伪游云梦，智擒韩信，削去其楚王爵位，以韩信楚地五郡中的三个郡（彭城郡、东海郡、薛郡）封刘交为楚王，都彭城。刘交在位二十三年下世，其子夷王刘郢即位。四年后刘郢过世，其子刘戊即位。刘戊即位二十年后，犯下一桩大罪：薄太后丧葬时期他竟然私奸宫女，此事被晁错告发，景帝削去了楚王刘戊三个郡中的东海郡。

这让刘戊内心极不痛快，最后竟演变为楚王刘戊的叛乱。

最早觉察到刘戊变化的是学者穆生。

穆生、申公、白生三位学者当年和刘戊的祖父刘交一起受教于荀子弟子浮丘伯。刘交受封楚王后，将申公、穆生、白生一块儿召到楚国为官。穆生不善饮酒，每次宴饮时，楚元王刘交都为穆生准备好甜酒。刘戊即位后，开始尚为穆生准备甜酒，后来常常忘了。穆生非常敏感，私下对申公、白生说：咱们该走了。不准备甜酒，说明楚王已经对我们非常怠慢了。现在不走，将来后果堪忧。于是，穆生称病，申公、白生没有意识到问题的严重性，强迫穆生参加活动，说：你忘了先王如何礼遇我们吗？就算是现今楚王有失礼之处，何至于走呢？穆生回答：《易经》说，只要能够看到事物的征兆就算神了。征兆是事物发生前的预兆，是吉凶之事的先见之兆。君子看见征兆就要行动，不要等到最后。先王礼遇我们三人，是因为道在我们这儿。今天的楚王忽视这些，实质是忘了道。一个忘道的人，能和他长期相处吗？于是穆生称病走了，申公、白生留了下来。

后来，楚王刘戊因为在薄太后丧葬期间犯罪被削了东海郡，他心怀怨恨，终于和吴王刘濞搞到了一块儿。申公、白生劝谏楚王刘戊，结果被判刑罚做劳役，身穿囚衣，在市中服刑。刘戊的叔叔休侯刘富劝谏，作为侄子的刘戊竟然威胁说：叔叔要是不同意，我先起兵灭了叔叔。休侯刘富一听，吓得和母亲一块儿逃到了京城长安。景帝前元三年（前154），削去楚国东海郡的诏书下达，楚王刘戊立即响应吴王刘濞的叛乱。国相张尚、太傅赵夷吾进谏，全部被杀。楚兵与吴兵会合，攻打梁国，在棘壁大败梁军。

吴王刘濞拉进来的第二位盟友也是因为利益

穆生曰：《易》称「知几其神乎！几者动之微，吉凶之先见者也。君子见几而作，不俟终日」。先王之所以礼吾三人者，为道之存故也，今而忽之，是忘道也。忘道之人，胡可与久处！岂为区区之礼哉？」遂谢病去。申公、白生独留。——《汉书·楚元王传》

王戊稍淫暴，二十年，为薄太后服私奸，削东海、薛郡，乃与吴通谋。二人谏，不听，胥靡之，衣之赭衣，使杵臼雅舂于市。休侯使人谏王，王曰：『季父不吾与，我起，先取季父矣。』休侯惧，乃与母太夫人奔京师。二十一年春，景帝之三年也，削书到，遂应吴反。其相张尚、太傅赵夷吾谏，不听。遂杀尚、夷吾，起兵会吴西攻梁，破棘壁。——《汉书·楚元王传》

被触动走上了叛乱之路。

赵王刘遂是高祖刘邦之子赵王刘友之后，因为常山郡被削，吴楚起兵叛乱时，刘遂与吴楚合谋，赵国国相建德、内史王悍一块儿进谏，赵王刘遂不听，残酷杀害了国相、内史，发兵叛乱，屯兵赵国西境，准备与吴军会合西进。而且，他还派人北上联系匈奴，想和匈奴联手攻击汉军。

> 孝景帝时坐晁错以适削赵王常山之郡。吴楚反，赵王遂与合谋起兵。其相建德、内史王悍谏，不听。遂烧杀建德、王悍，发兵屯其西界，欲待吴与俱西。北使匈奴，与连和攻汉。——《史记·楚元王世家》

赵王刘遂成为吴王刘濞叛乱的加盟者。

赵王的叛乱行为非常恶劣。不仅杀死了汉朝中央政府选派到赵国的国相、内史，而且还北上联络匈奴，欲借外族之手搞乱政局。

吴王刘濞为什么能够将胶西王、楚王、赵王全拉进叛乱联盟呢？因为这三位王爷全是遭到削地的诸侯王，共同的利害让他们联手了！

七国之乱的其他三位是胶东王刘雄渠、菑川王刘贤、济南王刘辟光。

他们听说吴王反后，全部起兵叛乱，向西进发。

那么原本答应胶西王刘印参加叛乱的齐王、济北王呢？他们去哪儿了？

济北王刘志被一起突发事件绊住了：济北国的都城城墙未完成修复，朝廷派驻的郎中令劫持了守兵，济北王无法发兵。

> 济北王城坏未完，其郎中令劫守王，不得发兵。——《汉书·荆燕吴传》

济北王一是准备不足，二是遇到一位强劲对手——

朝廷派来的郎中令！此人发现了济北王的异动，率先劫持了其军队，手中无兵的济北王动不了了。

齐王刘将闾事到临头，越想越后悔，坚守城池，不参加起兵了。胶西、菑川、济南三国发现齐王有变，立即包围了齐国都城。被围的齐王派路中大夫向汉景帝报告。接到报告，景帝让路中大夫立即返国，告诉齐王：好好坚守城池，我已发兵，很快就会打败吴楚联军了。

路中大夫回来时，因胶西、菑川、济南三国叛军围城，无法入城。三国军人抓住了路中大夫，要求他按他们的要求传话：汉军已被打败，齐国赶快降了，否则，破城之日要屠城。路中大夫知道，在现在的情况下，仅能通过一种方式向齐王转达景帝的命令。于是，他诈与三国叛军将领立盟。路中大夫来到城下，看见齐王，大声说：中央政府发兵百万，太尉周亚夫已经打败了吴楚联军，正往齐国开进，齐王一定要坚守勿降。叛军将领大怒，杀了路中大夫。齐国刚刚被围时，看见胶西等三国气势汹汹，遂暗中和其商谈，尚未最后敲定之时，路中大夫带来了中央政府发兵平叛的消息。齐王大喜，齐国大臣亦劝齐王勿向胶西等三国屈服。

齐王临时决定不出兵并向中央政府通报，无疑是一个最正确的决定。但是，举棋不定的齐王一

齐王后悔，背约城守。

——《汉书·荆燕吴传》

三国兵共围齐。齐王使路中大夫告于天子。天子复令路中大夫还告齐王：『善坚守，吾兵今破吴楚矣。』路中大夫至，三国兵围临菑数重，无从入。三国将劫与路中大夫盟，曰：『汉已发兵百万，使太尉周亚夫击破吴楚，方引兵救齐，齐必坚守无下！』三国将诛路中大夫。齐初围急，阴与三国通谋，约未定，会闻路中大夫从汉来，喜，及其大臣乃复劝王毋下三国。

——《史记·齐悼惠王世家》

面派人向中央政府报告，一面又和叛军密谈，给自己埋下了一大隐患。

不久，汉将栾布、平阳侯率领汉军赶到齐国，一举击败胶西、菑川、济南三国叛军，解了齐国之围。但听说齐王曾和三国叛军有密谋，打算派兵剿灭齐国。齐王吓得服毒自杀。景帝得知此事后，认为齐王率先抗拒叛军，密谋是受到胶西等三国劫持的不得已之举，于是，立齐王之子刘寿为齐王，续齐国后嗣。胶西、胶东、济南、菑川四国是实实在在的叛乱者，不仅其王被杀，其后人不得续封，封地亦全归中央政府管理。

路中大夫忠君为国，不惜牺牲自己生命，获得了向齐王传达景帝意旨的机会，可敬可叹。据《史记集解》张晏所说，路中大夫"姓路，为中大夫"。《史记索隐》补充说："史失其名，故言姓及官。"有人据《路氏谱》考证，路中大夫名卭。

七国反了，天子怎么办？

居无何，汉将栾布、平阳侯等兵至齐，击破三国兵，解齐围。已而复闻齐初与三国有谋，将欲移兵伐齐。齐孝王惧，乃饮药自杀。景帝闻之，以为齐首善，以迫劫有谋，非其罪也，乃立孝王太子寿为齐王，是为懿王，续齐后。而胶西、胶东、济南、菑川王咸诛灭，地入于汉。徙济北王王菑川。

——《史记·齐悼惠王世家》

请看：不得已的选择。

汉景帝非常欣赏晁错的"削藩"策，并在即位后立即将其付诸施行。但是，"削藩"策的实际受害者吴王刘濞、楚王刘戊、胶西王刘卬、赵王刘遂等七位诸侯王以武力抗拒削藩，引发了西汉建国以来最大的一次刘姓诸侯王大叛乱。汉景帝是削藩的决定者、执行者，面对气势汹汹的七国叛军，他将会如何应对呢？而晁错作为"削藩"策的提出者，自然是点燃几位诸侯王发动叛乱的导火索的头号人物，他的命运会如何呢？

〈十六〉

不得已的选择

慌不择术

七国既然武装反叛，景帝只能武力应对。他选派中尉周亚夫担任太尉，统率全军，东击吴楚。同时，派曲周侯郦寄率军攻打赵国叛军，将军栾布率军攻打齐地叛军，大将军窦婴驻屯荥阳，监督、协调攻击齐赵叛军之事。

乍一看，景帝应对七国叛乱似乎颇有章法，其实，这一应对之举和其父汉文帝密切相关。文帝后元六年冬，匈奴六万铁骑分头入侵上郡、云中郡，烽火传到京城长安。这次备战，汉文帝发现了周亚夫的治军才能，大加赞赏。临终前，特意叮嘱太子刘启：如果遇到紧急情况，周亚夫可以担当大将。因此，刘启继位后，任命周亚夫为车骑将军。吴楚叛乱爆发，景帝任命周亚夫为总管汉军的太尉，统率大军，东击吴楚叛军。

大军未发，西汉中央政府突然发生了一起极为荒唐的大事：力主削藩的晁错竟然穿着朝服被腰斩于闹市。

怎么会出现这种荒唐事呢？

论削藩，晁错是景帝朝出力最多的官员；论信任，时任御史大夫的晁错最受汉景帝刘启的信任；论应对，汉景帝选派周亚夫、窦婴、郦寄、栾布四

七国反书闻天子，天子乃遣太尉条侯周亚夫将三十六将军，往击吴楚；遣曲周侯郦寄击赵；将军栾布击齐；大将军窦婴屯荥阳，监齐赵兵。——《史记·吴王濞列传》

孝文且崩时，诫太子曰：『即有缓急，周亚夫真可任将兵。』文帝崩，拜亚夫为车骑将军。孝景三年，吴楚反。亚夫以中尉为太尉，东击吴楚。——《史记·绛侯周勃世家》

员大将同时出征，一切都在有条不紊地进行中。为何此时竟会出现晁错身穿朝服被杀事件？

原来，汉景帝并不是一位老谋深算的政治家，削藩之策虽出自他的一条条诏令，但是，对于削藩可能引发的巨大社会动荡如诸侯叛乱，汉景帝刘启并没有做好充分的思想准备。叛乱发生后，他虽然决定派兵平叛，但心中并无底气，出兵的决定做了，并没有立即付诸实施，此时的汉景帝表现得非常怯懦、动摇。

什么原因呢？

一是吴楚叛军打出了"杀晁错、清君侧"的旗号。

吴王刘濞为了给自己的叛乱披上一件合法的外衣，有意放过坚决削藩的汉景帝，提出了"杀晁错、清君侧"的口号。但是，"杀晁错"只是叛军的一个口号，绝对不是叛军的终极目的。杀了晁错，叛军会退兵吗？明眼人都很明白，但是，汉景帝心存幻想，希冀杀了晁错来安抚吴楚叛军，进而使其退兵。

二是袁盎向汉景帝提出了杀晁错以退叛军的建议。

已经罢官闲居的袁盎为什么要在此时见汉景帝呢？为什么提出了如此荒唐的退敌之策呢？

原来，晁错与袁盎两人非常不对付。晁错落座，袁盎立即离去；袁盎落座，晁错一定离去：二人水火不容，不能同台议事。

景帝即位，晁错被超擢御史大夫，立即派人查办袁盎接受吴王刘濞财物一事，并要将其治罪，景帝下诏，将袁盎罢官回家。吴楚七国叛乱的消息传到京城，晁错又盯上了袁盎，他对御史大夫的属官说：袁盎接受吴王刘濞那么多财物，专替吴王说好话，一再说吴王不会叛乱，现在吴王反了，应当治袁盎的罪，他一定知道吴王的阴谋。属官们说：叛乱没发生时，治袁盎罪会逼反吴王；叛乱发生了，再治他的罪有什么用？晁错听后犹豫未决。就在晁错犹豫之际，有人将晁错要治袁盎通敌罪的消息告诉了袁盎。袁盎立即求见与晁错关系紧张的窦婴，于是窦婴立即入宫报告了景帝，景帝下令召见袁盎。

袁盎入见时，景帝正和晁错商议平叛的军务、后勤。一见袁盎，景帝立即就问：你曾在吴国任相，知道吴军上将军田禄伯这个人吗？如今吴楚叛乱，你看该怎么办？袁盎答道：吴楚之军，不足忧惧，我们很快就可以打败他们。景帝说：吴王靠铜山铸钱，煮海水成盐，召集天下豪杰，至老才举兵叛乱。这样看来，他的计划岂不周严？你为何说吴楚不能有所作为？袁盎回答：吴王确有铜盐之利，但不能说他因财力雄厚召到了天下真正的豪杰。假如天下的豪杰真被吴王吸引，一定会辅佐吴王行义，而不会鼓动他叛乱。吴王重金召到的只是一些亡命之徒，因此才会聚众谋反。晁错在旁说：袁盎分析得对。

景帝又问：我该用什么办法平定叛乱呢？袁盎说：请让左右的人退下，我有私密话要说。景帝让左右退下，只留了晁错。袁盎又说：我说的话，

盎素不好晁错，晁错所居坐，盎去；盎坐，错亦去：两人未尝同堂语。及孝文帝崩，孝景帝即位，晁错为御史大夫，使吏案袁盎受吴王财物，抵罪，诏赦以为庶人。吴楚反，闻，晁错谓丞史曰：『夫袁盎多受吴王金钱，专为蔽匿，言不反。今果反，欲请治盎宜知计谋。』丞史曰：『事未发，治之有绝。今兵西乡，治之何益！且袁盎不宜有谋。』晁错犹与未决。人有告袁盎者，袁盎恐，夜见窦婴，为言吴所以反者，愿至上前口对状。窦婴入言上，上乃召袁盎入见。——《史记·袁盎晁错列传》

『吴有铜盐利则有之，安得豪杰而诱之！诚令吴得豪杰，亦且辅王为义，不反矣。吴所诱皆无赖子弟，亡命铸钱奸人，故相率以反。』晁错曰：『袁盎策之善。』」——《史记·吴王濞列传》

人臣都不能听。景帝让晁错也退下，晁错赶快退到东厢，心里却恨得牙根直发痒。晁错退下后，袁盎说：高皇帝的子弟都有封地。如今贼臣晁错，擅自处罚刘姓诸侯，侵夺他们的属地，他们才要西进关中，诛杀晁错，恢复旧地。当前之计，只要杀了晁错，派使者赦免吴楚七国叛乱的罪名，恢复他们的旧地，兵不血刃就可退七国之兵。景帝听后，沉默了很长时间，说：关键是这样做的结果会怎样？我不会为了天下吝惜一个人。袁盎说：我是一位愚钝之人，此计，希望皇上深思。

景帝于是下令封袁盎为太常，吴王刘濞的侄子德侯刘通为宗正，袁盎私下准备行装前往吴国。

十几天后，丞相陶青翟等众人联名弹劾晁错。说晁错建议让景帝亲自统兵东征是挑拨君臣关系。将吴王未攻取的城邑赏给吴王是无臣子之礼。如此大逆不道应判族诛：晁错腰斩，父母、妻子、兄弟姐妹全部处死。景帝御笔批准，但是，晁错竟然对此一无所知。

十几天后，景帝派中尉召晁错，骗晁错走东市，晁错不知就里，穿着朝服被斩于长

上问曰：「计安出？」盎对曰：「愿屏左右。」上屏人，独错在，盎曰：「臣所言，人臣不得知也。」乃屏错。错趋避东厢，恨甚。上卒问盎，盎对曰：「吴楚相遗书，曰『高帝王子弟各有分地，今贼臣晁错擅谪过诸侯，削夺之地』。故以反为名，西共诛晁错，复故地而罢。方今计独斩晁错，发使赦吴楚七国，复其故削地，则兵可无血刃而俱罢。」于是上嘿然良久，曰：「顾诚何如，吾不爱一人以谢天下。」盎曰：「臣愚计无出此，愿上孰计之。」——《史记·吴王濞列传》

「吴王反逆亡道，欲危宗庙，天下所当共诛。今御史大夫错议曰：『兵数百万，独属群臣，不可信，陛下不如自出临兵，使错居守。徐、僮之旁吴所未下者可以予吴。』错不称陛下德信，欲疏群臣百姓，又欲以城邑予吴，亡臣子礼，大逆无道。错当要斩，父母妻子同产无少长皆弃市。臣请论如法。」制曰：「可。」错殊不知。——《汉书·爰盎晁错传》

安的刑场东市。

《资治通鉴》记录此事时，特别在丞相陶青翟等三人联名上疏前加了"十余日，上令"五字。这五个字说明景帝诛杀晁错是听了袁盎的建议十几天后才付诸实施的，有"十余日"的思考，不能说是冲动杀人，而是深思熟虑的行动。

"上令"二字说明丞相等众人联名上疏是景帝亲授。明明是自己要杀大臣、重臣、信臣，还要指使其他大臣上疏，把自己撇清，这比直接下令杀人更加伪善。

残忍却要用虚伪来掩饰。

晁错之死是景帝朝最大的一桩冤案。

晁错站在国家的立场，处处为国家利益谋划，力倡削藩。吴楚七国叛乱爆发后，他又建议景帝亲征，最终却被景帝冤杀于东市。虽然晁错亦有私心，他查处袁盎虽不能说全出于公心，但从大局出发，力主削藩并无过错。而且，晁错此前已经历过其父的一番劝谏，甚至其父为其一意孤行而自杀，而晁错仍坚守己志实在难能可贵。

吴楚七国之乱爆发前十几天，晁错的父亲从家乡颍川 (治今河南禹州市) 亲自来到京城，对晁错说：皇上刚刚即位，你执掌大权，侵夺诸侯的属地，离间刘姓皇族之间的亲情，众口汹汹，都在非议你，你为什么要这样做呢？晁错回答：不这样做，天子地位不尊，宗庙不安。晁错父亲说：刘氏安定了，晁氏就危险了，我只能走了。

后十余日，上使中尉召错，绐载行东市。错衣朝衣斩东市。——《史记·吴王濞列传》

于是，晁错之父服毒自杀，死前说：我不忍心看着大祸殃及我身。十几天后，吴楚七国打着诛杀晁错的名义发生叛乱。

这则故事读了令人心酸。晁错之父从颍川赶到京城长安，不可谓不远。劝其子勿安了刘氏、毁了晁氏，亦颇有先见之明，何况其下世十余日吴楚七国之乱即爆发，表现了晁老先生的远见卓识。最终，历史证明了晁父的预言。

晁错被杀，固然是袁盎捣鬼，但关键是景帝，他杀了自己最信任的大臣，而且是在其一无所知的情况下使其身穿朝服被斩于东市。尤其卑劣的是景帝自己指使大臣上疏，诬陷晁错，借大臣之口行诛杀之举。

历史未记录下晁错临刑前的遗言，但"朝衣东市"这一词语却分明让我们看见一代名臣鲜血背后的泪水与叹息。

汉景帝幻想用杀晁错平息七国之乱，暴露了这位"文景之治"桂冠下的皇帝的冷血、自私、残忍和虚伪，而且也展示了这位天子的平庸。

杀了晁错可以平息吴楚七国之乱吗？

请看历史的记录。

景帝杀了晁错后，谒者仆射邓公作为出征的将军回朝办事，上书谈到军事。景帝立即召见他，非常

错父闻之，从颍川来，谓错曰：『上初即位，公为政用事，侵削诸侯，别疏人骨肉，人口议多怨公者，何也？』晁错曰：『固也。不如此，天子不尊，宗庙不安。』错父曰：『刘氏安矣，而晁氏危矣，吾去公归矣！』遂饮药死，曰：『吾不忍见祸及吾身。』死十余日，吴楚七国果反，以诛错为名。——《史记·袁盎晁错列传》

关切地问：你刚从前线归来，晁错死了，吴楚军退了吗？邓公回答：吴王为今日的造反苦心准备了数十年，因为削地才发怒叛乱，诛晁错只是个口号，他的用心全不在晁错身上。我最担心杀了晁错，天下有识之士从此噤声了。景帝问：为什么呢？邓公回答：晁错担心诸侯坐大难以控制，因此要削地来提高中央政府的地位，这是有利万代的大事。计划刚施行，晁错被杀，这是内封忠臣之嘴，外为叛乱者报仇，我认为陛下实在不应办此蠢事啊。景帝沉默了很长时间才回答：您说得对，我也非常遗憾。于是，任命邓公为城阳中尉。

杀晁错只能让时人、后人看不起汉景帝，并不能提高汉景帝的声望。人，可以无知，可以办错事，但不可以无耻！做一个值得尊敬的人何其容易，却又何其艰难！景帝刘启如果尚有良知，在杀了晁错仍然无法熄灭吴楚七国叛乱的战火时，他怎么还有脸面面对晁错的冤魂，面对自己的内心？景帝对邓公说他很遗憾，但我们始终看不到他有何遗憾。杀晁错，诛灭晁氏一族，太黑，也太狠。

饥不择食，慌不择术，景帝杀晁错终于将自己的底裤脱下来了。历史将会记下这位盛世帝王的无耻一面。

晁错已死，谒者仆射邓公为校尉，击吴楚军为将。还，上书言军事，谒见上。上问曰：『道军所来，闻晁错死，吴楚罢不？』邓公曰：『吴王为反数十年矣，发怒削地，以诛错为名，其意非在错也。且臣恐天下之士噤口，不敢复言也！』上曰：『何哉？』邓公曰：『夫晁错患诸侯强大不可制，故请削地以尊京师，万世之利也。计画始行，卒受大戮，内杜忠臣之口，外为诸侯报仇，臣窃为陛下不取也。』于是景帝默然良久，曰：『公言善，吾亦恨之。』——《史记·袁盎晁错列传》

晁错非常信任汉景帝，因此才会在景帝面前不留退路地力主削藩。事实证明：没有一位帝王是值得绝对信任的。他们视帝位为至上，视天下为私产，为了保住自己的帝位，保住自己的私产，什么事都可以干得出来。

袁盎为了保全自己，利用景帝面对吴楚叛军的慌乱，误导景帝，借景帝之手杀了政敌晁错，这也让袁盎被钉在了历史的耻辱柱上。

袁盎奉命出使，向吴王刘濞传达诛杀晁错的消息。到了吴军大营，吴楚军已开始进攻梁国。刘濞的侄子宗正刘通先入见，让吴王接受诏书。吴王刘濞笑着对侄子刘通说：我已经做了东帝，还拜谁啊？吴王刘濞听说袁盎也来了，知道他此行是当说客，不愿见他，将其扣在吴国大营中，想让其任吴将为自己卖命，袁盎不答应。于是，吴王派人看守袁盎，想杀他。袁盎侥幸趁夜逃出，跑到梁军大营，才得以回朝禀报。

则遣袁盎奉宗庙，宗正辅亲戚，使告吴如盎策。至吴，吴楚兵已攻梁壁矣。宗正以亲故，先入见，谕吴王使拜受诏。吴王闻袁盎来，亦知其欲说己，笑而应曰：『我已为东帝，尚何谁拜？』不肯见盎而留之军中，欲劫使将。盎不肯，使人围守，且杀之，盎得夜出，步亡去，走梁军，遂归报。

——《史记·吴王濞列传》

袁盎为什么能够侥幸逃脱呢？这得益于他笼络人心的办法。袁盎以前在吴王手下当国相，他身边的一位随从和侍女私通，袁盎知道后不仅不向外说，还对这位随从一如既往。有人悄悄告诉随从：国相已经知道你和他的侍女私通一事。这位随从吓得立即逃了，袁盎知道后亲自将其追回来，并将侍女赏给了他，仍让他当随从。这次袁盎在吴营被困，担任守卫的原来正是那位随从，不过，他此时已升为校尉司马。校尉司马自掏腰包买了两石好酒。刚好这天夜晚特别冷，士兵又冷又饿，他拿出两石好酒让士兵痛饮，大营西南方的守军全都喝得酩酊大醉。校尉司马叫起袁盎说：你可以走了，吴王明天一早就要亲自监斩你。袁盎从梦中醒来，听后蒙了，他不敢相信，问道：你为什么要这样帮我呢？校尉司马回答：我是当年私通你的侍女的随从。袁盎这才如梦方醒，惊了一身冷汗，连声道谢说：你家中尚有父母，我不能连累你。校尉司马说：您尽管走，我也逃离此地，您就不必担心我了。说完校尉司马用刀割破军帐，从喝醉酒的那几位士兵中走出去。校尉司马和袁盎分道而行，袁盎将旌节的旄牛尾取下来揣在怀里，用旌节的竹竿做手杖，走了七八里地，天亮时，遇到梁军骑兵，才回到汉军大营。

奇怪的是汉景帝从邓公口中已经知道自己错杀了晁错，也表示非常遗憾，但行动呢？袁盎逃回来了，证明吴王诛晁错、清君侧只是一个借口，为什么仍然放过袁盎？为什么不追究袁盎首倡杀晁错、报私仇的罪恶呢？可见，让专制皇帝认错，没门儿！

及晁错已诛，袁盎以太常使吴。吴王欲使将，不肯。欲杀之。使一都尉以五百人围守盎军中。袁盎自其为吴相时，有从史尝盗爱盎侍儿，盎知之，弗泄。遇之如故。人有告从史，言『君知尔与侍者通』，乃亡归。袁盎驱自追之，遂以侍者赐之，复为从史。及袁盎使吴见守，从史适为守盎校尉司马，乃悉以其装费置二石醇醪，会天寒，士卒饥渴，饮酒醉，西南陬卒皆卧，司马夜引袁盎起，曰：『君可以去矣，吴王期旦日斩君。』盎弗信，曰：『公何为者？』司马曰：『臣故为从史盗君侍儿者。』盎乃惊谢曰：『公幸有亲，吾不足以累公。』司马曰：『君弟去，臣亦且亡，辟吾亲，君何患！』乃以刀决张，道从醉卒隧直出。司马与分背，袁盎解节毛怀之，杖，步行七八里，明，见梁骑，骑驰去，遂归报。——《史记·袁盎晁错列传》

高手在民间

奉命出征的周亚夫首先到达荥阳，再赶到洛阳，意外地发现剧孟在洛阳，非常兴奋地说：七国叛乱，我尚能乘车安全到达这里。到洛阳后，我原以为叛军已经得到剧孟的帮助，未曾想到剧孟仍住在洛阳。我据守住荥阳，荥阳以东无任何值得我担心的地方了。

周亚夫到达洛阳遇到三大惊喜：一是自己在七国叛乱的严峻形势下安全到达洛阳；二是名震天下的大侠剧孟仍在洛阳；三是天下要塞荥阳并未丢失，而是掌握在自己手中。

周亚夫为什么对此三点如此高兴呢？

先说第一喜：安全抵达洛阳。

周亚夫奉命率领大军出征时，一位名叫赵涉的人拦住周亚夫的车队说：将军东击吴楚，打胜了国家安定，打败了天下危险。您能听听我的意见吗？周亚夫对这位素昧平生的赵涉大感兴趣。于是下车，以礼相待。赵涉说：吴王一向非常富有，长期招揽天下亡命之徒。这次知道将军率兵出征，一定会在崤山、渑池的险要之处设伏。兵贵秘密，将军为何不向右转，南下蓝田，出武关，到洛阳，这样走比直接东行不过多上一两天。您进入洛阳武库，擂响平叛的战鼓，叛乱的诸侯一听说您已到了洛阳，都以为您是从天而降呢！周亚夫当即决

条侯将乘六乘传，会兵荥阳。至雒阳，见剧孟，喜曰：『七国反，吾乘传至此，不自意全。』又以为诸侯已得剧孟，剧孟今无动。吾据荥阳，以东无足忧者。

——《史记·吴王濞列传》

定采纳赵涉的建议，到达洛阳后立即派军搜索崤山、渑池一带，果然发现了吴国的伏兵，于是立即上书景帝任命赵涉为护军。

这才是周亚夫对自己安全抵达洛阳时说"七国反，吾乘传至此，不自意全"的缘由。

再说第二喜：剧孟在洛。

剧孟是汉初最有影响力的大侠，周亚夫听说剧孟仍在洛阳，高兴地说：吴楚叛乱，不知道利用剧孟收取民心，"吾知其无能为已"。在天下动乱之时，得一剧孟如同得到一个诸侯国。

最后说第三喜：据守荥阳。

荥阳是秦汉时代的军事重镇，附近有秦朝著名的粮仓——敖仓。如此战略要地，吴王竟然不知道先行据守，看来尽管他准备了几十年，仍然对军事战略不甚精通，难怪深谙兵法的周亚夫说："吾据荥阳，以东无足忧者。"

那么吴王不懂军事战略，手下亦没有懂得荥阳重要性的人吗？

有！

谁？

吴国青年将军桓将军。观其名可知，此人竟然青史未曾留名，只知姓桓。

此人有何高见呢？

剧孟者，洛阳人也。周人以商贾为资，剧孟以侠显。吴楚反时，条侯为太尉，乘传东，将至河南，得剧孟，喜曰：『吴楚举大事而不求剧孟，吾知其无能为已。』天下骚动，大将军得之若一敌国云。——《汉书·游侠传》

亚夫既发，至霸上，赵涉遮说亚夫曰：『将军东诛吴楚，胜则宗庙安，不胜则天下危，能用臣之言乎？』亚夫下车，礼而问之。涉曰：『吴王素富，怀辑死士久矣。此知将军且行，必置间人于殽黾阨隘之间。且兵事上神密，将军何不从此右去，走蓝田，出武关，抵雒阳，间不过差一二日，直入武库，击鸣鼓。诸侯闻之，以为将军从天而下也。』太尉如其计。至雒阳，使吏搜殽黾间，果得吴伏兵。乃请涉为护军。——《汉书·张陈王周传》

桓将军分析了吴军与汉军的优劣势。他认为：吴军多步兵，汉军多车骑。步兵利在崎岖险地作战，车骑利在广袤平原作战。希望吴王所过城邑，一律放弃，率军一路西奔，首先占领号称武库的洛阳，食用敖仓军粮，凭借有利的山河地势，指挥天下诸侯。即使不能入关，天下大局也已经定了。如果大王常规行进，一城一地地打，汉军骑兵、战车一旦到达，进入梁楚间的要地，便大势已去。吴王听后，询问手下的老将，老将们都说：这是年轻人喜欢冒险的战法，哪儿算深谋远虑啊！于是，吴王拒绝了桓将军的建议。

二者对比，周亚夫是真将军，吴王刘濞不过一政治野心家而已，双方未战，胜负已分。吴楚最后是败在粮草不继上，如果依照桓将军的建议率先占据荥阳，据守洛阳，食用敖仓的粮食，至少不会有断粮之事。部队粮草充足，这仗孰胜孰负还真不好讲。

虚心求教的周亚夫到达前线后，仍然保持敬畏之心，刚到淮阳郡（郡治在今河南周口市淮阳区），立即询问父亲绛侯当年的老宾客邓都尉：我该怎么打？邓都尉回答：吴兵的军锋太盛，不能和他们正面硬拼。但是，楚兵缺乏韧性，不能长期坚持。为将军考虑，不如率兵坚守昌邑（县治在今山东巨野县东南）。将昌邑西南方的梁国抛出去，吴军必然尽全力攻梁，让梁军先和吴楚军恶斗。将军坚守不战，在淮水与泗水交汇处截断吴军前

吴少将桓将军说王曰：『吴多步兵，步兵利险；汉多车骑，车骑利平地。愿大王所过城邑不下，直弃去，疾西据雒阳武库，食敖仓粟，阻山河之险以令诸侯，虽毋入关，天下固已定矣。即大王徐行，留下城邑，汉军车骑至，驰入梁楚之郊，事败矣。』吴王问诸老将，老将曰：『此少年推锋之计可耳，安知大虑乎！』于是王不用桓将军计。——《史记·吴王濞列传》

后军的粮道。吴、梁相互消耗得差不多时,将军再以精锐军团攻击吴国疲惫之军,一定能打败吴军。

周亚夫一听,立即表态:说得太好了!于是采纳邓都尉的建议,坚守昌邑,同时派出快速部队截断吴楚军的粮道。

周亚夫真是好运。一次出征,先有赵涉,后有邓都尉,为其出谋划策。两位名不见经传的小人物都为平定吴楚七国之乱出了大力,特别是邓都尉,提出了击败吴军的方略,周亚夫全盘接受。高手在民间,此言不虚。但是,如此破敌大策,周亚夫出兵前后都没有思考过吗?邓都尉点醒了梦中人,似乎让人觉得一代名将周亚夫不值得汉文帝临终前郑重嘱托了,亦不值得汉景帝的重用了。事情果真如此吗?

至淮阳,问父绛侯故客邓都尉曰:『策安出?』客曰:『吴兵锐甚,难与争锋。楚兵轻,不能久。方今为将军计,莫若引兵东北壁昌邑,以梁委吴,吴必尽锐攻之。将军深沟高垒,使轻兵绝淮泗口,塞吴饷道。彼吴梁相敝而粮食竭,乃以全强制其罢极,破吴必矣。』条侯曰:『善。』从其策,遂坚壁昌邑南,轻兵绝吴饷道。——《史记·吴王濞列传》

请看:收官之局。

汉景帝得知七国叛乱的消息后的第一反应是派兵平叛，但是，对平叛心中无底的汉景帝更优先的选项是杀晁错以平息七国愤怒，并派袁盎前往吴营传达自己杀晁错的决定。可是，吴王刘濞不领情，反而西进猛攻梁国。杀了晁错仍然不能让七国退兵的汉景帝不得不选择打了：太尉周亚夫率领三十六位将军攻打叛军主力吴、楚，曲周侯郦寄攻打赵国叛军，将军栾布攻打齐地叛军，大将军窦婴驻扎荥阳，监督、协调齐、赵军务。任务下达了，但是，怎么打呢？

十七

收官之局

谁都可以牺牲

周亚夫有考虑吗？

有！

周亚夫对景帝说：楚兵强悍、敏捷，现在难以和他们正面交锋，希望牺牲梁国，拦截吴楚，我率军断其粮道，最终才能破敌。

周亚夫此言绝对正确，但也绝对敏感。牺牲梁国，梁国国君是谁？汉景帝的胞弟刘武，窦太后的至爱。谁敢对其哥哥大讲牺牲其弟弟？周亚夫敢讲！周亚夫此语并非妄言，实在是深明军事战略的正确建言。他让梁国成为吴楚联军西进途中的一颗钉子，将吴楚联军紧紧钉在梁地战场上，让周亚夫腾出手来斩断吴楚联军的粮道，为胜利奠定基础。这是从整体上设计了战胜吴楚联军的大政方略。但是，这样做的结果会大大损伤梁国的利益。

汉景帝会同意吗？

"上许之。"

汉景帝批准了周亚夫牺牲梁国利益以获得战胜吴楚联军的总战略。

景帝批准此计划的主因当然是打败吴楚联军的需要，但是，汉景帝有没有其他考量呢？

不好讲。

联系到七国叛乱初期，景帝听到袁盎建议后思考

因自请上曰：『楚兵剽轻，难与争锋。愿以梁委之，绝其粮道，乃可制。』——《史记·绛侯周勃世家》

了十几天，最终决定杀晁错以平息吴楚怨气，加之窦太后对幼子梁王刘武的娇纵让汉景帝十分头痛，景帝借平叛打击梁王刘武的气焰，削弱梁国的实力应当在其考虑之中。

再者，周亚夫敢于对汉景帝后来兵援梁军的诏令抗命不遵，一定知道这诏令不过是例行公事，可办可不办。否则，不遵君命，岂非死罪？周亚夫再有胆，也不敢开这种玩笑。更重要的是，平定吴楚七国之乱后，汉景帝并未因周亚夫抗旨而处罚他。这说明当时下诏周亚夫救梁只是走走过场、装装样子给梁王看，给窦太后看，既定的平叛大计是不能改的，梁国的存亡、梁王的生死并不是景帝最关注的事。

汉景帝与周亚夫商定的抛出梁国吸引叛军的战略让梁国压力大增。

吴王率军渡过淮河后，与楚王刘戊迅速合兵，在棘壁（今河南永城市西南）大败梁军，杀梁军数万。叛军军锋极盛，乘胜前进，梁孝王惊恐万分，派六位将军反击，再次战败，损折两将，败兵逃入梁国国都睢阳。两次战败的梁孝王只得坚守梁国都城睢阳，并拜韩安国、张羽为大将，拼死抵抗吴楚联军。同时，他屡屡派人向周亚夫求救，周亚夫死活不出兵。心急如焚的梁孝王向景帝

吴楚先击梁棘壁，杀数万人。——《史记·梁孝王世家》

梁孝王城守睢阳，而使韩安国、张羽等为大将军，以距吴楚。——《史记·梁孝王世家》

梁孝王恐，遣六将军击吴，又败梁两将，士卒皆还走梁。——《史记·吴王濞列传》

告周亚夫的恶状，于是景帝派使下诏让周亚夫出兵相救，但周亚夫以便宜行事为由，拒不执行皇命。战况最危险时，梁王亲自跪送韩安国、张羽等六将军，张羽骁勇，韩安国老成持重，率军连续打了几个小胜仗。由于梁军拼死抵抗，吴楚军受困梁地，迟迟不能西进。

在梁国战场上得不到便宜的吴楚联军转头攻击屯驻下邑（今安徽砀山县）的周亚夫大营。周亚夫坚守营垒，拒不出战。

此前，周亚夫已经悄悄派弓高侯颓当率轻骑兵直奔淮泗口，切断了吴楚军的粮道。

周亚夫的断粮之策大见成效。

吴军粮食断绝，士兵饥饿，屡次挑战，周亚夫又坚守不战。当夜，周亚夫军营东南部一片喧哗，周亚夫判断：这是吴兵的佯攻。马上下令：严密防守西北大营。果然，吴军主力突袭汉军大营西北方。由于周亚夫早有戒备，吴军大败，加之士兵饿死极多，于是大军溃散。吴王刘濞看大势已去，率领麾下数千人连夜逃亡，渡江经过丹徒（今江苏镇江市东南）投靠东越。汉军派使者利诱东越，于是东越王假装帮助吴军，趁吴王出营慰劳东越士兵之时，刺杀了吴王，用匣子盛着刘濞的人头，飞马送至汉军大营。吴王两个儿子逃至闽

梁数使使报条侯求救，条侯不许。又使使恶条侯于上，上使人告条侯救梁，复守便宜不行。
——《史记·吴王濞列传》

即走条侯军，会下邑。欲战，条侯壁，不肯战。
——《史记·吴王濞列传》

跪送臣等六人，将兵击却吴楚，吴楚以故兵不敢西。
——《史记·韩长孺列传》

使轻骑兵弓高侯等绝吴楚兵后食道。
——《史记·绛侯周勃世家》

越。吴王弃军逃亡后，吴军全部溃散，分别投降了周亚夫和梁王。楚王刘戊亦战败，自杀。

吴楚七国之乱中最大一股势力吴楚联军全面失败。

汉景帝与周亚夫牺牲梁国利益的总战略大获全胜。由于梁王的拼死抵抗，吴楚联军始终不敢西进，太尉周亚夫才得以与叛军对抗三个月，吴楚联军战败，梁国杀死、俘虏的敌军与中央政府军大体平分秋色。梁王付出了巨大代价，也收获了巨大资本，刘武此后飞扬跋扈，不仅仅因个人的身份特殊，而且也凭借他在平定吴楚七国之乱中立下的巨大功劳。

付出与所得如同一对双胞胎。

假如历史可以假设

吴王刘濞精心准备三十余年，最终三个月兵败被杀。吴楚七国之乱初起时声势十分浩大，以至于汉景帝露怯，杀晁错以平息吴楚怨气。如果景帝有足够的把握平叛，何至于背负诛杀功臣的历史恶名？景帝难道不知道晁错一心为国，不知道诛晁错的政治代价会有多大？

一切皆缘于吴楚七国叛乱初起之时的汹涌

吴楚以梁为限，不敢过而西，与太尉亚夫等相距三月。吴楚破，而梁所破杀虏略与汉中分。——《史记·梁孝王世家》

遂夜奔条侯壁，惊东南。条侯使备西北，果从西北入。吴大败，士卒多饥死，乃畔散。于是吴王乃与其麾下壮士数千人夜亡去，度江走丹徒，保东越。东越兵可万余人，乃使人收聚亡卒。汉使人以利啖东越，东越即绐吴王，吴王出劳军，即使人鈠杀吴王，盛其头，驰传以闻。吴王子子华、子驹亡走闽越。吴王之弃其军亡也，军遂溃，往往稍降太尉、梁军。楚王戊军败，自杀。——《史记·吴王濞列传》

态势对景帝的震慑太大。

吴王刘濞发动如此声势浩大的兵变，为什么三个月就兵败被杀？

根本原因在于全国百姓不支持叛乱。

战国二百多年的战乱，由于秦的统一而结束。但是，全国百姓仅仅休息了短短十二年后就卷入了全国性的秦末大起义，大起义持续三年，紧接着四年的楚汉争霸，连续不断的战乱受害最大最深的是百姓。好不容易熬到西汉建国，和平、稳定的日子刚刚过了几十年，又要打仗，谁愿意开打？只有受到削藩的吴楚七国诸侯王想打，因为他们是为一己之私利而打。天下百姓不愿打，汉景帝不敢打。当年秦末大起义时，陈胜、吴广振臂一呼，天下云集响应，县杀县令，郡杀郡守，一股强大的反秦浪潮迅速席卷全国，强大的秦帝国三年时间就彻底崩溃。可见，人心向背是决定性的因素。

吴王刘濞没打好仗也是一大原因。就这场战争而言，刘濞败在何处？

一是失去夺取战略要地的最佳时机。

吴国桓将军在吴王刘濞起兵时，提出过一计：所过城邑一律放弃，一路西奔，迅速占领洛阳、敖仓，凭借洛阳的有利地势和敖仓的充足粮食控制整个局面。

这不是一条无足轻重的具体建议，而是一条事关吴国生死存亡的战略性意见。

在这场大变故中，有不少高手提出过各种建议，但是，最具战略眼光的是这位年轻的桓将军。无怪乎周亚夫率军顺利到达荥阳后欣喜若狂：荥阳在手，天下大定。

如果此计得以实施，吴楚叛军与平叛的汉军会有什么结果我们永远都不可能知道，因为历史不能假设。但是，如果此项战略得以顺利实现，至少吴楚叛军不会三个月就被打得溃不成军。吴楚联军败在粮道被断，缺粮导致整个军队全面崩溃。如果首取洛阳，据敖仓之粮，还会有军粮不足之虞吗？还会因缺粮而军心涣散、数十万大军瞬间溃散吗？还会落入兵顿睢阳城下、久攻不克的窘境吗？

刘濞自己不具备军事战略家的眼光，又无听取军事战略家意见的心胸与领悟能力，只能将绝好之策弃之若敝屣。

反观汉军，出兵之初，周亚夫即提出"抛出梁国，牵制吴楚，断其粮道，击败叛军"的总体谋略，并将其付诸实施，战略意图完全得到实现。

二是失去出奇制胜的机会。

这一失误，绝少被人提及。当初，景帝得知吴王刘濞发兵叛乱时，曾问过前来进谗的袁盎：

君尝为吴相，知吴臣田禄伯为人乎？《史记·吴王濞列传》

田禄伯是吴王刘濞手下的大将军，听闻刘濞起兵，汉景帝第一个想了解的是田禄伯。景帝为何在刘濞起兵之初独独问及田禄伯，最大可能是想了解田禄伯的用兵之道。吴王刘濞既然起兵叛乱，身为大将军的田禄伯很可能有所动作。

这位田禄伯还真未愧对汉景帝对他的关注，他在刘濞起兵之初提出：

兵屯聚而西，无佗奇道，难以就功。臣愿得五万人，别循江淮而上，收淮南、长沙，入武关，与大王会。《史记·吴王濞列传》

田禄伯的基本意见是：如无奇计，断难成功。

奇计是什么？由他率五万人，沿江淮而上，先攻占淮南、长沙，再入武关，与大王会合。

此计妙在猝不及防。

周亚夫想到了荥阳，先据守荥阳以保证关中安全；但是，周亚夫未想到吴国大将军田禄伯会沿长江、淮河逆流西上，从武关杀入关中，再与西入关中的吴王会师。

如果此计得以实施，汉景帝将如何应对我们当然一无所知，但是，此计确实出奇，它对关中政权会造成很大的威胁，也会使周亚夫无法全力对付吴楚联军而须分兵应对。

可是，此计用不着周亚夫劳心了，吴太子已将此奇计化解了。

吴太子认为：父王是造反，造反的军队不能让外人统率。如果借助别人，别人也造反了，父王怎么办？自古手握兵权的大将一旦分兵而出，风险极大、危害极多，不能这样办，否则，白白削弱自己的力量。这番话出自儿子之口，又处处为父王考虑，吴王刘濞立即否决了田禄伯的奇谋。

吴王太子谏曰：『王以反为名，此兵难以藉人，藉人亦且反王，奈何？且擅兵而别，多佗利害，未可知也，徒自损耳。』吴王即不许田禄伯。——《史记·吴王濞列传》

三是错失对周丘的重视与支持。

周丘是谁？

周丘是吴王刘濞手下的一位门客。

此人从下邳（县治今江苏邳州市西南）投奔吴王，整天只知喝酒，吴王刘濞平日很看不惯他。吴王刘濞发动叛乱时，其手下的人都当了大小不等的官，唯独周丘未被授以任何官职。周丘递名帖求见吴王说：我这人没什么大本事，不能为吴王效力。我不敢有奢求，只希望大王给我一个汉朝的节信，我必定给大王一份回报。吴王听后，觉得这个要求不高，于是给了周丘一个节信。周丘拿到节信，连夜回下邳。此时，下邳已经听说吴王反了，因此做好了守城的准备。周丘在宾馆住下后，立即拿节信召见下邳县令，县令一进门，周丘便命令随从将其杀害，并连夜通过自己的兄弟召集县中主要官员开会，说：吴王已反了，大军马上就会到达，屠城只需一顿饭时间。如果率先投降吴王，家家可保平安，有本事的还能封侯。这些人一听，马上奔走相告，随即整个下邳全降了。周丘一夜之间得到三万军队，于是派人报告吴王，并率兵向北发展，等打到城阳时，周丘的军队已发展到十几万人，这支部队甚至打败了城阳国中尉的军队。吴王战败逃走，周丘感到无法挽回败局，率兵回下邳。由于心急，未到下邳便暴病身亡。

未度淮，诸宾客皆得为将、校尉、候、司马，独周丘不得用。周丘者，下邳人，亡命吴，酗酒无行，吴王濞薄之，弗任。周丘上谒，说王曰：『臣以无能，不得待罪行间。臣非敢求有所将，愿得王一汉节，必有以报王。』王乃予之。周丘得节，夜驰入下邳。下邳时闻吴反，皆城守。至传舍，召令。令入户，使从者以罪斩令。遂召昆弟所善豪吏告曰：『吴反兵且至，至，屠下邳不过食顷。今先下，家室必完，能者封侯矣。』出乃相告，下邳皆下。周丘一夜得三万人，使人报吴王，遂将其兵北略城邑。比至城阳，兵十余万，破城阳中尉军。闻吴王败走，自度无与共成功，即引兵归下邳。未至，疽发背死。——《史记·吴王濞列传》

周丘是吴王刘濞叛乱中唯——支一路高歌的胜利之师，但是，吴王刘濞对这支军队不闻不问，既没有充分利用，又没有给予支持。最终随着全局失败，这支胜利之师也随风而去了。

吴王刘濞空有三位能干的下属，两位献奇谋者他听不进，一位听进去的只能获得局部胜利，最终难逃战败的结局。

原形毕露：胜者、败者都一样

景帝前元三年 (前154) 二月，周亚夫击败吴楚联军，汉景帝刘启终于盼来了平叛胜利的消息。其兴奋可想而知。吴楚七国叛乱之初，景帝幻想杀晁错以退兵，结果杀了晁错，吴楚仍不退兵，让景帝颜面大失。现在打赢了，他立即下了一道特别诏书，诏书内容只有两点：

一是指责叛乱者以恶报善。

赵幽王刘友、齐悼惠王刘肥下世后，本来其子均未继承王位，但是，孝文皇帝特加优待，文帝前元二年 (前178) 封刘友之子刘遂为赵王，前元十六年 (前164) 封刘肥的六个儿子分别为胶西王、胶东王、济南王、菑川王、济北王、齐王，让他们奉祀自己先王的宗庙，作为汉帝国的藩国。孝文皇帝的做法可谓与日月同辉，但是，赵王、胶西王、胶东王、济南王、菑川王竟然与吴王、楚王联手叛乱，焚烧文帝宗庙，抢劫宗庙器物，这是地地道道的以恶报善。

吴王刘濞二十多年来以有病为由不按规定入朝，招募天下亡命之徒，扰乱天下币制，有关部门多次请求治其罪，孝文皇帝一直加以宽宥，想让他改过自新。如今他竟然联合诸王发动叛乱，杀害朝廷命官、使者，劫持百姓，杀害平民，掘坟挖墓，极为暴虐。

二是严令对叛乱者铁血镇压。

参加平叛的全体将士，要多多杀敌立功。只要是秩俸在比三百石以上的叛军官员，一律杀无赦。胆敢妄议朕的诏书者或不执行朕的诏书者，一律腰斩。

其实，汉代比三百石是秩俸很低的官员，即使如此，也绝不宽恕。

景帝颁布此诏时，吴楚已经战败，胜利者对失败者的肆意杀戮，制止都未必能制止得了。在一场大屠杀即将开始之际，景帝不仅不下诏安抚，反而下诏大开杀戒，使平叛变成一场更大范围的屠杀。叛乱开始时，景帝想借晁错之命平息叛乱；平叛露出胜利曙光时，景帝又用更多的生命为其收尾。

汉景帝为什么要颁布此诏书呢？

只有一种解释：泄愤。

汉景帝是中国历史上第一个盛世"文景之治"的开创者之一，一向被称为明君，但是，透过杀晁错、诛叛军，让我们窥视到汉景帝内心的那份凶残。一位明君的心理如此阴暗，这和我们

高皇帝亲表功德，建立诸侯，幽王、悼惠王绝无后，孝文皇帝哀怜加惠，王幽王子遂、悼惠王子印等，今奉其先王宗庙，为汉藩国，德配天地，明并日月。吴王濞倍德反义，诱受天下亡命罪人，乱天下币，称病不朝二十余年，有司数请濞罪，孝文皇帝宽之，欲其改行为善。今乃……起兵以危宗庙，贼杀大臣及汉使者，迫劫万民，夭杀无罪，烧残民家，掘其丘冢，甚为暴虐。今印等又重逆无道，烧宗庙，卤御物，朕甚痛之。』——《史记·吴王濞列传》

击反虏者，深入多杀为功，斩首捕虏比三百石以上者皆杀之，无有所置。敢有议诏及不如诏者，皆要斩。』——《史记·吴王濞列传》

平常印象中的汉景帝一样吗?

胜利者凶残无比,失败者会如何呢?

吴楚七国之乱的失败者有三种下场:一是被杀,二是自杀,三是幸免。

自杀者又有两种:一是自知罪孽深重而自杀,二是企图躲过惩罚最终未果而自杀。

吴王刘濞被东越王刺杀,属于被杀。

楚王刘戊兵败自杀,属于自杀者的第一种。胶西王刘卬属于自杀者的第二种。

刘卬是第一个支持叛乱的刘姓诸侯王,也是吴王刘濞亲自动员后第一个参加叛乱的诸侯王。这样的首恶,肯定不会被赦免,等待他的只有死亡。但是,胶西王刘卬的表现却让人不齿。

七国叛乱之初,齐王因临时变卦不参加叛乱。胶西王刘卬联合了胶东王刘雄渠、菑川王刘贤组成三国联军围攻齐王的都城临淄,打了三个月未能打下来。汉将栾布率领的平叛汉军到后,胶西、胶东、菑川三国只得退兵返国。

胶西王刘卬逃回胶西国后立即向太后请罪。他的太子不甘失败,进言:汉兵远道而来,我看他们已经疲惫,请大王让我率领聚集的士兵偷袭他们,如果不胜,再逃海上也不晚。胶西王回答:军队已无士气,不能再战。

胶西王刘卬此言,应当是看清了现实。

但是,胶西王此后的举措却是寄希望于降汉而免死。

率兵救齐的汉将弓高侯颓当将一封信转交胶西王:我奉诏诛杀

不义之徒，降汉者可赦罪，不降者坚决消灭。胶西王是降还是不降，我等你答复。

接到弓高侯颓当的信，胶西王刘卬光着上身，表示谢罪，并亲自到汉军军营叩首陈词：我侍奉大汉不慎，惊扰了百姓，害得将军远道至此，请让我接受极刑。弓高侯手持金鼓对胶西王说：我想知道胶西王发兵的原因。胶西王叩头请罪说：晁错利用天子的信任，变更高皇帝法令，侵夺诸侯土地，我认为这样做不对，担心他祸乱天下。因此联手发兵，以诛杀晁错。现在听说晁错已被杀，我们便退兵。弓高侯颓当说：大王如果认为晁错有罪，为什么不向皇上报告？没有诏书、虎符，擅自发兵攻打别国，并非要杀晁错吧。于是，拿出诏书向胶西王宣读。读完诏书后说：大王好自为之。胶西王听完诏书说：像我这样的人，死有余辜。于是自杀，太后、太子亦全部死亡。

胶东王、菑川王、济南王全部自杀，王国被除，土地收归中央政府。赵王刘遂坚持了十个月，最终也城破自杀。

胶西王刘卬作为首恶，理应知道自己必死无疑，他却心存侥幸，内袒、膝行请罪，以诛晁错为名推诿叛乱之实，希望能够保全性命。事实

王肉袒叩头汉军壁，谒曰：『臣卬奉法不谨，惊骇百姓，乃苦将军远道至于穷国，敢请菹醢之罪。』弓高侯执金鼓见之，曰：『王苦军事，愿闻王发兵状。』王顿首膝行对曰：『今者，晁错天子用事臣，变更高皇帝法令，侵夺诸侯地。卬等以为不义，恐其败乱天下，七国发兵，且以诛错。今闻错已诛，卬等谨以罢兵归。』将军曰：『王苟以错不善，何不以闻？乃未有诏虎符，擅发兵击义国。以此观之，意非欲诛错也。』乃出诏书为王读之。读之讫曰：『王其自图。』王曰：『如卬等死有余罪。』遂自杀。太后、太子皆死。——《史记·吴王濞列传》

胶东、菑川、济南王皆死，国除，纳于汉。郦将军围赵十月而下之，赵王自杀。——《史记·吴王濞列传》

证明，这只是胶西王一厢情愿，景帝岂能饶了他？最终，在特赦无望的情况下胶西王无奈自杀，表现了失败者企求生存的卑微人性。

济北王刘志属于幸免者。

吴楚七国谋反时，济北王刘志积极拥护，但是，他的叛乱因被汉廷所派大臣阻止而未得实现。吴楚失败，齐孝王自杀，济北王刘志自知有罪，他想通过自杀保全妻子、儿女。

一个人的出现，挽救了济北王刘志的生命。

他是谁呢？

他怎么挽救了济北王刘志的生命呢？

此人叫公孙玃（jué）。

他对济北王刘志说：请让我去见梁王，再通过梁王上达天听，如果我办不成，大王再自杀亦不晚。于是，公孙玃面见梁王说：济北国东接强齐，南邻吴越，北通燕赵，这是一块四战之地。这种恶劣的地理环境既不能自守，又不能抵御强兵，更没有左道旁门的妖术可以与吴楚军对抗。虽然济北王刘志答应吴王参与谋反，但这不是济北王刘志的本意。春秋时期郑国大臣祭仲被宋军抓住，威逼他赶走郑昭公，立公子突为君。祭仲知道答应宋人是不义之举，但是，当时自己实在无力救君救国，因此假装应承，再找机会迎回郑昭公。《春秋》非常欣赏祭仲的权变，特加记录，认为这是以生易死、以存易亡。如果济北王刘志当初拒绝吴王的要求，吴军必然先攻打齐地，攻占济北国，再与燕、赵合兵西进。那么，七国南北合纵，汉军就没有机会了。如今吴楚率领叛军，驱赶未经训练的百姓，西进与皇上争天下，只有济北王刘志孤军坚守，使吴军失去助力，单兵独进，终至土崩瓦解，这未尝不是济北王刘志的功劳啊。一个小小的济北国与诸侯叛军单打独斗，简直是以羸弱的羔羊和强壮的虎狼搏杀。济北王履行职责、精诚如一，功劳如此之大，竟然受到皇帝猜疑，恐怕让济北王刘志寒心啊！这不是国家的福祉，它会让守边的藩臣人人担惊受怕啊！如今能够将此番话冲过重重阻力上达天听、坚守正义者唯有大王一人。大王如果这样做，上有保全功臣之功，下有安抚百姓之名，大德入骨髓，恩泽及无穷，希望大王考虑一下。梁孝王一听公孙玃这番连说带夸的话，高兴得嘴都合不拢了，立即上书汉景帝。因为梁王在此次平叛中立了大功，而梁王的话又说得在理，于是，景帝最终未处罚济北王刘志，只是将他改封菑川王。

齐地诸王只有济北王刘志这一支得以延续，其余参加叛乱的齐地诸国一律不许再次立国。

处理完叛乱的七位诸侯王后，是否允许其后人续立其国提上了议事日程。

汉景帝原打算续立吴、楚两国诸侯王。

吴王刘濞是汉高祖刘邦二哥刘仲的儿

初，吴王濞与七国谋反，及发，齐、济北两国城守不行。汉既破吴，齐王自杀，不得立嗣。济北王亦欲自杀，幸全其妻子。齐人公孙玃谓济北王曰：『臣请试为大王明说梁王，通意天子，说而不用，死未晚也。』公孙玃遂见梁王，曰：『夫济北之地，东接强齐，南牵吴越，北胁燕赵，此四分五裂之国，权不足以自守，劲不足以扞寇，又非有奇怪云以待难也，虽坚言于吴，非其计也。昔者郑祭仲许宋人立公子突以活其君，非义也，《春秋》记之，为其以生易死，以存亡也。乡使济北见情实，示不从之端，则吴必先历齐毕济北，招燕、赵而总之。如此，则山东之从结而无隙矣。今吴楚之王连诸侯之兵，驱白徒之众，西与天子争衡，济北独底节坚守不下。使吴失与而无助，跬步独进，瓦解土崩，破败而不救者，未必非济北之力也。夫以区区之济北而与诸侯争强，是以羔犊之弱而扞虎狼之敌也。守职不桡，可谓诚一矣。功义如此，尚见疑于上。胁肩低首，累足抚衿，使有自悔不前之心，非社稷之利也。臣恐藩臣守职者懈之，能历西山，径长乐，抵未央，攙抶而正议者，独大王耳。上有全亡之功，下有安百姓之名，德沦于骨髓，恩加于无穷，愿大王留意详惟之。』孝王大说，使人驰以闻，济北王得不坐，徙封于淄川。——《汉书·贾邹枚路传》

子，刘仲的另一个儿子刘广被封德侯。此时，汉景帝打算立德侯刘广的儿子继承吴王之位。但是，窦太后坚决反对。窦太后说：吴王是宗室中年龄最长、辈分最高的人，应该懂得作为汉家宗亲的规矩，现在竟然带头谋反，为什么还要续他的香火？不准再立吴王。

楚元王的孙子刘戊参加叛乱并自杀，但是，楚元王尚有幼子刘礼在朝中任宗正（掌管皇室事务）。于是，景帝封刘礼为楚王，史称楚文王，奉祀楚元王宗庙。

参与叛乱的七国除保存楚国另立新王外，其余六国全部被除。

吴楚七国之乱后，汉景帝对天下诸侯王进行了大洗牌：立皇子刘端为胶西王，皇子刘胜为中山王。济北王刘志改封菑川王，淮阳王刘馀为鲁王，汝南王刘非为江都王。

汉景帝正忙于平叛，后宫中却发生了一件大事。是什么大事呢？

汉已平吴楚，孝景帝欲以德侯子续吴，以元王子礼续楚。窦太后曰：『吴王，老人也，宜为宗室顺善。今乃首率七国，纷乱天下，奈何续其后！』不许吴，许立楚后。是时礼为汉宗正，乃拜礼为楚王，奉元王宗庙，是为楚文王。
——《史记·楚元王世家》

六月乙亥，赦亡军及楚元王子艺等与谋反者。封大将军窦婴为魏其侯。立楚元王子平陆侯礼为楚王。立皇子端为胶西王，子胜为中山王。徙济北王志为菑川王，淮阳王馀为鲁王，汝南王非为江都王。
——《史记·孝景本纪》

请看：一场没有硝烟的暗战。

当汉景帝为平定吴楚七国之乱焦虑、忙碌之时，他的后宫也没让他省心，一场争储大战正在激烈上演。参与这场争储大战的有两类人：一是介入者，二是"被介入"者。"被介入"者很惨，他们是躺枪。不是每个人都愿意介入残酷的宫闱争斗的，但是，有时候你处的位置影响了他人，你就得"被介入"了。介入者多有想法，她们希图在夺储之战胜利后享用立储的丰硕果实；"被介入"者往往成了宫闱之争的牺牲品。

硝烟的暗战

一场没有

第一位"被介入"的薄皇后

谁"被介入"了汉景帝的皇储之争呢？

第一位是薄皇后。

汉景帝刘启的母亲窦姬被立为皇后之后，窦皇后的长子刘启并不是汉文帝刘恒的长子，因为刘启还有四位同父异母的兄长，他们是汉文帝已故代王王后所生的四个儿子。诡异的是，文帝入承大统数月内，刘启的四位兄长全部病故，一个不剩，而且此事与窦皇后一毛钱的关系都没有。数月之间，刘启变成了文帝刘恒的长子，并因长子的身份被立为皇太子。

刘启刚刚被汉文帝刘恒确立为皇太子，祖母薄太后立即行动，她利用皇太后的身份，从自己娘家薄氏宗族中选了一位薄姓女子，指定为太子妃。这明显是一个错误的决定。她不顾孙子的感受强行为其选妃，这将会给太子的家庭带来巨大不幸。

皇太子刘启义无反顾地接受了这位自己极不喜欢的薄姓女子做太子妃。当然，他表面接受，内心拒绝，直接的后果是薄妃无子。等到刘启即位称帝，太子妃薄氏升格为薄皇后，仍然无子。薄太后下世后，薄皇后被废。

薄皇后没有生子，这对任何一位皇后来说都是一个致命伤！因为无子继承皇位会危及皇后的位置。问题出在哪儿呢？汉景帝有十四个儿子，分别出自六位嫔妃，十四个儿子可以为他做证，汉景帝的生育能力没有问题。

皇后无子是不是一定是皇后的原因呢？

未必。

无子无非两大原因，一是不能生，二是不受宠而没有机会生。

薄皇后无子并不能必然地说明其不具备生育能力。因为还有一种可能：汉景帝极不喜欢薄皇后，与她亲近的机会极少，这也会导致薄皇后无子。吕后曾为她的儿子汉惠帝选了亲外孙女张嫣做皇后，汉惠帝和后宫的宫女生了六个儿子，但皇后张嫣一个孩子都没有生，原因应当与薄皇后的情况相似。张嫣因此成为中国历史上为数极少的处女皇后，这真是一个历史悲剧。

薄皇后无子造成了汉景帝立太子的复杂局面。

汉景帝即位后必须立太子，这不是皇帝个人的问题，这是关系到汉家江山传承的大事，如果薄皇后能得到景帝的宠幸，皇后的位置尚无大碍，过继一个嫔妃的儿子登基称帝并无不可。可如果薄皇后无宠，就算有儿子也不行。

所以对于薄皇后来说，无子只是一个弱项，无宠才是致命伤。

无子无宠的薄皇后没有主动介入皇储之争，她是一个本分的女人，也是一个认命的女人，她的不济是薄太后造成的，无宠的冷酷现实让这一切完全成为泡影。她只能等待命运的摆布。

虽然薄皇后无意争储，但是，她占据的皇后之位被人惦记上了，只有扳倒这位失宠的皇后，才能另立皇后。虽然另立皇后与立太子并无必然联系，但是，废掉薄皇后，让太子与皇后成为真正的母子岂不更好？这样，无意介入立储之争的薄皇后就"被介入"了。

更重要的是，极不喜欢薄皇后的汉景帝在薄太后仙逝之后，绝不会让这位霸占太子妃、皇后两个重要岗位的女人久居大位，"下岗"已是定局，不定的只是时机。

薄皇后躲不过！

第二位"被介入"的栗姬

汉景帝的薄皇后虽然无子，但这并不妨碍汉景帝立太子，因为他还有十四个儿子可供选择。单就立太子而言，立嫡立长最为合适，薄皇后无子让立嫡无法实现。而且，为他生育了十四个儿子的六位嫔妃，目前尚无景帝喜欢并且适合为皇后的女人，因此，立长成为汉景帝此刻的最佳选择。

皇长子是谁呢？栗姬生的刘荣。因此，景帝前元四年 (前153)，皇十子刘彻受封胶东王的同时，皇长子刘荣受封皇太子。

栗姬不像王美人王娡 (zhì) 一样先结婚生女，再离婚入宫，入宫前就一门心思要争位置、夺权力，甚至觊觎太子之位。栗姬入宫早，生子也早，她并不想介入这些纷争。由于薄皇后无子，她的儿子刘荣成为汉景帝的长子，在立储时占有巨大优势，只要景帝没有更合适的太子人选，皇长子刘荣就是最佳人选。

但是，一旦栗姬的儿子刘荣被立为太子，栗姬立即成为主动介入立储之争者的攻击对象。如果不废除皇太子刘荣，新太子亦就无从谈起；如果皇太子刘荣被废，栗姬就会立即陷入绝境。因此，栗姬本人虽然没有主动介入立储之争，但是，从儿子刘荣被立为太子之日起，栗姬就成了"被介入"者，她被主动介入立储之争者列入"必杀"对象，只要从政治上"杀死"了皇太子刘荣，栗姬就必死。

第一位主动介入的王美人

和"被介入"的薄皇后、栗姬不同，汉武帝的生身母亲王娡是主动介入景帝宫闱之争的女人。

王娡的家世非常独特。

她的母亲臧儿是项羽分封的十八位诸侯王之一燕王臧荼的孙女。

臧荼原是燕王韩广手下的将领，巨鹿之战时奉燕王韩广之命救赵，后又随项羽入关。"救赵"和"入关"是项羽因功封王最重要的两大条件，因此，项羽大封十八位诸侯王时，符合这两条的臧荼受封燕王，原燕王韩广被改封为辽东王。此后，臧荼出兵灭了韩广，成为地地道道的燕王。汉高祖三年（前204），臧荼看到韩信灭魏、降代、亡赵，兵锋势不可当，便投降汉王刘邦，并与楚王韩信、梁王彭越等一齐拥立刘邦称帝。两年后，因为刘邦极力翦除项羽旧部，臧荼担心被诛，便起兵谋反，后被刘邦所杀，臧氏家族消亡。

臧荼死后，其孙女臧儿侥幸活了下来，但其婚姻却十分坎坷。臧儿的第一任丈夫叫王仲，臧儿和他生了三个孩子，一个儿子王信，两个女儿王娡和王兒姁（ní xǔ）。后因王仲病故，家庭失去靠山，臧儿改嫁到长陵田家，又生了田蚡和田胜两个儿子。

王太后，槐里人，母曰臧儿。臧儿者，故燕王臧荼孙也。臧儿嫁为槐里王仲妻，生男曰信，与两女。而仲死，臧儿更嫁长陵田氏，生男蚡、胜。——《史记·外戚世家》

臧儿嫁了两次，生了五个孩子。作为一个女人，孩子就是资本。

臧儿生逢改朝换代的乱世，祖父死后，家族一蹶不振，她热切希望恢复臧氏家族昔日的辉煌。三个儿子无大出息，因此，臧儿特别在意两个女儿的婚姻。

大女儿王娡早年由母亲做主，千挑万选，嫁入金王孙家，生下一个女儿。"王孙"在当时是贵族子弟的称呼，可见，金王孙的家世应当不错。女儿嫁了这样的金龟婿，臧儿应当满意了。但是，她后来竟然反悔了，原因是一位算命先生向她泄露了天机：

> 两女皆当贵。《史记·外戚世家》

算命先生预言自己的两个女儿将来都能大富大贵。

这句话让臧儿像打了鸡血一样，长女王娡此时在金家已经生了一个女儿，臧儿不满足了，她认为金王孙家林子太小，养不起她的宝贝女儿王娡这只金凤凰。于是果断决定，把王娡从金王孙家里夺回来，重新嫁人。金王孙无故遭逢此灾，坚决不答应。但是，臧儿主意已定，最终迫使金王孙放人！

这个决定非常大胆！

王娡从出嫁到生子，至少要一年时间。人都有一种惯性，特别是为人妻、为人母已整整一年，要她从以往的生活环境中硬生生脱离出来，另觅芳草，即使在今

臧儿长女嫁为金王孙妇，生一女矣，而臧儿卜筮之，曰两女皆当贵。因欲奇两女，乃夺金氏。金氏怒，不肯予决。——《史记·外戚世家》

天，也无异于一次疯狂豪赌。然而，冒险家臧儿愣是把这件事办成了，整个过程，金家坚决反对，王娡非常配合，由于臧儿、王娡两人态度异常坚决，最终王娡离开了金家。

摆脱了婚姻束缚的王娡和妹妹王兒姁先后被母亲臧儿送入了太子的宫中。原来，臧儿眼中的富贵者只有储君堪当！让一个已婚并育有一女的女儿强行离婚，再设法将其送入太子宫中，在中国古代是一件不可思议之事！即使汉帝国风气开放，太子明明白白接受这样的一位女子为妃也不大可能，王娡很可能隐瞒了婚史。看来王娡不简单。

她哪里不简单呢？

第一，冷酷。王娡本和金王孙过得好好的，还生了一个女儿，应当说婚姻美满。可是，母亲一鼓动，王娡就翻脸。她离开金王孙的唯一目的是追求"当贵"的生活。一个女人，能够断然了结旧情，抛夫弃女，毅然决然地改嫁。这不叫冷酷吗？

第二，果断。王娡离开金王孙时，可谓破釜沉舟、孤注一掷。首先，算命先生那一卦到底灵不灵是未知数。其次，她能不能进太子宫也是一个未知数。最后，送到太子宫中能不能得到太子宠幸更是未知数。但是，瞻前顾后必然错失良机，所以，王娡非常果断。

第三，野心。王娡顺从母亲意志，放弃幸福安逸的小康生活，一头扎进钩心斗角、你死我活的太子后宫，开始她残酷而高风险的宫斗生活。这种义无反顾的原动力就是她不安于现状的野心。

第四，冒险精神。王娡此举无疑冒着极大的风险。万一这段婚史被人举报，会是什么结果？不要说在太子宫中待不住，恐怕金王孙家也不会再要她。

就这样，王娡断了自己的后路，义无反顾地一头扎进了太子宫。

王娡的妹妹也被母亲臧儿送入太子宫中。臧儿给自己上了双保险：两个女儿无论哪一个得到宠幸，她都是赢家；如果都得到宠幸，她就是大赢家！

臧儿这着险棋成功了没有？

王娡被送到太子宫中以后，生了一个皇子、三个公主，一龙三凤。

乃内之太子宫。太子幸爱之，生三女一男。——《史记·外戚世家》

她妹妹王兒姁更了不得，生了四个皇子。

先是臧儿又入其少女兒姁，兒姁生四男。——《史记·外戚世家》

汉景帝共有十四个儿子，臧儿的两个女儿就贡献了五位皇子，"三分天下有其一"啊！臧儿终于可以扬眉吐气啦！尽管《史记》里面没有讲，但这一切之所以如此一帆风顺，需要一个重要条件，就是臧儿的两个女儿都要长得非常漂亮。王娡再婚，王兒姁初嫁，各自为太子添了四个孩子，不是相貌出众、万千恩宠，很难办得到。没有金刚钻，哪里能揽着瓷器活儿呢？

王娡在生了三个女儿后再次怀孕，她告诉太子，自己做了一个梦，梦见一个太阳落到自己的肚子里了。我们的先民历来崇奉太阳。今天，我们仍然用太阳比喻帝王。因此，"梦日入怀"是一个非常显贵的征兆。王娡自诩的"梦日入怀"有三种可能：

一是王娡自神其子。现在还会不会有孕妇梦见太阳落到自己肚子里了？极少。日有所思，夜有所梦。没有皇帝了，大家就不做这种梦了。王姞如此释梦，很可能是要神化她的儿子，给儿子日后做皇帝造势。

二是后人神化刘彻。王姞的儿子后来的确做了皇帝，后人就附会，说她"梦日入怀"。

三是两者兼有，既有王姞的神化，也有后人的神化。

中国古代文献中有两部写汉武帝的野史，一曰《汉武故事》，一曰《汉武帝内传》。《汉武帝内传》说汉景帝梦见一位神女，拿着一个太阳送到王美人嘴边，王美人把太阳吞了。后怀孕，十四个月后生下汉武帝。这个说法明显不靠谱。《史记》和《汉书》的外戚传都记载了"梦日入怀"的故事。不过，这种记载太离奇。

在这样的吉兆下，刘彻诞生了。这一年，汉景帝顺利登基。

男方在身时，王美人梦日入其怀。以告太子，太子曰：『此贵征也。』未生而孝文帝崩，孝景帝即位，王夫人生男。——《史记·外戚世家》

刘彻身为皇十子，地位并不显要，要一步步向上走，需要时机，需要时间。汉景帝前元四年（前153），刘彻四岁，被封胶东王。同时，汉景帝封了他即位以来第一位太子刘荣。

第二位主动介入的长公主刘嫖

第二位主动介入立储之争的是长公主刘嫖。

长公主也称馆陶公主、窦太主，她是窦太后的女儿，汉景帝的姐姐。

窦太后是汉帝国最有权势的老太太之一，她一直活到孙子汉武帝建元六年 _(前135)。临终前，遗诏尽以东宫金钱财物赐长公主。可见，长公主真是母亲的心肝宝贝、掌上明珠。

作为汉景帝的亲姐姐，长公主身居高位，待遇优厚，但她像天下很多父母一样，"舐犊情深"，自己这一代人富了、贵了，还拼命要让子孙万代都能既富且贵，所以最好的办法是让自己的宝贝女儿陈阿娇成为皇后，这正是"嫁人不要嫁别人，一定要嫁皇帝接班人"。

有了明确的目标，长公主迅速出手，很快向太子刘荣抛去了橄榄枝。长公主对此相当有信心，自己是当今皇帝的亲姐姐，谁不愿攀高枝儿啊，谁敢不同意啊，再得宠的嫔妃也得给她这个长公主一个薄面啊！

但是，长公主失算了。太子刘荣的母亲栗姬是个不懂人情世故、"脑子进水"的女人，她毫不犹豫地拒绝了长公主。

栗姬为什么这么坚决地拒绝长公主呢？难道她不怕长公主的势力大吗？难道她不怕长公主在景帝面前诋毁自己吗？难道她不想借机结交这位权势熏天的皇亲吗？

原来，长公主刘嫖有一绝活儿：为皇弟介绍年轻美女。景帝身为皇帝，如果自己整天到处选美，肯定影

长公主嫖。——《史记·外戚世家》

窦太后后孝景帝六岁崩，合葬霸陵。遗诏尽以东宫金钱财物赐

响不好，但他好这一口。现在好了，自己的姐姐了解自己，替自己把棘手的事办妥了、摆平了，岂不省得自己费心了？通过长公主的网罗、搜集，景帝身边有了一批一批的美女，个个获得的宠幸都超过了栗姬。对此，栗姬的肺早就气得要爆炸了，只是没有出气的机会。现在好了，长公主公开提出要让她的女儿与自己刚刚被立为太子的儿子联姻。栗姬一气之下，断然拒绝，长公主碰了一鼻子灰。

长公主裁了，裁得十分狼狈。

这个节骨眼上，皇十子刘彻的母亲王娡出现了。碰了一鼻子灰的长公主阴差阳错地想到了王夫人（景帝即位后王娡从美人晋升为夫人），王夫人一口答应了皇十子刘彻和陈阿娇的婚事，而且答应得干脆利索。

王娡的这一手，绝！

求亲遭拒，正是长公主心理最脆弱的时候。此时，王夫人任何一个亲近表现，都足以让她感激涕零。栗姬妒火烧身，深怨长公主。王夫人反其道而行之，一口应允了这桩婚事。两个女人的不同表现，立即在长公主内心里产生了巨大的化学变化。扳倒栗姬、扶正王夫人成了长公主的不二选择！

长公主还有一大特点：行动果敢。

刘荣一被立为太子，长公主马上找栗姬提亲；结亲一遭拒绝，长公主立即找王夫人协商；一旦与王夫人联

长公主嫖有女，欲予为妃。栗姬妒，而景帝诸美人皆因长公主见景帝，得贵幸，皆过栗姬，栗姬日怨怒，谢长公主，不许。
——《史记·外戚世家》

长公主欲予王夫人，王夫人许之。
——《史记·外戚世家》

姻成功，长公主立即下手干掉栗姬。

长公主为了干掉栗姬，做了两件事：

一是天天在景帝面前诋毁栗姬。

二是盛赞王夫人之子刘彻。

栗姬的拒婚挡了长公主为女儿阿娇谋幸福的路，王夫人的慷慨允诺让长公主看到了希望。两件事叠加到一起，作为景帝姐姐的长公主，力挺王夫人之子刘彻而打压栗姬是最合乎情理的事。两个嫔妃，一个打压自己，一个支持自己，长公主自小到大从来没吃过这种亏，特别是自己的母亲当了太后，自己的弟弟当了皇帝，她更咽不下这口气。

长公主在弟弟景帝面前说栗姬的坏话，关键是"日谗"二字，那可是天天诋毁啊！而且，诋毁的内容景帝非常认可。长公主说：栗姬与景帝宠幸的嫔妃相聚时，每次都用巫蛊害人。景帝听后非常认可长公主的话，对栗姬的所为很反感。

长公主怒，而日谗栗姬短于景帝曰：『栗姬与诸贵夫人幸姬会，常使侍者祝唾其背，挟邪媚道。』景帝以故望之。——《史记·外戚世家》

长公主说栗姬的坏话很正常，关键是景帝相信，这才是要命的。

为什么长公主诋毁栗姬的话景帝能够相信呢？

它符合逻辑。

栗姬诅咒景帝宠幸的女人符合受到伤害的栗姬的心理。自己宠谁，景帝心里很明白，同时，景帝心里也知道，自己宠幸别的女人，栗姬心里非常难受。因此，栗姬用巫蛊诅咒她们再自然不过了。因此，景帝认可长公主编造的谎言，这让栗姬非常恼怒。

为什么长公主盛赞王夫人的儿子刘彻，景帝也能认同呢？

它也符合逻辑。

王夫人平日低眉顺眼，皇十子刘彻表现不俗，留给景帝的印象很好。加之，景帝认为这是王夫人当年"梦日入怀"说法的兑现。

长公主日誉王夫人男之美，景帝亦贤之，又有襄者所梦日符。——《史记·外戚世家》

因此，景帝认同了长公主所言的所有。

景帝的认同是长公主最大的成功。

第三位主动介入的窦太后

景帝前元七年十一月，景帝突然下诏废太子刘荣为临江王。但是，废了太子刘荣后四个多月里，景帝迟迟未宣布新太子人选。

栗太子刘荣被废，窦太后立即跳了出来。此时，景帝应当已经有了太子人选，之所以未宣布，实际上是在等母亲窦太后发难，因为汉景帝实在太了解自己这位母后在立储问题上的态度。

前文"机遇，还是机遇"一章已经讲过，窦太后想让小儿子梁王刘武为储君，主因是母爱情结。但是，她此时重提此事还有一个重大的现实原因：梁王刚刚在平定吴楚七国之乱中立下了殊功。因为梁王苦苦支撑了三个月，吴楚叛军始终未能过梁而西进，太尉周亚夫才能一面坚守昌邑，一面派特种部队断了吴楚联军的粮道，为最终大败吴楚联军打下了基础。梁国因为三个月的苦战损失惨重，但其胜利成果和中央政府几乎相当。梁王刘武这份大功加重了他的政治砝码，他不但有皇太后的支持，而且还有他为国家立下的不世之功，因此，窦太后认为梁王应当为皇位继承人。

窦太后的双重心理让她不顾汉景帝的内心抗拒，重提梁王立储一事。

结果，汉景帝动用大臣袁盎等人向窦太后讲述了当年宋宣公传弟不传子导致的五代大乱，窦太后明白事理，收回成命。梁王刘武不愿接受这一现实，派人刺杀袁盎等十几位大臣，最终东窗事发，梁王刘武被迫交出真凶，永远失去受宠的机会，不久死去。

主动介入立储之争的窦太后第一个退出了。

其他人呢？他们将会在这场夺储之争中怎么收场呢？

请看：该来的都来了。

在汉景帝后宫的储位之争中，太子刘荣之母栗姬成为最终的牺牲品。栗姬虽然在自己的长子被立为太子后迟迟未被册立为皇后，明面是因为薄皇后在位，暗中却是汉景帝对栗姬不看好。但是，栗姬对此竟然没有任何觉察、自省、纠正，直至汉景帝赶尽杀绝之时她才想挽狂澜于既倒，而这一切都徒劳无益了。这一切是怎样发生的？栗姬到底走错了哪一步致命之棋呢？

都该
来来
了的

屠刀终于落下

景帝前元二年（前155）四月，太皇太后薄氏下世。

这意味着第一位"被介入"立储之争的薄皇后大限将至。但事情并没有像人们想象的那么快，因为薄皇后毫无过失，仅仅是无宠；再说，薄皇后是太皇太后所立，如果景帝在太皇太后下世后立即下诏废后，显得太不给太皇太后"薄"面了，更重要的是对景帝本人的形象不利，这种傻事汉景帝不会干。

太皇太后下世四年后，即景帝前元六年（前151）九月，汉景帝下诏废薄皇后。

这说明汉景帝觉得时机成熟了。

薄皇后成为中国历史上第一位被废的皇后。

薄皇后是一位贤淑、可怜的女人，她非常安守本分，从未主动卷入宫闱之争，从太子妃到薄皇后，她受尽了冷落，可都逆来顺受，从未抗争。最终，她成为景帝废立太子的一张牌。其实，薄太后在世之时她是有资本可以抗争的。

比如和薄皇后有同样遭遇的赵王刘友的王后。

此女为吕后娘家人，吕后强迫刘友娶之。但是，赵王刘友不喜欢这位吕姓王后，喜爱王宫中的其他女人，这惹恼了吕姓王后，她跑到吕后面前告了一通恶状：赵王刘友扬言，吕氏怎么能够封王？太后百年之后，我一定杀了他们。吕后一听，顿时大怒，特召赵王刘友进京。刘友进京后，吕后将其安排在京城官邸中，不传诏进见，反而派兵围困赵王驻地，不供应食品。赵王手下大臣看见赵王挨饿，偷偷给其送饭。吕后派来的军队抓住送饭人，并处死了指使送饭的大臣。赵王连饿数天，唱了一首自创的悲怆凄婉的楚声短歌，最终，饿死在京城。赵王刘友被囚饿死后，吕后认为他为了一个女人而自绝，不许以诸侯王的礼仪安葬，只准以百姓礼仪葬于百姓坟中。

　　和吕后强配给赵王刘友的吕氏王后相比，薄皇后无怨无悔地接受了对自己极为不公的命运，丝毫没有抗争，更没有以卑劣的手段告恶状。薄皇后如果像赵王刘友的恶妻一样告状，景帝的日子恐怕就不好过了。但是，薄皇后容忍了一切，在充满狡诈争斗的后宫中展示了一代皇后的仁义。

　　汉景帝此时废黜薄皇后，意味着立新皇后的工作已经提到了议事日程上来了，而且，后备"干部"的人选也已经敲定了，只差正式宣布。

　　奇怪的是，废薄皇后后一年多的时间里，汉景帝并未宣布新皇后的人选。

　　他在等，等主动介入皇储之争的窦太后出招。果然，窦太后跳了出来，但是，因为顾忌"兄终弟及"会导致子孙自相残杀，窦太后退出了争夺。

　　障碍消失了。

　　景帝前元七年 _(前150)，杀了不知宫斗之情的大行 _(主管接待之官) 之后，汉景帝突然宣布：废太子刘荣

七年正月，太后召赵王友，友以诸吕女为后，弗爱，爱他姬，诸吕女妒，怒去，谗之于太后，诬以罪过。曰『吕氏安得王？太后百岁后，吾必击之』。太后怒，以故召赵王！赵王至，置邸不见，令卫围守之。赵王饿，乃歌曰：『诸吕用事兮刘氏危，迫胁王侯兮强授我妃。我妃既妒兮诬我以恶，谗女乱国兮上曾不寤。我无忠臣兮何故弃国？自决中野兮苍天举直！于嗟不可悔兮宁蚤自财，为王而饿死兮谁者怜之。吕氏绝理兮托天报仇。』丁丑，赵王幽死，以民礼葬之长安民冢次。

——《史记·吕太后本纪》

为临江王。

七年冬，废栗太子为临江王。——《史记·孝景本纪》

废太子刘荣之前，景帝先将为人忠厚的主管京城治安的中尉卫绾解聘，让其回家休养。同时，任命酷吏郅都接任中尉。并在宣布废太子刘荣时，将栗姬在京居住的所有亲属一律处死。等立了新太子后，再起用为人忠厚的卫绾担任太子太傅。

明年，上废太子，诛栗卿之属。上以绾为长者，不忍，乃赐绾告归，而使郅都治捕栗氏。既已，上立胶东王为太子，召绾拜为太子太傅。——《汉书·万石卫直周张传》

汉景帝刘启的废太子之举可谓考虑周全备至。先将心地善良的中尉卫绾解聘，礼送回家休养一段时间；再调位居《史记·酷吏列传》十一位酷吏之首的郅都接替卫绾。一切准备就绪，下诏废太子刘荣。栗姬及其亲属尚未反应过来，中尉郅都的屠刀已架在京城栗氏宗亲的脖子上，宁可杀光，不留后患，栗姬亲属全部被诛。

这一切来得迅雷不及掩耳，等到栗姬得知，儿子已经被废遭贬，京城亲属也已全部被杀。

栗姬愈恚恨，不得见，以忧死。——《史记·外戚世家》

两事叠加，栗姬崩溃，想见见景帝申辩一下，但她已经没有机会，栗姬的情商本来就不高，又遭遇突如其来的严重打击，最终忧愤而死。

如此重大事件是怎么发生的呢？

可怜的智商，要命的情商

汉景帝废储改封、屠戮栗氏绝非偶然。

因为，王娡下了黑手。

王夫人下了什么黑手？

王夫人得知汉景帝此时对栗姬极为愤怒。暗中指使外朝大臣上疏立栗姬为皇后。大行向景帝奏事后，对景帝说："子以母贵，母以子贵"。如今太子母无号，应当立为皇后。景帝一听，勃然大怒：这话也是你们应该说的？于是，立即杀了大行，废了太子刘荣为临江王。

汉景帝为什么会对大行处以极刑，而且一鼓作气废了太子呢？

因为景帝以为大行上疏肯定有人主使。

景帝认为是谁主使大行干的呢？

受益人。

谁是受益人呢？

栗姬。

不立就不立，值得生这么大的气吗？

事出有因。

此前景帝已经生了一场大气，只是尚未爆发。

什么大气呢？

原来，景帝废储之前生过一场大病，自感大限将尽，心情极度郁闷。他召见栗姬，叮嘱她说：我百年之后，你要善待我的所有封王的儿子。

景帝这句话极不寻常，看似简单，含义极为丰富：

王夫人知帝望栗姬，因怒未解，阴使人趣大臣立栗姬为皇后。大行奏事毕，曰："『子以母贵，母以子贵』。今太子母无号，宜立为皇后。"景帝怒曰："是而所宜言邪？"遂案诛大行，而废太子为临江王。——《史记·外戚世家》

景帝尝体不安，心不乐，属诸子为王者于栗姬曰："百岁后，善视之。"——《史记·外戚世家》

一是托孤。

景帝此话的要害是托孤。他认为自己已没有活下去的机会了，趁着还能交代，尽快交代后事。其中，最让他揪心的是他的十四个儿子，除了长子刘荣受封太子，其余都封了诸侯王。有鉴于吕后残害高祖诸子的沉痛教训，他要求栗姬无论如何要善待自己所有的儿子，千万不能像吕后那样，高祖八子，直接、间接害死了五位。这种人间惨剧绝对不能再发生。

二是立后。

景帝此话的另一要害是立后。栗姬的儿子已经被立为太子，如今又向栗姬交代善待诸子，明显是要立栗姬为皇后。如果景帝不考虑立栗姬为皇后，根本不需要向栗姬交代善待诸子之事。既然向其交代，说明景帝会尽快下诏立栗姬为皇后。

这两点都显而易见。而且，向太子之母交代善待诸子，说明景帝自感病况极差，大有朝不保夕之感。

如果栗姬能明白汉景帝托孤、立后这两层意思，如果栗姬能够控制自己的妒火，如果栗姬能够管控自己的情绪，她就能清楚地意识到：景帝此时的要求是她和太子生命中的一个重要节点。她只要答应景帝一个并不难办的要求，满足一个父亲的临终愿望，她就会让满怀期待的汉景帝得到一个安心的答复，让一位父亲在临终之际得到一个温暖的回答。一场夺储大战将在此时此刻画上一个圆满的句号。

但是，栗姬犯傻了！而且犯了一个致命的错误：她拒绝了汉景帝的托孤之请！而且，出言不逊。

栗姬的恶劣表现让汉景帝彻底失望！一个如此不通情理、蛮横霸道的女人能做自己众多儿子的嫡母吗？一个如此不懂皇帝之心的女人能做母仪天下的皇后吗？

想都不用想。但是，愤怒的汉景帝此时没有发作。

为什么汉景帝如此愤怒却没有发作呢？

健康不允许。

景帝托孤，可以想见他此时的病情、心情都处在人生的谷底。也没有力气和栗姬算账，也没有必要和栗姬纠缠。何况，汉景帝是一个不发则已、一发则雷霆万钧之人。他忍了。但是，汉景帝的隐忍比他发火更要命。

栗姬此时已经完了，她让景帝彻底失望了，她的长子——皇太子刘荣也因为一个极不理智的母亲而痛失继承大统的机会。

这一切，栗姬竟然丝毫没有觉察到。

如果景帝此时突然仙逝，太子刘荣即位，栗姬或许会躲过一劫，但是，景帝的大病竟然奇迹般地好起来了。

痊愈的汉景帝终于可出一口病中咽下来的恶气了，可以从容地处理栗姬和太子刘荣了。

长公主刘嫖最有可能知道了汉景帝隐忍不发的愤怒，也最有可能将这一绝密消息告知了王夫人。这才有王夫人的出手，才有立后奏疏，才有外朝大臣立后奏疏激怒汉景帝一事。

其实，汉景帝很不了解栗姬。栗姬没有那么复杂，她就是一个任性的小女人。

栗姬怒，不肯应，言不逊。景帝恚，心嗛之而未发也。
——《史记·外戚世家》

人生最可怕的是误解，误解的可怕之处是永远无法消解。

景帝误以为是栗姬指使外朝大臣上疏，其实是王夫人使坏。

栗姬不智，她压抑不住自己的妒火，恨景帝，恨那些得宠的年轻女人，也恨那个"选美特使"长公主。这些都可以理解，但是，栗姬不懂自己，不懂皇帝，不懂长公主，不懂宫斗，犯了一系列无可挽回的错误。

栗姬不懂自己有三层意思：一是不懂自己的身份，二是不懂自己的机遇，三是不懂保护儿子。

栗姬的身份是景帝的一位普通嫔妃。

栗姬不是景帝的爱妃、宠妃，仅仅因为其子刘荣是景帝的长子，他才有了一次可能晋升皇后的机会。

即使是爱妃、宠妃，在帝王、近臣的眼中，不过一女人耳。

如景帝曾经一度宠幸贾姬。一次，景帝携贾姬到上林苑，贾姬去上厕所，恰在此时，一野猪也误闯入贾姬刚刚进去的厕所。景帝立即示意中郎将郅都救贾姬，郅都不动。景帝一看郅都不动，情急之下要自带兵器入厕救贾姬，郅都上前阻拦说：死一个女人可再选一个女人，天下难道还缺少像贾姬这样的女人吗？陛下即使再自轻，哪能置宗庙、太后于不顾呢？景帝听后，只得作罢，一会儿，野猪从厕所中出来了，危机解除。窦太后知道此事后，赏了郅都金百斤。

郅都者，杨人也。以郎事孝文帝。孝景时，都为中郎将，敢直谏，面折大臣于朝。尝从入上林，贾姬如厕，野彘卒入厕，上目都，都不行。上欲自持兵救贾姬，都伏上前曰："亡一姬复一姬进，天下所少宁贾姬等乎？陛下纵自轻，奈宗庙太后何？"上还，彘亦去。太后闻之，赐都金百斤。——《史记·酷吏列传》

这个故事很经典。在郅都眼中，什么爱妃、宠妃，有什么了不起？死一个再补一个，天下从来就不缺美女，女神，不过是浮云。

因此，栗姬没有任何值得骄傲的资本。以她的地位处在复杂、残酷的后宫，受宠幸可以无所不能，一旦失宠可能遭遇屠戮，生命可谓毫无保障。所以小心谨慎才是最重要的。栗姬太相信自己是景帝嫔妃的角色认同，尤其是自己的儿子是太子，更认为自己了不起。其实，这只是栗姬的一种幻觉。嫔妃在皇帝的眼中不过是一群可以被任意玩弄、任意宰割的弱势群体，皇帝随时可以决定她们的荣辱沉浮甚至生死。

结果，栗姬白白浪费了她这一生中唯一一次最重要的机遇。

人生最难得的就是机遇。皇帝后宫的嫔妃极多，但是，有机会被皇帝托孤的嫔妃少之又少。托孤需要两个条件：一是皇帝病危，二是皇帝愿意在病危之时托孤于你。

第一条非常难遇。景帝仙逝时才四十八岁，废太子刘荣时才三十八岁。一个刚刚三十八岁之人怎么可能突然下世？因此，景帝在这种年龄托孤是极为难得之事。

第二条更加难遇。即使皇帝病危，他愿意托孤的人选一定是经过深思熟虑的。你怎么能保证你是皇帝病危之时信任、渴求、放心的人？

因此，栗姬遇到的不是千载难逢的机会，而是万载难逢的机会。抓住这个机会，你的儿子就是未来的皇帝；失去这个机会，你的儿子就会被废，你就一切玩儿完。

可惜，栗姬不懂！

栗姬的工作重心是保护好儿子。

栗姬虽然只是景帝的一位普通嫔妃，但她又是一位幸运的嫔妃。栗姬的幸运缘于自己是景帝长子的母亲，所以，她的儿子刘荣才被立为景帝的太子。因此，保住儿子刘荣的太子之位是栗姬的第一要务。要保住儿子刘荣的太子之位，自己必须取得景帝的信任。景帝可以不宠爱自己，但不能不信任自己。由于长公主的天天诋毁，景帝已经很不喜欢栗姬了。但是，即使在景帝不喜欢自己的情况下仍然于重病中托孤，说明此时景帝尚无更合适的嫔妃替代栗姬。因此，作为太子母亲的栗姬此时要非常大度，立即答应景帝的要求，真正做到从心底善待每一位皇子。

孩子是父母的资本，皇帝的长子天生就是其母亲的最大资本。保护太子刘荣是栗姬时时刻刻最不能忘记的大事。而最好的办法是不要惹毛了皇帝。且不说在所有问题上迎合景帝，至少不能和汉景帝对着干。否则，吃亏的肯定是太子。

太子是最具风险的政治人物。太子成功，可以顺利接班，成为一代新君；太子失败，不但不能顺利接班，而且被杀的概率极高。

但是太子被确立之后未有大罪、重罪，并不能轻易言废。汉高祖刘邦当年因喜爱戚夫人，欲立戚夫人之子刘如意为太子，废黜原太子刘盈，但因大臣们纷纷反对，最终作罢。

刘荣被立为太子后没有大罪、重罪，甚至连大错都没有，因此，汉景帝更没必要在他的前途上插上一杠。刘荣的被废完全是其母得罪了汉景帝的结果。

太子失位有两种情况。

一是太子之母失宠殃及太子。

二是太子本人开罪于父皇。

刘荣的失位属于第一种情况。由于其母栗姬得罪了景帝，景帝一怒之下废了太子刘荣，将其贬为临江王。

栗姬连应当保护儿子的重任都未搞明白。如果她时刻将保护太子放在一切考虑的出发点上，绝对不会在景帝病危托孤之时任性顶撞，导致景帝大怒，并将全部怒火发泄在太子刘荣的身上。

栗姬不懂皇帝，她不懂皇帝是天下最有权也最任性的人。

皇帝既能立太子、皇后，又能废太子、皇后。在帝制时代，与一位集所有权力于一身的人相处，要非常小心，力避开罪之事。

怎样不得罪皇帝呢？

首先不拒绝皇帝的正当要求。

皇帝虽是帝国的最高掌权者，但也知道护犊。他的长子即位，不能以其他儿子被杀为代价。他既是皇帝，又是父亲。何况还是十四个儿子的父亲。当他站在父亲的立场上说话时，更应当给予充分的理解、尊重。拒绝他保护自己儿子的要求，太有失理性了。

其次不能要求皇帝感情专一。

皇帝是垄断天下所有女人的男人。因此，面对皇帝的不宠幸，最好的办法是淡而化之。栗姬不懂这一点，景帝宠幸其他女人，她妒火中烧。怨景帝、怨长公主、怨受宠嫔妃，因此才会有景帝病危托孤，栗姬既不答应善待景帝诸子，又出言不逊的恶性事件。

耐得住寂寞是嫔妃的必修课。看看薄姬，与高祖刘邦仅仅就是一夜之情，生下皇四子刘恒。高祖很快忘记了这个女人，再也没有召见过她，但是薄姬不在乎。天下最怕的是不在乎。凭你如何强势，凭你如何冷落，我不在乎。仅此一条，薄姬过得平平安安。高祖归西，宠妃个个叫苦不迭，吕后专门收拾那些宠妃，薄姬因为多年无宠，吕后没有为难她，让她到代地与儿子代王刘恒团聚。

再看栗姬。因为长公主为景帝推介新欢，栗姬一口拒绝了长公主的联姻之请，一下子在宫中增加了一个穷凶极恶的敌人。

景帝喜新宠，皇上爱美女。古今通病！干吗这么较真呢？真正聪明的嫔妃既对此看得很清很清，又对此看得很轻很轻。自己不生气，周围的生存空间也会好起来。

人受伤害非常容易。一句简单的话可能都会得罪人，更何况是景帝托孤这么重大的事。不但拒绝，而且出言不逊。仅此一条，太子刘荣必然被废。太子一废，栗姬地位何在？更何况她是皇帝极为讨厌的嫔妃，这日子还能过吗？

一句话，栗姬的智商不高，情商更低。

这个女人惹不起

在太子刘荣被废事件中，除了栗姬应对失当，还有一个女人起了关键作用。

她是谁？

长公主刘嫖。

栗姬得罪长公主是她犯的致命错误之一。

长公主极不寻常。

一是身份独特。她是窦太后的亲生女儿、汉景帝的胞姐，后宫中最有权势的女人。

二是地位独特。她一人独揽景帝后宫的选美大权，深得景帝信任与依赖。

三是影响独特。当今皇帝的姐姐，当今皇帝的"选美大使"，一身兼二职，让她成为景帝身边最有影响力的女人。

四是行动独特。她自幼生长于宫中，伴随着窦姬由嫔妃至皇后的地位提升，其地位也同步提升。加之母后宠爱、景帝信赖，她养成了说一不二、果敢迅捷的行事风格。

长公主的目的明确而单一：让女儿成为未来的皇后。

所有帮助自己完成这一目标者都是战友，反之，则是敌人。

栗姬的不幸在于她撞到了长公主的枪口上。

栗姬虽然是女人，但她不懂女人，尤其不懂像长公主这样的女人。

女人大都具有天生的母性——护犊。长公主的母性表现得更为强烈，她的身份、地位、影响力、破坏性都是其他女人所不具备的，因此，长公主护起犊来具有更强的攻击性。谁挡她的道，谁就是最大的敌人，她必须置其于死地。

长公主充当汉景帝的"选美特使"，宫中人人尽知，她的"采花"活动影响了所有后宫嫔妃的受宠机遇。但是，汉景帝喜欢，因此，即使这件事得罪了所有的嫔妃，也无人敢吱声。只有栗姬，敢于借不同意太子与阿娇的联姻表达她对长公主的极度愤怒。

栗姬不懂，想要保护太子尤其不能激怒长公主。

栗姬作为太子之母，因为争宠而讨厌长公主很正常，但是，讨厌一个人要有一个底线：不让她成为自己的敌人！

毕竟，这个女人惹不起。

在这方面，景帝是个好老师。他不喜欢薄皇后，但是，他容忍了她从太子妃到薄皇后那么多年，不让自己的情绪影响自己的即位，等到太皇太后下世四年后才一举废后。栗姬完全可以以景帝为师，先答应这场婚事，让长公主为我所用。等到景帝下世，儿子即位之后，再决定皇后的废存。这样，既可以争取到长公主的支持，又保住了儿子的太子之位，可谓"双赢"。

这个男人更惹不起

中国帝制时代，皇帝是天下最惹不起的人。

表面上看，栗姬得罪了长公主，加上王夫人的恶毒，导致太子刘荣被废，栗氏家族遭到血腥屠杀。但这场看似复杂的宫斗，起决定作用的只有一个人——汉景帝刘启。

无论是立太子刘荣，废薄皇后，还是废太子刘荣，杀栗氏宗亲，立新皇后、新太子，均须景帝拍板决断。

阴险的王夫人、霸道的长公主、不可一世的窦太后，谁都没有汉景帝牛！

他居皇帝之位，握有废立皇后、太子的决定权。不是他人牛，而是他手中的权力牛。如果丢掉皇权，他就是一位废帝；如果他未能继位，他就是一个普通的诸侯王；如果他死去，他就是先帝。只有他活着并占着皇位，手握生杀废立的皇权，他的存在才有价值。

这种人谁惹得起？

惹不起这种人，就没有必要计较。对皇帝，一要看得清，二要放得下。

看得清，就是要知道皇帝是决定自己和太子生死荣辱之人，不能激怒他。就是要知道自己面对的皇帝是个什么样的人，他会怎样处理问题。

放得下，就是既不要刻意追求皇后之位，又不要希图独霸皇帝之心。

只有自己的儿子登基称帝，才可以放下一颗悬了多年的心；儿子一天不登基，一天就不能放下心。绝对不能让儿子栽在太子的位置上，成为废太子，那将是一场真正的悲剧。

太子一旦被废，还不如从未被立为太子的一般皇子。

皇子被立为太子后，一般都有朝臣拥戴，他们或恪守正统观念，或希望自己拥戴新君有功。再立的太子及废了前太子的皇帝，都担心前太子有不轨之图，防范有加。因此，废太子的日子都不好过，甚至死亡率很高。

杀了建议立栗姬为皇后的朝臣，废了太子刘荣，杀了栗姬在京城的所有宗亲，汉景帝先立王夫人为皇后，十二天后再立皇十子刘彻为太子。

但是，这件轰动朝野的大事件并未结束。

因为还有一方会表态，这是哪一方呢？它会影响到废立太子一事吗？

请看：历史使命。

历史使命

汉景帝前元七年 (前150) 正月，景帝废太子刘荣为临江王，逼死栗姬，杀了栗姬宗亲。四月乙巳日，立王夫人为皇后；十二天后的丁巳日，立胶东王刘彻为皇太子。太子废立从来都不是皇家的私事，它关系到天下安危，朝臣一向在这一重大问题上不会不发声。景帝之所以在废立之前不与朝臣商议就自行废立，主要是此时朝臣远没有汉初功臣派势力强大。即使如此，朝中大臣还是发出了反对之声。大臣中谁反对废立太子呢？结果如何呢？

谁反对，谁走人

坚决反对废太子刘荣的是时任太子太傅的窦婴，他是景帝朝平定吴楚七国之乱的两大功臣之一，并因平定吴楚之乱封魏其侯。

窦婴是窦太后的侄子。他曾在窦太后宫中宴会上明确反对景帝百年之后传位梁王的戏言，因此惹恼窦太后，被窦太后削去宫籍，不得入宫。

吴楚之乱时，景帝考察刘姓、窦氏两家的皇亲国戚，只有窦婴最贤能，于是召见窦婴，委以平叛重任。窦婴以有病为由，坚决推辞，窦太后听说后，也感到取消侄子窦婴入宫的处罚太绝情了。景帝劝窦婴：天下有难，您怎么可以在这个关键时刻袖手旁观呢？窦婴这才答应领兵出征，并立即举荐了袁盎、栾布等人参战。景帝奖励给他本人的钱，他堆在家中的走廊下，领兵者经过，根据需求随意拿，没有一分钱装进自家口袋。景帝命窦婴坐镇荥阳，协调、监理攻打齐、赵叛军。七国叛军平定后，窦婴以功封魏其侯，众多游士宾客争相归其门下。此后，每当朝中商议大事，平定叛乱的两大主帅——条侯周亚夫、魏其侯窦婴说话最有分量，其他列侯无人争锋。

景帝前元四年 _(前153)，景帝立皇长子刘荣为太子，任命平定吴楚之乱的大功臣窦婴为太子太傅。前元

吴楚反，上察宗室诸窦，毋如窦婴贤，乃召婴。婴入见，固辞谢病不足任。太后亦惭。于是上曰："天下方有急，王孙宁可以让邪？"乃拜婴为大将军，赐金千斤。婴乃言袁盎、栾布诸名将贤士在家者进之。所赐金，陈之廊庑下，军吏过，辄令财取为用，金无入家者。窦婴守荥阳，监齐赵兵。七国兵已尽破，封婴为魏其侯，诸游士宾客争归魏其侯。

——《史记·魏其武安侯列传》

七年（前150），景帝下诏废太子刘荣，身为太子太傅的窦婴多次反对，但反对无效。愤怒的魏其侯告病，跑到京城附近的蓝田南山休养了几个月，谁都劝不回来。

窦婴手下的梁人高遂，为其作了一番分析：能让将军富贵的是皇上，能亲近将军的是窦太后。如今你身为太子太傅，太子被废你不能争辩，争辩又不能免太子被废，争辩无果又不能自杀。反倒借口有病，坐拥美女，赋闲在家不上朝。两下一比，明摆着说皇上做得不对。假如皇上、太后都烦你，我担心你连自己的家人都保不住。窦婴一听，有道理，立即恢复上朝。等到丞相桃侯免相，窦太后多次提议用窦婴。景帝对母后说：您以为我吝啬，不让魏其侯任相。实际上，魏其侯太任性，不够稳重，难以任相。最终，任用建陵侯卫绾担任丞相。

窦婴是一个私心不重的外戚重臣，立储、平叛、辅佐太子，一心为公，只是因为多次反对景帝废太子刘荣，一下子被汉景帝打入最不信任的朝臣之列。

为阻止景帝废太子刘荣，付出代价的不仅是太子太傅窦婴，还有一位重臣也因此事付出了很大的代价。

他会是谁呢？

孝景四年，立栗太子，使魏其侯为太子傅。孝景七年，栗太子废，魏其数争不能得。魏其谢病，屏居蓝田南山之下数月，诸宾客辩士说之，莫能来。

——《史记·魏其武安侯列传》

梁人高遂乃说魏其曰：「能富贵将军者，上也；能亲将军者，太后也。今将军傅太子，太子废而不能争，争不能得，又弗能死。自引谢病，拥赵女，屏闲处而不朝。相提而论，是自明扬主上之过。有如两宫螫将军，则妻子毋类矣。」魏其侯然之。乃遂起，朝请如故。桃侯免相，窦太后数言魏其侯。孝景帝曰：「太后岂以为臣有爱，不相魏其？魏其者，沾沾自喜耳，多易。难以为相，持重。」遂不用，用建陵侯卫绾为丞相。

——《史记·魏其武安侯列传》

啥最大？权最大

他是条侯周亚夫。

平定吴楚七国之乱后，周亚夫厥功至伟。景帝为此重新设置被汉文帝废了的太尉一职，升周亚夫为太尉。五年后，景帝任命周亚夫担任丞相，对其非常尊重。景帝废栗太子，周亚夫像窦婴一样直言进谏，极力反对，但是，汉景帝岂容他人置喙？刚刚立了平叛大功的周亚夫因此被景帝疏远了。

周亚夫是文帝临终前对景帝一再交代国有大事一定要倚重的大臣，但是，一旦周亚夫表达了对太子刘荣被废一事的不同意见，汉景帝立马翻脸。真是翻脸比翻书都快。

文景之世，上有圣明天子，内有得力廷臣，这是一个公认的中国历史上的清明盛世。但是，在这个清明盛世中，却有着诸多看不见的伤口。

因为皇帝是容不得他人提出反对意见的人，不管你是多大的功臣，只要反对我的做法，朕就不能容你。

这是周亚夫和汉景帝之间发生的第一件事，也是他们之间的第一次正面冲突。

但这不是最糟糕的，更糟糕的是有人给周亚夫"点眼药"。

> 归，复置太尉官。五岁，迁为丞相，景帝甚重之。景帝废栗太子，丞相固争之，不得，景帝由此疏之。
> ——《史记·绛侯周勃世家》

谁给周亚夫"点眼药"？

大名鼎鼎的梁孝王刘武。

梁王刘武为什么恨太尉周亚夫？

因为吴楚七国之乱时，周亚夫接到梁王的求救信不出兵相救，景帝下诏让他出兵他还是不理不睬，梁王为此差一点死在了叛乱之中，这火能轻易消掉吗？因此，梁王一进京，就对窦太后、汉景帝大讲周亚夫多坏多坏。

这是周亚夫和景帝之间发生的第二件事。

此事也未在景帝心中产生大的波澜，因为汉景帝并不喜欢他这位胞弟，何况，抛出梁王，让梁王和吴楚两军血拼的战略是自己和周亚夫在大战之前商量好的，梁王再说周亚夫的不是，景帝也不为之所动。景帝不为所动，周亚夫无恙。

不久，又发生了第三件事。

窦太后建议景帝封王皇后的哥哥王信为侯，景帝不同意。

景帝认为：当年，窦太后的哥哥窦长君之子窦彭祖、弟弟窦广国，先帝（文帝）在世时一直没有被封侯，等我即位，才封彭祖为南皮侯，广国为章武侯，因此，王皇后的哥哥王信不能封侯。窦太后认为：人主要根据自己所处的情况作决策。当年，窦长君活着的时候一直未封侯，长君下世，他的儿子彭祖才被封侯，这事儿我心里一直非常遗憾。为了不留遗憾，还是抓紧为王信封侯。面对着窦太后咄咄逼人的催促，景帝回答：容我和丞相商议一下。周亚夫听后说：高皇帝有约，非姓刘者不能封王，非有功者不能封侯，敢于违抗上述两点者，天下人可以聚而击之。皇后的哥哥无功，封侯有违高皇帝之约。景帝听后没有说话，借此回绝了母后的要求。

此事表现了周亚夫刚直不阿的性格。周亚夫力主不封，是以高皇帝刘邦的"白马盟誓"为据，占据了绝对的制高点。凑巧的是，周亚夫与汉景帝这次又站在了同一立场之上，临时成了"战友"，因此，周亚夫的极力反对并未招来汉景帝的打压。但是，周亚夫的表现让汉景帝看到了其不轻易顺从的性格。

紧接着，景帝和周亚夫之间发生了第四件事。

这次事件的起因是匈奴王徐卢等五人降汉。汉景帝为了鼓励更多的匈奴上层人士降汉，想封徐卢等五人为列侯。周亚夫坚决反对。反对的理由是什么呢？背主降汉是不义之举。如果以封侯奖励他们，岂不是鼓励为臣不守节？周亚夫的这次反对与景帝意见完全相左。景帝果断否定了周亚夫的意见，封徐卢等人为列侯。周亚夫以有病为由告假。

这是周亚夫和汉景帝的第二次正面冲突，而且闹得很厉害，双方各不让步。景帝置丞相意见于不顾，一意孤行。丞相看皇帝不采纳自己的意见，干脆请病假休息，不上朝了。

谁的意见对呢？

窦太后曰：『皇后兄王信可侯也。』景帝让曰：『始南皮、章武侯先帝不侯，及臣即位乃侯之。信未得封也。』窦太后曰：『人主各以时行耳。自窦长君在时，竟不得侯。死乃封其子彭祖顾得侯，吾甚恨之。帝趣侯信也！』帝曰：『请得与丞相议之。』丞相议之，亚夫曰：『高皇帝约「非刘氏不得王，非有功不得侯。不如约，天下共击之」。今信虽皇后兄，无功，侯之，非约也。』景帝默然而止。

——《史记·绛侯周勃世家》

其后匈奴王徐卢等五人降，景帝欲侯之以劝后，丞相亚夫曰：『彼背其主降陛下，陛下侯之，则何以责人臣不守节者乎？』景帝曰：『丞相议不可用。』乃悉封徐卢等为列侯。亚夫因谢病。

——《史记·绛侯周勃世家》

没有对错。

汉景帝坚持封侯是从利害上着眼，试图利用封侯吸引更多匈奴上层人士归汉，瓦解匈奴的统治，不失为一种策略。

周亚夫从道义上着眼，坚持不能提倡背主事件。为臣者要忠君，背叛者不能受赏，尤其不能受上赏。在臣子中提倡忠诚，不失为一种正道。

二人的意见各有可取之处，只是着眼点不同，本无对错。

景帝不等周亚夫消化、理解自己的理由，便依仗权势，强行封侯，让时任丞相的周亚夫在朝中很难堪。

而周亚夫一撂挑子，二人关系顿时紧张。

最终，周亚夫免相。

周亚夫与汉景帝的不和，缘于废太子、封降将两件事。这两件事，景帝和周亚夫都坚持己见，最终景帝以权力敲定了结果。

周亚夫虽然已经被免相，景帝并未放过他。

扶上马，送一程

周亚夫被免相后不久，景帝在宫中请周亚夫吃饭。餐桌上放了一块大肉，但是，这块肉没切开，桌上也没有摆放任何餐具。周亚夫没有悟出汉景帝如此做派的意思，一看，这肉没法吃，心中很不满，转脸对安排宴席的官员（尚席）说：给我一副餐具。景帝笑嘻嘻地看着周亚夫说：这还不能满足你吗？周亚夫脱帽，起立，告辞，快步出宫。景帝目送着渐渐远去的周亚夫感叹道：如此愤愤不平之人，可不是未来侍奉小皇帝的大臣啊！

这次不欢而散的宫宴，应当是景帝有意安排的一场特殊考试，目的是考察周亚夫是否适合辅佐新太子。但是，景帝从三件事做出了自己的判断：周亚夫不是侍奉幼主之人。

这三件事是：反对废太子刘荣，反对封匈奴降将，无法吃下一块既不切又不给餐具的肉。

前两件事让景帝对一位大功臣很不满，最后一事引得景帝动了杀机。

吃饭真是个大问题。但是，前两件事都好理解，无非是君臣意见不一而已。最后一件事竟然是一个饭局。

汉景帝这顿饭的玄机究竟在哪里呢？

汉景帝让周亚夫面对一块大肉无从下嘴是想告诉他：没有我的帮助，你啥事儿也办不成！肉放你面前你都吃不到嘴里。但是，耿直的周亚夫哪儿能想到呢？因此，他很生气，认为汉景帝是在耍自己，于是脱帽道歉，起身离去。

周亚夫没有悟出景帝要自己懂得皇权的重要，懂得君王的重要，但是，周亚夫始终不求助于汉景帝，亦不认输、服输，这让景帝动了杀心。

汉景帝用这种办法考察辅佐太子的大臣，太过偏执。其实恰恰是周亚夫这样的耿直之士能够忠心耿耿辅佐幼主。景帝误杀晁错，心生除掉周亚夫之心，暴露

顷之，景帝居禁中，召条侯，赐食。独置大胾，无切肉，又不置櫡，条侯心不平，顾谓尚席取櫡。景帝视而笑曰：『此不足君所乎？』条侯免冠谢。上起，条侯因趋出。景帝以目送之，曰：『此怏怏者非少主臣也！』——《史记·绛侯周勃世家》

了这位盛世之君的平庸、凶残。

不久,周亚夫真摊上事了。

他怎么会摊上事了呢?

周亚夫的儿子为周亚夫买了五百套铠甲、盾牌,欲作为其父的丧葬用品。将军百年之后丧葬不离兵器,本无大错。

问题出在了汉法不许任何人私购兵器。

此事之所以会暴露是因为欠薪"农民工"。

周亚夫的儿子找"农民工"帮助搬运兵器,工作很辛苦,却未付其应得的报酬。这些"农民工"知道铠甲、盾牌是国家控制的军用物资,一怒之下,告发周亚夫之子私购兵器。

这封举报信迅速到了景帝手中,景帝立即批示主管部门查处。有关官员要求周亚夫回答相关问题,周亚夫拒绝回答。汉景帝因此大怒,骂道:我不用你回答了!于是,将此案移交廷尉审理。廷尉责问周亚夫:条侯想谋反吗?周亚夫辩解道:我们买的是丧葬用品,怎么会是谋反?廷尉再问:条侯即使不是活着谋反,也一定是死后要到地下谋反。

这当然是欲加之罪了,而且此案追查得很急。当初,案发抓捕周亚夫时,他就想自杀,被夫人阻止才没死。进入廷尉大牢后,周亚夫愤而绝食五天,吐血而亡。

一代名将周亚夫就这样走完了他的一生。

居无何,条侯子为父工官尚方甲楯五百被可以葬者。取庸苦之,不予钱。庸知其盗买县官器,怒而上变告子,事连污条侯。书既闻上,上下吏,吏簿责条侯。条侯不对。景帝骂之曰:『吾不用也。』召诣廷尉,廷尉责曰:『君侯欲反邪?』亚夫曰:『臣所买器,乃葬器也,何谓反邪?』吏曰:『君侯纵不反地上,即欲反地下耳。』吏侵之益急。初,吏捕条侯,条侯欲自杀,夫人止之。以故不得死,遂入廷尉。因不食五日,呕血而死。——《史记·绛侯周勃世家》

周亚夫之死埋葬的不仅是一位忠臣，更埋葬了无数志士的情怀。

汉景帝对周亚夫的逼杀，目的是在把太子扶上马后，再送一程——一路走好。

与周亚夫相比，文帝临终前另一位受其嘱托的大臣却活得舒舒服服。

他是谁？

卫绾。

建陵侯卫绾是以车上表演杂艺精湛而被任命为文帝的侍从（郎），并逐步迁升至中郎将的。卫绾的最大特点是为人敦厚谨慎。景帝为太子时，曾请文帝身边的人喝酒，只有卫绾借口有病不参加。文帝临终前嘱咐景帝：卫绾是长者，好好待他。景帝即位，一年多没有训斥过卫绾，卫绾每天也兢兢业业。一次，景帝到上林苑游玩，让卫绾陪侍。返回时，景帝问卫绾：你知道为什么今天让你陪侍吗？卫绾回答：我是以车技逐步迁升至中郎将的人，不明白今天之事。景帝问：我当太子时曾经请你吃饭，你为什么不来？卫绾回答：死罪死罪，当天确实有病。景帝要赐剑给卫绾，卫绾拒绝说：先帝赐臣剑达六把之多，不敢再接受了。景帝说：剑是天天要佩带的，怎么可能放到今天？卫绾回答：确实存到今天。景帝便派人去卫绾家中取那六把剑，果然每把剑都还套着剑服。卫绾手下的郎官有过失，他常代人受过，

景帝幸上林，诏中郎将参乘。还而问曰：『君知所以得参乘乎？』绾曰：『臣从车士幸得以功次迁为中郎将，不自知也。』上问曰：『吾为太子时召君，君不肯来，何也？』对曰：『死罪，实病！』上赐之剑。绾曰：『先帝赐臣剑凡六，不敢奉诏。』上曰：『剑，人之所施易，独至今乎？』绾曰：『具在。』上使取六剑，剑尚盛，未尝服也。——《史记·万石张叔列传》

不和其他人争功。因此，景帝认为卫绾是位忠诚可靠之人，没有花花肠子。于是，任命他担任河间王的太傅。吴楚叛乱时，卫绾为将，率河间国军迎战吴楚，因功升任京城中尉。景帝前元六年（前151），因军功封建陵侯。第二年，栗太子被废，要诛杀栗姬宗亲，景帝考虑卫绾是位长者，下不了手，先让卫绾告归，派郅都接替卫绾为中尉，抓捕栗氏宗亲。事后，立胶东王刘彻为太子，任命卫绾为太子太傅，后又升职为御史大夫。五年后，代桃侯担任丞相。卫绾从进入仕途至担任丞相，从未有过建设性意见。但是，景帝认为他为人忠厚，对其赏赐极多。

周亚夫与卫绾都是汉文帝临终前嘱托景帝要倚重之人。卫绾忠厚老实，并无任何建树，但他最大的特点是不提建议，更不要说反对景帝的意见了。周亚夫最大的功劳是平定了吴楚七国之乱，此功远在卫绾之上，但是，周亚夫因废太子刘荣与封匈奴降将两次与景帝发生激烈冲突。尽管周亚夫功劳极大，冲突之事也有道理，但是，因为他伤了景帝的自尊，最终被景帝逼杀。

汉景帝不仅为新太子未来顺利接班逼死了重臣周亚夫，而且还操作了一个震惊时人的大事件。

什么大事件呢？

废太子刘荣被逼自杀。

吴楚反，诏绾为将，将河间兵击吴楚有功，拜为中尉。三岁，以军功，孝景前六年中封绾为建陵侯。其明年，上废太子，诛栗卿之属。上以为绾长者，不忍，乃赐绾告归，而使郅都治捕栗氏。既已，上立胶东王为太子，召绾，拜为太子太傅。久之，迁为御史大夫。五岁，代桃侯舍为丞相，朝奏事如职所奏。然自初官以至丞相，终无可言。天子以为敦厚，可相少主，尊宠之，赏赐甚多。——《史记·万石张叔列传》

319

刘荣在太子之位被废后，改封为临江王。临江王的地位比皇太子虽然低了好多，但是终究是一位诸侯王。怎么会自杀呢？

原来，景帝中元二年 (前148)，临江王刘荣修建自己的宫殿时，侵占了太宗庙外墙的空地，被人告发，景帝召刘荣到京受审。汉初，各诸侯国都修建了高祖、文帝的庙，以供祭祀。临江王刘荣修自己的宫殿占了汉文帝宫庙外墙一块地，这在当时是重罪。刘荣临行时，在江陵北门告别，一上车，车轴断了，江陵父老预感不祥，都流泪说：吾王不会再回来了。

刘荣到达京城中尉府接受审讯。他想要书写工具刀笔，给父皇写信作一说明，但是，中尉郅都不让手下人提供。魏其侯窦婴听说后，私下派人给临江王刘荣送来了笔墨。临江王给父皇写了一封解释信后，自杀而亡。窦太后听说自己的长孙竟然在中尉府自杀，大怒，派人治郅都的罪，用最凶险的法令惩治郅都，郅都被免官回家。郅都是汉景帝的鹰犬，是汉景帝最信赖的酷吏。景帝于是派人持节封郅都为雁门太守，并且授他便宜行事的特权。匈奴人听说郅都到了边地，纷纷率兵离开郅都的辖地，一直到郅都死，匈奴人都不敢靠近雁门。但是，窦太后不依不饶，非要法办郅都。汉景帝为郅都向窦太后求情：郅都是忠臣。窦太后反问：临江王难道不是忠臣吗？最终，窦太后还是杀了郅都，出了一

临江闵王荣，以孝景前四年为皇太子，四岁废，用故太子为临江王。四年，坐侵庙壖垣为宫，上征荣。荣行，祖于江陵北门。既已上车，轴折车废。江陵父老流涕窃言曰：『吾王不反矣！』——《史记·五宗世家》

口恶气。

景帝一朝发生两次侵占祖庙的事件，一次是晁错内史府扩建凿开太上皇庙外围小墙，二是临江王刘荣扩建宫殿占了文帝庙外墙空地。前者晁错先告诉了汉景帝，汉景帝偏袒，丞相申屠嘉都没有将其告倒；后者临江王刘荣被举报，最终在中尉府自杀。

景帝为自己当时最宠幸的晁错辩护，却不为自己的亲生儿子刘荣辩护，窦太后亲自上阵，非要法办郅都，景帝还为郅都辩护。两次同样的事件，宠臣被豁免，儿子被逼死，景帝之心真难揣测啊！

然而景帝确是肆意而为吗？非也。两件事不同的处理办法看似矛盾，其实一致，都是以利益为主导。景帝宠爱晁错、郅都，因此为他们辩护。一旦他们涉及景帝的利益，就会毫不犹豫地被抛弃。坐在龙椅上的人，考虑一切问题的出发点都是利益，特别是自己、自己的继承人的利益，必须绝对保护。

大将军窦婴被疏远了，重臣周亚夫被逼自杀了，废太子临江王刘荣也自杀了，太子刘彻即位前的所有"障碍"被汉景帝一一清除，太子可以平安即位了。

回想一下皇长子刘荣被立为太子时，景帝几乎未做任何清障之事。到了皇十子刘彻被立为太子后，景帝下如此狠手，从不作为到大作为，景帝的表现为什么如此不同呢？

临江王征诣中尉府对簿，临江王欲得刀笔为书，谢上，而都禁吏不予。魏其侯使人以间与临江王。临江王既为书谢上，因自杀。窦太后闻之，怒，以危法中都，都免归家。孝景帝乃使使持节拜都为雁门太守，而便道之官，得以便宜从事。匈奴素闻郅都节，居边，为引兵去，竟郅都死不近雁门。匈奴至为偶人象郅都，令骑驰射莫能中，见惮如此。匈奴患之。窦太后乃竟中都以汉法。景帝曰："都忠臣。"欲释之。窦太后曰："临江王独非忠臣邪？"于是遂斩郅都。
——《史记·酷吏列传》

答案只有一个：刘彻是自己真正确认而且必须确保万无一失的终极太子人选。

汉景帝已经撤换了一个太子——皇长子刘荣，他不想再搞第二次废立太子。毕竟是在自己的儿子中废一个立一个，虽然十四个儿子在心中的位置、分量不一样，但都是亲儿子啊！换来换去，撤来撤去，岂不是在操刀杀子？当年自己交代栗姬要善待诸子，现在总不能反而让自己成为摧残儿子的刽子手。

成就文景之治

汉景帝刘启在位十六年，卒于四十八岁。

他的一生，办了三件大事，和他的父亲汉文帝刘恒共同成就了文景之治。

一是重农抑商。

即位的当年 (前156)，景帝颁布了两项法令：

其中之一是将"十五税一"改为"三十税一"，田租降了一半。这一项新的税制成为西汉定制，大大减轻了农民的税收负担。

所谓的"十五税一"是指地主向佃农收取土地产量的十分之五即产量一半的地租后，地主再向国家缴纳土地产量的十分之一的赋税。也就是土地产量为十份，地主与佃农五五开后，地主再向国家缴一份的税。即地租率为百分之五十，税率为十分之一。这才是真正意义上的"十五税一"。佃农是不向国家缴税和缴租的。同样，所谓的"三十税一"，也并不是指地主向国家缴土地产量的三十分之一的赋税，而应该理解为，土地产量为十份，然后三七开，佃农得七份，向地主缴三份为田租，地主再向国家上缴一份赋税。即地租率为百分之三十，税率仍为十分之一。"十五税一""三十税一"并不是税率为"十五分之一""三十分之一"的意思。

第二年，景帝又下令男子服劳役的年龄推迟三年，缩短了农民的服役时间，这一政令延续到昭帝时期。

汉景帝意识到帝王的生活对农民影响极大，他曾于后元二年（前142）下诏：

帝王大兴土木，一定伤农；帝王追求衣着奢靡，一定伤民。这样必然导致百姓饥寒交迫，饥寒交迫将会使人胡作非为。

因此，社会的稳定必须保证不加重农民的负担。

后元三年（前141），景帝再次下诏：

农业是天下根本，黄金珠玉，饿不能吃，冷不能穿，作为钱币，不知它流通的来历。有时歉收，主要是未重视农业。诏令各郡国，务必鼓励农业、植桑，多种树，如果反其道而行，为官者一律与采黄金珠玉者同罪。

这是我们目前能够看到的汉景帝生前的最后一道诏书。其重点仍然是强调农耕与植桑的重要，同时，严厉警告各级官员不得加重农民负担。

雕文刻镂，伤农事者也；锦绣纂组，害女红者也。农事伤则饥之本也，女红害则寒之原也。夫饥寒并至，而能亡为非者寡矣。——《汉书·景帝纪》

农，天下之本也。黄金珠玉，饥不可食，寒不可衣，以为币用，不识其终始。间岁或不登，意为末者众，农民寡也。其令郡国务劝农桑，益种树，可得衣食物。吏发民若取庸采黄金珠玉者，坐臧为盗。二千石听者，与同罪。——《汉书·景帝纪》

景帝为保障农民脱贫，特许居住在恶劣贫瘠土地上的农民迁徙至土地肥沃之地生活。

轻徭薄赋、与民休息，对恢复多年战争给百姓带来的巨大伤害起到了巨大作用。

自文帝至景帝，重农是一以贯之的治国大政，这是文景之治形成的重要原因。

二是轻刑慎罚。

首先是改革笞刑。

文帝因缇萦上书改革肉刑，但是，改革后的刑法，"外有轻刑之名，内实杀人"。汉景帝一即位，立即颁布诏书，将笞五百改为三百，笞三百改为二百。中元六年（前144），汉景帝又下诏，提出："笞者，所以教之也。"明确执行刑法的目的是教化，不是惩罚。因此改革笞刑的刑具，长度、厚薄、规制皆为受刑人考虑，并明令笞刑中途不得换人，笞刑的部位只能在臀部。从此之后，受笞刑者才不会因此死亡或残疾。

三是巩固中央集权。

景帝前元三年（前154）爆发的吴楚七国之乱是汉帝国建立以来最大的一次政治危机。初起之时底气不足的汉景帝希冀以牺牲晁错平息了事，最终事与愿违，不得不重用周亚夫平叛，三个月平定叛乱。

平叛结束后，景帝取消了诸侯王在自己王国内任免官吏和征收赋税的权力，诸侯国丞相改称相，裁去御史大夫等大部官员，诸侯王不能自治其国，无权过问封国政事。这使得诸侯国与郡县的差别大幅缩小，诸侯王同中央叫板的实力丧失殆尽，中央政府的权威空前强大，为汉武帝以推恩令彻底消除诸侯封国奠定了基础。

文景之后，班固在《汉书·武帝纪》中第一次正面评价了文景二帝的历史地位："汉承百王之弊，高祖拨乱反正，文景务在养民。"班氏虽然尚未正式提出"文景之治"一词，但"文景"并论，强调二帝"务在养民"，正确评价了文景二帝的历史贡献。

时间拉开了汉唐之间的距离，岁月的流驶使唐人比汉人更懂得"文景之治"的意义。白居易在《才识兼茂明于体用科策》一文中写道："礼行在上，上下辑睦。乐达在下，中外和平。所以兵偃而万邦怀仁，刑清而兆人自化，虽成康、文景之治，无以出于此矣。"《旧唐书·宪宗纪上》中有"文景酰化，百王莫先"之语，陆龟蒙曾有"及汉文景后，鸿生方振蠡"的诗句。可见，唐人将"文景之治"视为最理想的盛世，可为后代理想政治的标尺。

到了宋人笔下，"文景之治"大放异彩，杨万里直接秉承汉代班固的说法，专门撰写了《文景务在养民论》一名文。

自此，"文景之治"成为中国历史上公认的一大盛世，更是帝制时代的第一盛世，受到了后人包括今人的高度赞扬。其实，"文景之治"的本质是"不折腾"。具体而言就是八个字：轻徭薄赋，省刑约法。百姓得到休养生息，生产得到恢复发展。

"文景之治"完成了汉帝国的"国富"，汉初"天子不能具钧驷，而将相或乘牛车，齐民无藏盖"的尴尬局面最终一去不复返了。但是，"兵强"尚未实现，在"国富"基础上的"兵强"最终在武帝朝得以实现。

一个强大的汉帝国终于屹立在中华民族的历史长河之中。

后

记

指缝太宽，岁月太窄，一挥手光阴漏掉10年。回首当年，甘苦自知。

2006年1月15日晨5时58分，开封至北京的1488次绿皮火车，经过一整夜长途奔波，终于停靠在了北京西站。北京元月的早晨六点，一团漆黑，天尚未亮。我身处陌生的城市，幸好通过手机迅速联系上了《百家讲坛》的编导郭巧红女士。她冒着凛冽的寒风，在夜色未褪的出站口接上我，并安排我在五棵松央视的招待所"影视之家"住下。10年讲坛生涯，她是唯一一位到火车站接我的《百家讲坛》编导，给我留下了非常深刻的印象。

郭巧红是我认识的第一位《百家讲坛》编导，亦是2005年12月在北京师范大学开散文研究会时第一位打电话给我的《百家讲坛》编导，12月25日在开封河南大学"海选"主讲人时，她是去学校遴选主讲人的三位央视编导之一。从这个意义上讲，她是我人生的伯乐！2023年，我在北京又遇见了她，并一同进餐。她告诉我：当时央视《百家讲坛》到河南大学去遴选主讲人，意在选一位能讲宋史的主讲人，因为开封是北宋都城，学校也推荐了讲《宋史》的老师。我这才明白：原来我是意外闯进来的主讲人！现在我心里仍然非常感谢央视《百家讲坛》，因为2005年及其后的四五年是央视这个栏目最火的时期，自然也是影响力最大的时期。今天早上，收到了中国人民大学徐正英教授发来的短视频《中国最惨的大学：河南大学》，正英教授写了一句话："很多人因您而知道河南大学。"我明白：起作用的是《百家讲坛》这个平台！没有这一平台，我上哪儿去讲《史记》都不会有这么大的影响力！

话说回来，当天下午，我到了当年《百家讲坛》录制地木樨地国宏宾馆地下二层"踩点"，因为第二天要录制两集《鸿门宴》。对于当时已经大红大紫的《百家讲坛》，我深怀一颗敬畏之心，担心第二天因不熟悉道路误场，因不熟悉录制环境紧张，特意提前来现场听了一次。当时的《百家讲坛》火得一塌糊涂，现场人声鼎沸。我来得晚，正面已无座位，好在讲台两边有加座，而且无人认识我，我悄悄坐在一边，认真听了一场，然后悄悄离去。10年后我才知道，编导们当时就知道有一位主讲人来"踩点"了，并告诉我：你不是唯一一位来"踩点"的，但你是第一位来"踩点"的。

第二天下午，我如期录制了两集《鸿门宴》，这叫"试讲"。通过"海选"的主讲人都必须过"试讲"关。试讲刚结束，郭巧红匆匆忙忙从楼上的导播室下来，满脸喜气，劈头第一句话："我们领导要见你！"我随她上楼，一位略显年长的男士和一位面相秀气的中年男士，笑盈盈地和我握手。经介绍才知道，那位略显年长的男士是《百家讲坛》的总顾问谢如光先生，那位面相秀气的男士即是《百家讲坛》的掌门人万卫老师。万老师第一句话就说："王老师，给我们选一本书讲讲！"我不假思索地回答："《史记》。"万老师的话让我备感欣慰："试讲过关！"没想到，为了这份承诺，我在《百家讲坛》以"读《史记》"为主线，一讲就是10年，度过了我最为难忘的一段人生。

人生是什么？

　　人生本质上是一个过程，而且是一个不断告别的过程：告别童年，告别青春，告别中年，最后是告别老年。伴随着这种连续不断的人生告别，最终将告别名誉、地位、财富、子女，以及人生所拥有的一切，回归自然。

　　10年，只是人生的一段时光。特别是从61岁至70岁的这段人生，是一段不短的时光、一段值得合理使用的时光、一段值得重视的时光、一段值得珍惜的时光。其实，试讲《鸿门宴》时我较有把握，但一讲10年，从未敢奢想。因为，一个如此耀眼的平台，不是你说站就站、说走就走的，足够的知识储备、较高的收视率、恒定的讲课水准、较多的正面评价、健康的身体、观众的认可、央视的认同、个人的修为，一系列非个人能够掌控的因素综合发挥着作用。走上"讲坛"是偶然的，走下"讲坛"却是必然的。

数年下来，"读《史记》"系列只缺一尾——文景之治。讲完"读《宋史》"系列的《宋太祖》《宋太宗》，重读《史记》，便有了《文景之治》。但是，此时手中已有国家社科基金重大招标项目"《文选》汇校汇注"，每月只能录2集，2015全年录制了20集的《文景之治》。当然，此年还参录了集体项目《唐宋八大家》4集、《中国故事·富强篇》3集。除了春秋、战国，当年承诺的"读《史记》"已完成大半。

原来我还准备要讲的"春秋五霸"和"战国七雄"，因为在讲《史记》其他人物时已有老师讲过，便舍弃了。对于"王立群读《史记》"这一系列来说，是一个遗憾。

王立群

2016年3月初稿，2023年11月修定

图书在版编目（CIP）数据

文景之治 / 王立群著. — 北京 : 东方出版社, 2024.5

ISBN 978-7-5207-3512-4

Ⅰ. ①文… Ⅱ. ①王… Ⅲ. ①文景之治－通俗读物Ⅳ. ①K234.109

中国国家版本馆CIP数据核字（2023）第114033号

文景之治

（WENJINGZHIZHI）

作　　者：	王立群
策 划 人：	王莉莉
责任编辑：	赵　琳　张　伟
产品经理：	张　伟
书籍设计：	潘振宇
出　　版：	东方出版社
发　　行：	人民东方出版传媒有限公司
地　　址：	北京市东城区朝阳门内大街166号
邮政编码：	100010
印　　刷：	北京汇瑞嘉合文化发展有限公司
版　　次：	2024年5月第1版
印　　次：	2024年5月第2次印刷
印　　数：	6001—56000册
开　　本：	880毫米×1230毫米　1/32
印　　张：	10.875
字　　数：	240千字
书　　号：	ISBN 978-7-5207-3512-4
定　　价：	59.00元
发行电话：	(010)85924663 85924644 85924641